뉴미디어 **영화론**

: 수용에서 수행으로

Theory of New Media Film

: From Reception to Performance

이 저서는 2014년 정부(교육부)의 재원으로 한국연구재단의 지원을 받아 수행된
연구임(NRF-2014S1A6A4027492).

지은이 **김무규**

국립 부경대학교 신문방송학과 교수로 재직하고 있다. 연세대학교에서 독어독문학을 공부하고 독일 콘스탄츠 대학교 미디어학과에서 박사학위를 받았다. 주로 영화이론, 영상이론 그리고 미디어이론을 연구하고 있다. 주요 저서로는 『미디어의 배열: 상호 미디어성 이론 연구』(2003)와 『서사적 영상에서 성찰적 형상으로: 영화 미디어론』(2012), 그리고 공저서인 『영상과 상호미디어성』(2013) 등이 있다.

뉴미디어 영화론: 수용에서 수행으로

© 김무규, 2017

1판 1쇄 인쇄_2017년 12월 20일
1판 1쇄 발행_2017년 12월 30일

지은이_김무규
펴낸이_양정섭

펴낸곳_도서출판 경진
　　　등록_제2010-000004호
　　　블로그_http://kyungjinmunhwa.tistory.com
　　　이메일_mykorea01@naver.com

공급처_(주)글로벌콘텐츠출판그룹
　　　대표_홍정표　편집디자인_김미미　기획·마케팅_노경민
　　　주소_서울특별시 강동구 천중로 196 정일빌딩 401호
　　　전화_02) 488-3280　팩스_02) 488-3281
　　　홈페이지_http://www.gcbook.co.kr

값 20,000원
ISBN 978-89-5996-559-5 93680

Theory of New Media Film: From Reception to Performance

뉴미디어 영화론

: 수용에서 수행으로

김무규 지음

Theory of New Media Film: From Reception to Performance

경진출판

이 책의 구성과 배경에 대한 이해를 돕기 위하여 몇 가지 언급하면 다음과 같다. 우리의 삶에 영향을 미치며 그것을 변화시키는 요인들은 다양하지만, 그 가운데 미디어에 의한 영향과 변화가 점차 커지고 있다는 사실은 누구도 부정할 수 없다. 그와 동시에 기술과 미디어의 발전을 어떠한 방향으로 유도해야 하는가, 혹은 그것을 어떻게 활용해야 하는가의 문제도 매우 중요해졌다. 우리를 둘러싼 환경과 현상을 파악하는 일과 아울러 그것의 가치를 따져보고 또 당면한 과제를 해결하는 일, 이 모든 일에 서둘러 착수해야 한다. 물론 많은 이들은 오래 전부터 그러한 일에 몰두했었으며, 최근에 더욱 큰 비중을 두고 있는 것 같다. 그러나 변화의 속도와 파생되는 여러 문제들을 고려할 때, 충분하지 않다.

이러한 문제의식으로 시작된 연구는, 그러나 속도를 빨리하기보다 늦더라도 그 작업의 의미를 다시 한 번 생각해보려고 하였다. 그리고 그 작업을 위해 필요한 기초적인 사항들에 대해 검토하였다. 그리하여 미디어가 무엇인가 혹은 뉴미디어가 무엇인가와 같이 아주 기본적인 연구문제를 제기하고 이에 대해 생각해 보았다. 그리고 뉴미디어가 미디어와 근본적으로 다른 점이 무엇인지 생각해 보았다. 피상적으로 다르게 보이지만 그럼에도 불구하고 그 원리나 효과에서 과거의 미디어와 다르지 않다고 생각되는 특징을 과감히 배제하였다. 그리하여 진정한 뉴미디어의 새로움이 무엇인지 살펴보았다. 급한 데도 왜 그렇게 하였는가라고 질문한다면 필자가 배운 것이 그래서라고 밖에 달리 할 말이 없다. 하지만 돌다리도 두드리고 건너는 것이 아니라 두드리고도 건너지 않는 것처럼 바둑을 둔다는 어느 고수가 생각난다. 신중하고 천천히 하는 것도 나쁘지 않다고 생각했다.

그래서 이 책의 제목이 미디어나 영화처럼 매우 익숙한 말로 되어 있지만 익숙하지 않은 체계 이론이나 수행 이론을 상대적으로 길게 다루게 되었다. 왜냐하면 그러한 인식론에 가까운 토대로부터 개념에 대한 이해와 그 구성을 원활하게 할 수 있다고 생각했기 때문이다. 그리고 이 책의 후반부에 언급된 영화 사례도 그러한 취지에서 다루어졌다. 실제로 우리가 일반적으로 알고 있는 영화나 혹은 체감되는 영화의 변화를 담아내려고 하지 않았다. 오히려 디지털 영화라고 불리는 다양한 현상들 가운데 이 글이 초점을 맞추고자 하는 뉴미디어 개념과 잘 어울리는 것을 우선 고려하였다. 그리하여 디지털 기술을 차용한 영화들 가운데 주류 영화보다 영화라고 할 수 있을지 잘 모를 영화들, 실험적이라고 할 수도 있으며 혹은 특별하다고 생각되는 영화도 언급하였다. 다시 말해서 제안하려는 개념에 적합한 '모델'을 찾으려 했다.

그리고 그 때문에 시급하다고 생각될 만큼 빠르게 변화하는 것이 무엇인지, 그리고 그것으로 발생되는 문제가 무엇인지에 대해서는 깊이 있게 다루지 못하였는데 그 점이 매우 아쉽다. 물론 발생하는 문제를 어떻게 해결할 수 있는지에 대해서는 생각조차 못하였다. 아울러 영화나 영상의 분야만을 다루어서 여기서 제안한 뉴미디어의 의미가 다른 분야의 뉴미디어 현상에도 적용될 수 있을지 확인하지 못하였다. 그 점 또한 아쉽다. 집필 도중에 다른 분야를 고려할 것인가에 대해 상당히 망설였지만 결국 그렇게 할 수 없었다. 기회가 올 것이라고 생각한다. 아쉬운 점이 있다고 하였지만, 사실 여기에서 집중적으로 논의한 이론과 개념적인 제안도 부족한 부분이 많다. 앞으로 많이 보완되어야 할 것이다.

그렇게 말하는 게 적당한지는 잘 모르겠으나 이 책은 뉴미디어나 영화의 문제를 인문학적인 방법으로 접근하였다. 많지 않은 필자의 경험으로 보면 이러한 방법에는 허점이 많아서 대부분 결국 비판을 초대하게 된다. 이 책도 예외가 될 수 없다. 뉴미디어란 새로운 미디어가 아니라 항상 새로워질 수 있는 미디어라고 정의하는 것이 이 책의 주된 테제이다. 즉 새로움을 다르게 해석할 수 있다는 주장을 말한다. 마찬가지로 이 연구에서 새로운 주장이나 테제가 제안되었다고 해서 그것으로 만족할 수는 없을 것이다. 이것을 계기로 많은 비판과 고찰이 이루어지고 뉴미디어에 대한 새로운 테제, 또는 그와 관련된 많은 연구문제가 계속해서 제기될 수 있었으면 한다. 지속적인 변화는 이 책이 주목하는 가장 중요한 의미이며 그 의미도 또한 지속적으로 변화되었으면 한다.

2017년 8월 31일
김무규

목차

제1장 서론

: 인식론과 방법론

1. 연구의 인식론적 토대

1) 알파고의 도전

필자가 본 저서 작업을 하는 동안에 많은 이들의 흥미를 끌었던 일이 벌어졌었는데 그것은 Google사가 개발한 인공지능 알파고와 이세돌의 바둑 대결이었다. 당시 바둑을 직업으로 하는 프로기사들은 물론이고 아마추어 바둑 애호가들 모두 이세돌의 완승을 예상하였다. 바둑에 많은 관심을 갖고 있던 필자도 이세돌 사범의 승리를 응원하였지만 예전에 체스가 그랬었던 것처럼 언젠가 컴퓨터에게 인간이 패배할 때가 올 것이라는 생각에 불안하였다. 결과는 이세돌 사범의 완패였다.

4국에서는 신의 한 수라고 불릴 만한 묘수를 두고 승리를 거두기는 했지만 누가보아도 5국까지의 전체적인 승부는 이세돌의 완패였다. 분명히 바둑실력은 알파고가 뛰어났다. 그리고 직관과 감각에 의존하는 초반전이나 포석단계에서도 알파고의 실력은 초일류에 뒤지지 않았다. 오히려 지금까지 우리가 의심하지 않았던 바둑의 정석이나 모양에 대한 생각들이 오류였음을 가르쳐주기도 하였다. 알파고는 합리적 계산에서도 직관적 판단에서도 인간보다 우월한 듯했다.[1]

한편 필자는 꽤 오랜 기간 동안 뉴미디어에 관한 이 책을 쓰면서 사실 알파고와 같은 인공지능과 관련된 문제를 전혀 고려하지 않았다는 점을 깨닫게 되었다. 그리고 여기에는 나름대로 이유가 있었다는 점을 이해하게 되었는데 사실 그 이유가 오히려 본 저서의 문제의식을 명확하게 해주었다. 필자는 미디어의 발전으로 인해 나타날 수 있는 여러 가지 결과들 가운데 인간의 지적, 감성적 역량을 대체할 수 있는 인공지능에 대해 생각하지 않았었다. 반대로 어떻게 하면 새로운 미디어가 인간의 지성과 감성을 촉진시킬 수 있는지의 문제만을 생각했었음을 알게 되었다. 그러나 알파고가 가져온 충격에도 불구하고 오래 전에 선택했던 그 방향이 잘못된 것이라고 생각하지 않는다. 기술과 미디어의 발전이란 두 가지 방향 모두를 의미하며 어느 한 방향도 다른 쪽에 비하여 의미가 더 크다고 말할 수는 없다.

그런데 이세돌과 알파고의 대결을 바라보면서 많은 이들이 인공지능의 위력과 위험에 대해 실감할 수 있었다. Google이 의도한 바는

---

1) 필자가 이 서론을 쓴 지 일 년 후 이세돌보다 더 강하다고 알려진 중국의 커제가 알파고와 승부를 겨루었다. 이세돌은 1승을 하였으나 커제는 한 판도 이기지 못했다. 알파고는 스코어로도 바둑의 내용으로도 인간을 더욱 압도하였다.

아니었겠지만 결국 알파고가 사람들의 생각을 자극하는 계기를 마련해 주었고 프로기사인 목진석 사범은 알파고를 통해 인간의 바둑이 더욱 창의적으로 발전할 수 있다고도 말하였다. 또 흥미로웠던 것은 이세돌과 알파고의 대결을 지켜보면서 진보적인 기술의 발전으로 인공지능이 인간의 능력을 뛰어넘는 사건을 목격하였지만 또 다른 한편으로 인터넷과 같은 뉴미디어를 통해 여러 사람이 서로 대화를 나누면서 인간성에 대해 고민하게 되었다는 사실이다. 일자리가 없어질 것이라는 걱정과 대책을 강구하는 일도 그러한 대화의 결과일 것이다. 미디어의 발전은 인간을 대체하거나 혹은 인간에 창의적 사유를 하도록 하는 두 가지의 측면을 동시에 지니고 있다.

다만 필자의 느낌에 인간의 사유나 지각을 촉진시키는 쪽으로 미디어를 발전시킨다는 목표는 그 중요함에 비해 크게 관심을 끌지 않는 것 같다. 사유하거나 활동하는 일은 사람에게 귀찮은 일이고 그것을 누가 대신해주기 바라기 때문이다. 그래서 미디어가 지니고 있는 대체의 기능에 많은 관심이 쏠리는 듯하다. 우리는 생각을 덜 하려고 하며, 한다고 하더라도 복잡한 것에 대해 생각하려고 하지 않는다. 그래서 우리가 느끼는 복잡함을 대신 해결해줄 수 있는 인공지능의 발전에 관심을 기울이는데 그 결과로 미디어의 발전이 한쪽으로 편중된다. 그리고 기술이 어떻게 인간의 사유를 더욱 깊이 있게 만들고 인간들 사이의 소통을 원활하게 할 수 있을 것인가의 문제는 생각하기 쉽지 않다. 그것이 정말로 가능한가 혹은 그렇다고 하더라도 어떻게 그렇게 할 수 있는가의 의문에 부딪치기 때문이다. 이 글은 여기에 초점을 맞추고자 한다. 물론 미디어의 발전을 두 가지 방향으로 단순화시킬 수는 없겠지만 그럼에도 불구하고 이러한 축소를 통해서 우선 그 초점을 명확하게 할 것이다. 즉 두 가지 발전 방향 가운데 어느 것이 중요하다는 설명을 논증하려는 것이 아니라 그 설명은 연구의 출발단계에서 필요한 일종의 인식적 관심*Erkenntnisinteresse*이다. 그리고 그러한 인식적 관심의 테두리에서 뉴미디어를 어떻게 이해할 수 있는지 또 어떻게 개념화할 수 있는지에 대한 문제를 다루려고 한다. 간단히 말해서 알파고는 뉴미디어가 아니라는 판단을 하려고 하는데 이를 위해 우선 미디어 발전의 상반된 두 지향점에 대해 알아볼 것이다.

2) 미디어 발전의 두 가지 방향

우선 두 가지 방향을 좀 더 명확하게 대조시키기 위해 디터 다니엘스*Dieter Daniels*가 그의 연구에서 언급한 것을 인용해보겠다.[2] 다니엘스는 20세기 전반기 유럽에서 첨단기술이 서서히 확산될 무렵에 활동했던 두 학자의 입장을 대조시켰는데, 그 두 학자는 독일의 극작가이자 시인인 베르톨트 브레히트*Bertolt Brecht*와 영국의 수학자인 앨런 튜링*Alan Turing*이다. 두 사람 모두 테크놀로지에 긍정하며 자신의 과업에 활용하였다. 그리고 그것의 발전이 어떠한 결과를 가져올 것인지, 아울러 그것을 어떻게 발전시켜야 하는지 설명한 바 있다. 결론부터 말하자면 이 글은 브레히트를 따라간 것이었으며 튜링의 생각에는 애초부터 관심이 없었다. 그래서 알파고에 대해서는 생각조차 하지 못했다. 그런데 그들의 생각이 무엇이었나?

---

2) Dieter Daniels(2008), "Strategies of Interactivity", Rudolf Frieling and Dieter Daniels(eds.), *Media Art Interaction: The 1980's and 1990's in Germany*, Vienna: Springer, pp. 170~197.

첫 번째 방향은 기술이 인간의 인지나 수행 능력을 발전시키도록 활용하는 방향이고 두 번째 방향은 새로운 기술이 인간의 사유나 활동을 대신하도록 활용하는 방향인데 브레히트와 튜링이 한 말을 비교하면 그 차이를 알 수 있다.

[라디오를] 배포*distribution*의 장치에서 소통*communication*의 장치로 변화시켜야 한다. 라디오는 공적인 생활을 위한 아주 대단한 소통의 장치, 즉 하나의 거대한 채널체계가 될 것이다. 그리고 라디오가 단지 송신만 하는 것이 아니라 수신도 하는 것으로 파악되었을 때, 청취자가 듣기만 하는 것이 아니라 말을 하도록 만들 때, 그들을 고립시키는 것이 아니라 관계를 맺을 수 있도록 하였을 때에 그러하다.3)

기계가 결국 모든 지적인 분야에서 인간과 경쟁하기를 희망한다. (…중략…) 그렇게 하기 위해서 체스 게임처럼 추상적인 활동으로부터 시작하는 것이 가장 효과적일 것이다. 또한 기계로 하여금 감각기관을 갖도록 하는 것도 좋은 방법이라고 주장할 수 있다.4)

브레히트의 입장을 자세히 살펴보자. 브레히트는 예술가였고 미학이론가였는데 그는 당시 아직도 고전적인 예술관이 지배적이었음에도 불구하고 테크놀로지에 대해 긍정적인 입장을 견지하였다. 사실

---

3) Bertolt Brecht(1967), "Der Rundfunk als Kommunikationsapparat", *Gesammelte Werke, Band. 18. Schriften zur Literatur und Kunst 1*, Frankfurt/M: Suhrkamp, p. 129.
4) Alan M. Turing(1950), "Computing Machinery and Intelligence", *Mind*, 59(236), pp. 433~460; Dieter Daniels(2008), *Op. cit.*, p. 170 재인용(필자 고딕 강조).

브레히트의 시대에는 대체로 독일관념론 전통을 이어받은 비판 이론 critical theory가들, 특히 테오도르 아도르노Theodor Adorno가 그랬던 것처럼 새로운 기술이나 미디어에 대해 비판적이었다. 아도르노는 기술에 의한 재현은 모든 이들을 동일한 수용자로 만들고, 그것은 자기긍정을 강요하는 결과로 나타난다고 하였다.5) 반면에 동시대의 지식인들 가운데 브레히트나 벤야민과 같은 학자들은 테크놀로지에 상당한 긍정적 가능성이 있다고 보았다. 브레히트는 라디오를, 그리고 벤야민은 영화를 고찰하면서 그것을 제대로 활용하면 인간의 사유와 성찰을 위한 미디어가 될 것이라고 예언했다. 두 학자의 생각은 이후에 특히 빌렘 플루서Vilém Flusser에 의해 수용되어 더욱 발전하였다. 기술적 상상technisches Einbilden, technical imagnation 이론이 그것이다.

물론 그들의 낙관론에는 어떠한 조건이 충족되어야 했다. 브레히트는 라디오의 유포기능을 제한하고 소통기능을 확대하였을 때 비로소 미디어가 긍정적으로 작용할 수 있다고 보았고,6) 벤야민은 영화를 몰입이나 집중이 아닌 분산distraction적이거나 성찰reflexion적으로 활용했을 경우만을 생각했다. 사실 소통이나 분산, 혹은 성찰이나 관조와 같은 인간의 정신활동이나 사회활동은 단단히 마음을 먹어야 이루어질 수 있는 일이며, 미디어를 수단으로 하여 일상생활을 편리하게 하거나 혹은 인간의 욕망을 채우려 한다면 그러한 활동은 쉽게 발생하지 않는다. 그 조건이 까다롭기는 하지만 브레히트의 주장은 분명하다.

5) 이에 대해 다음을 참조할 수 있다. 디터 메르쉬, 문화학연구회 역(2009), 『매체이론』, 연세대학교 출판부, 88~94쪽.
6) 김성재(2015), 「미디어 유토피아의 계보: 브레히트의 라디오 이론에서 플루서의 텔레마틱론으로」, 『한국방송학보』 29(4), 5~32쪽.

그래서 그 논거들을 살펴보아야 한다.

튜링은 어떠한가? 튜링은 튜링 테스트*Turing test*나 튜링 기계*Turing machine*와 같은 용어로 잘 알려진 수학자인데, 그가 기술을 대하는 태도는 브레히트와 많이 달랐다. 알려진 대로 튜링 테스트란 인공지능의 작용이 인간의 활동과 구분될 수 있는가를 실험하는 것이다. 2015년에 개봉한 〈엑스 마키나*Ex Machina*〉란 영화를 보면 튜링 테스트가 무엇인지 정확하게 이해할 수 있다. 이 영화에서 첨단 A.I.를 튜링 테스트하는 어느 청년은 그 A.I.와 사랑에 빠짐으로써 튜링 테스트의 성공을 몸소 증명하게 된다. 또한 튜링은 튜링 기계의 원리를 고안하였는데 그 머신으로 시간만 무한히 주어진다면 (튜링머신에서는 테이프의 무한한 길이) 0과 1의 이진법으로 아무리 복잡한 계산이라도 수행할 수 있다는 점을 이론적으로 증명하였다. 이것은 디지털 미디어의 기본적인 원리이기도 하다. 튜링은 생각했던 것은 새로운 기계적, 수학적 작용 방식을 고안하여 인간의 계산능력을 대체할 수 있고 인간의 생각을 빠르게 대신해줄 수 있는 테크놀로지였다. 물론 그것이 발전

〈영상 1〉 알렉스 가랜드(Alex Garland) 감독의 영화 〈엑스 마키나〉에서 프로그래머 칼렙(Caleb)이 인공지능 에이바(Ava)를 튜링 테스트하는데, 그 테스트의 결과는 예상과 달랐다.

하면 지적 활동과 감성적 활동도 대신할 것이라고 예상했다. 튜링 기계와 이진법의 원리는 좀 다른 관점에서 살펴볼 수도 있는데 이 점은 다음에서 다룰 것이다. 어쨌든 튜링의 생각은 알파고로 그 실현 가능성이 입증되었다.

알파고와의 대국이 공상과학 영화가 아닌 현실이라는 점을 생각해 보더라도 미디어의 역사는 브레히트가 생각했던 방향이 아닌 튜링이 생각했던 방향으로 발전하였음을 쉽게 알 수 있다. 지금도 간혹 밤늦은 시간 라디오를 켜면 청취자와 진행자가 차분하게 대화하는 방송을 들을 수 있지만, 그럼에도 불구하고 브레히트가 생각한 소통 미디어로서의 라디오가 실현되었다고 생각되지 않는다. 마찬가지로 영화의 탄생 직후 대중들은 영화 미디어에 열광하였지만, 초창기에 나타났던 약간의 새로운 가능성을 뒤로한 채, 영화는 자본주의 문화와 시민 문화에 적응하였다.[7] 그리고 할리우드 영화를 생각하면 쉽게 알 수 있듯이 영화의 미학적 발전과 기술적 발전은 대체로 자본의 논리, 욕망의 논리를 따라갔다.

필자는 다니엘스가 대조시켰던 두 입장, 즉 브레히트와 튜링의 입장을 보다 자세히 살펴보고자 한다. 그런데 그 상반된 두 입장을 개념으로 정리하기 위해 각각 분산*distraction*의 방향과 집중*concentration*의 방향으로 규정하였다. 그리고 앞으로 집중의 방향보다 분산의 방향에 치중할 것이며 이러한 관점으로 뉴미디어 문제에 접근할 것이다. 그렇다면 두 경우를, 즉 '감각을 분산시키고 성찰을 지원하는' 미디어와 '인간을

---

7) 영화의 발전이 시민문화에 적응한 결과라는 주장에 대해서 다음을 참조할 수 있다. Joachim Paech(1984), *Literatur und Film*, Frankfurt/M: Suhrkamp.

대신하는' 미디어를 구분하는 것이 가장 처음 해야 할 일이다.[8]

물론 벤야민을 비롯한 비판적 미디어 학자들이 (아도르노와 같이 미디어와 기술에 비판적이었던 학자들을 제외한 다른 학자들, 특히 벤야민 이외에 장 엡스텡*Jean Epstein*이나 벨라 발라즈*Béla Balázs*와 같은 초기 영화 이론가들이 여기에 속할 것이다) 미디어에 대해 전적으로 긍정적인 입장을 취한 것은 아니다. 벤야민은 한편으로 기계적 복제*mechanical reproduction*가 대중적 조작을 대규모로 가능하게 하고 그것이 독재 권력을 형성하는 데 도움이 될 수도 있다고 했다. 그리고 기술을 통해 전통적 예술의 의미가 사라지는 것은 비판적 생명력이 활성화되는 것으로 이해될 수도 있는 반면에 예술이 오락적 쾌락을 위한 수단으로 전락할 수 있다는 위험도 역시 경고한 바 있다. 브레히트나 벤야민의 입장을 이어받은 플루서도 기술적 발전이 상상을 촉진시키는 결과를 가져올 수 있다는 주장을 하면서도 또한 반대의 가능성도 염두에 두었다. 로제 샤티에*Roger Chartier*가 "전자 미디어의 통제되지 않는 장거리 커뮤니케이션은 두 가지 잠재성의 발전을 동시에 촉진시킨다"[9]고 언급한 바 있듯이 현대 미디어 이론가들의 입장에 따르면 기술과 미디어의 발전이 자동적으로 인간의 사유와 수행을 촉진시키는 것은 아니다. 여기에는 어떠한 조건이 있다. 지금까지 이 글이 뉴미디어의 문제를 고찰하면서 어떠한 인식적 관심에서 출발하였는지 언급해 보았는데 그것을 구체화하기에 앞서 다음에서 연구의 방법론과 구성에 대해 살펴보겠다.

---

8) 필자는 다음에서 추상적이나마 그 구분을 시도한 바 있다. 김무규(2012), 「성찰적 영상 미디어론」, 한국방송학회, 『영상이론과 실제』, 커뮤니케이션북스, 317~348쪽.

9) Roger Chartier(2003), "From Mechanical Reproduction to Electronic Representation", Hans Ulrich Gumbrecht and Michael Marrinan(eds.), *Mapping Benjamin: The Work of Art in the Digital Age*, Stanford: Stanford University Press, p. 112.

2. 연구의 방법론과 구성

1) 체계적 개념의 의미

이 책의 주목적은 뉴미디어 개념을 구성하는 것이다. 그런데 여기에서 말하는 개념은 현실의 어떠한 대상이나 현상이 있으면 그것을 적절하게 표현한 어떤 용어를 의미하지 않는다. 그와 달리 현상에 대한 지시성보다 내적인 체계성을 지니고 있는 것을 개념으로 파악하고자 한다. 현상을 관찰하고 그것에 나타나는 특징과 규칙성을 파악한 연후에 그것을 표현하는 방법과는 달리 피상적인 현상을 염두에 두고 있지만 그보다 논리와 인과관계를 중시하여 개념을 구성한다면 그 의미는 서로 좀 다를 것이다. 그런데 왜 후자의 방법을 선택하였는지 잠시 언급하자면 다음과 같다. 사람은 현상을 그대로 인지하고 그것을 이해할 수는 없다. 아는 만큼 보인다는 말도 있지만 어떠한 관점이 있고 혹은 그 현상에 대한 선이해가 있어야 비로소 그것을 바탕으로 깊은 이해를 시도할 수 있게 된다. 그런데 그러한 관점이나 선이해는 구성될 수밖에 없다고 생각된다. 혹자는 그것을 디자인한다고 표현한다. 그런데 이렇게 만들어진 개념이 논리적 비약이 있다든지 착오가 있다든지 하여 현상에 대한 이해를 어렵게 하는 경우도 있을 것이다. 그리고 포괄하지 못하는 예외적인 현상이 있기 때문에 정합성을 의심할 수밖에 없는 개념도 있을 것이다. 그럼에도 불구하고 개념 구성의 작업을 끊임없이 시도하고 많은 이들에 의해 토론되어야 한다. 그렇게 해야 비로소 현상을 인식하고 판단하기 위한 토대가 되는 올바른 개념이 창출된다고 생각한다. 왜냐하면 생각 없이 현상을 인식할 수 없기 때문이다. 착오가 생길 수도 있으나 개인적인 구성의 작업과 이에 관한 집단적인 토론으로 발생하는 '이익이 압도적'이라는 점은 누구도 부인할 수 없다. 그래서 개념은 단순히 현상이나 대상, 혹은 어떠한 상태를 지칭하는 말이 아니라 그러한 것들에 대한 이해를 심화해 줄 수 있는 관점, 혹은 어떠한 방향이라고 생각하였다.

　뉴미디어에 대한 개념에 대해 고찰하는 경우에 아마도 이러한 의식이 더욱 중요하다. 왜냐하면 뉴미디어와 관련된 현상들은 과거에 나타났던 것들이 아니라 현재에, 그리고 미래에 더욱 활성화될 것이기 때문이다. 따라서 피상적인 이해나 겉으로 드러나는 특성들만을 가지고 그 현상을 파악하였다고 단정하기 어렵다. 이에 대해 루츠 엘리히 *Lutz Ellrich*는 그것을 현상의 응축*Verdichtung*과 사유로서의 메타퍼*Metapher* 사이의 차이라고 설명하였다. 여기에서 말하는 메타퍼란 수사학적 용어인 은유가 아니기에 단순히 그렇게 이해할 수는 없다. 개념은 현상들을 축적한 결과일 수도 있지만 그것이 사유를 통하여 메타퍼처럼 되면 비로소 폭넓은 현상을 관찰할 수 있도록 하는 관점이 될 수 있다는 의미이다. 필자는 엘리히가 말한 두 가지 개념 가운데 메타퍼를 택하였다고 생각한다. 그의 설명에서 두 가지 다른 의미의 개념이 지니는 장단점을 파악할 수 있다.

　개념은 세상을 파악하며 경험을 개척하는 기능을 지니고 있다(이 가정은 이제 반구성주의자를 자처하는 이들에게도 학문적인 상식에 속하게 되었다). 그 때문에 개념은 현상을 조정하거나 경험을 왜곡할 수도 있다. 개념을 잘못 통제하는 이러한 위험은 정치의 영역에서만 극도로 위해한 것은 아니다. 새로운 기술의 발전이 사회적인 면모에 나타나서 빠르게 수용되고 확산될 때도 그러할 수 있다. 이러한 예외적 상황(점점 더 자주 발생하는데)에서는 이중적인 상징적 전략이 뒤따른다. 한편으로 실마리가 되는 해석의 표준과 행위지향적인 메타퍼의 활용이 투입되는데 그것으로 놀라운 혁신이 기존의 의미론적 장과 연결되기 위해 재빨리 장악된다. 또 다른 한편으로는 새로운 현상을 적지만 중심적인 특징에 집중하여 묘사하여 그것을 언어형상과 모델로 응축할 수도 있다. 그것은 완전히 다른 영역과 사태를 밝히는 데 도움이 된다.10)

다시 말해서 심층적인 본질에 접근하기 위해 다양한 방법들이 구사될 수 있겠지만, 이 글은 개념을 중시하여 모델을 설정하고 그 모델을 서둘러 검증하기보다는 그 논리의 체계성에 대해 지속적으로 숙고할 것이다. 약점이 있기는 하겠지만 그래도 관점으로 삼을 수 있는 개념을 구성하는 것이 본 연구가 선택한 방법이다.

그리고 그 숙고를 어떻게 하였는가에 대해서는 다음과 같이 세 가지 답변을 할 수 있다. 첫째는 개념의 문제를 고려하면서 역사적 관점보다는 체계적 관점을 중시하였다. 그리하여 현상들을 역사적인 기준으로 분류하여 그것들을 지칭하는 개념들을 제시하기보다 특정한 현상의 차별적인 특징이 반영될 수 있는 개념을 고려하였다. 뉴미디어 개념은 특히 역사적인 의미, 시대적인 의미가 함의되었다고 생각하기 쉬운데, 그러한 방법을 택하지 않고 개념의 체계성에 큰 관심을 두었다. 그러다보니 여기에서 규정된 뉴미디어 개념이 예전의 어느 시대

---

10) Lutz Ellrich(1997), "Neues über das 'Neue Medium' Computer: Ein Literaturbericht", *Technik und Gesellschaft*, 9, p. 195.

에 있었던 현상에도 적용될 수 있을 수도 있어서 그것이 과연 최근의 미디어일 수도 있을까 하는 의문이 제기된다. 그 의문은 이 책에서만 나타나는 문제점은 아니다. 애초에 역사성과 체계성은 서로가 자가당착*antinomy*의 관계에 놓여 있다. 두 가지를 모두 만족시킬 수 없다. 요하네스 벨만과 이본느 에렌슈펙*Johannes Bellmann and Yvonne Ehrenspeck*은 이 문제를 다음과 같이 표현하였다.

> 이러한 자가당착에서 그때마다 제외된 것을 [선택된 관점에 맞지 않기 때문에] 보이지 않도록 만든다고 해서 완전히 사라지도록 할 수는 없다. 역사적 과정의 한 순간으로서 체계적인 것을 들어내는 시도, 혹은 적용을 비난하는 시도는 실패할 수밖에 없다.11)

따라서 여기에서 그 문제점을 해소하고 체계적인 관점을 유지할 수 있는 개념을 제안하고자 한다. 사실 해소하였다기보다는 체계쪽을 선택했다고 보는 것이 옳다. 대체로 뉴미디어가 함의하고 있는 역사적인 문제를 배제하고 그 함의를 유발시키는 새로움의 의미를 다른 방식으로 해석하여 그 문제를 해결하려고 하였다. 이 점에 대해서는 다음의 본론 1장에서 구체적으로 다룰 것이다. 둘째는 부정적 방법보다 긍정적 방법으로 개념을 파악하였다. 다시 말해서 뉴미디어가 아닌 것을 먼저 생각하고 그것에 해당하지 않는 것에 어떠한 용어를 사용하여 개념화하는 방식을 사용하지 않았다. 그리하여 개념에 긍정적인 측면들이 반영될

---

11) Johannes Bellmann and Yvonne Ehrenspeck(2006), "Historisch/systematisch: Anmerkungen zur Methodendiskussion in der pädagogischen Historiographie", *Zeitschrift für Pädagogik*, 52(2), p. 245.

수 있도록 하였고 또 그러한 개념들에 대해 설명하면서 뉴미디어를 파악하고자 하였다. 그리하여 뉴미디어 개념 주변에서 분산, 우연성, 수행, 체계와 같은 개념을 배치하였고 그러한 개념적인 맥락과 논리를 현대 미디어 이론*modern media theory*, 니클라스 루만*Niklas Luhmann*의 체계 이론*system theory*, 그리고 수행 이론*performance theory*과 관련지어 설명하였다. 셋째, 서로 상충된다거나 혹은 역설적인 결과를 초래하는 요인들이 병존하는 경우를 피하는 방향으로 개념을 고려하였다. 예를 들어서 뉴미디어의 이해하기 위해 자주 사용되는 개념들, 즉 프로슈머, UCC, 혹은 상호작용성*interactivity*과 같은 용어에는 그것이 어떠한 개념이라고 보기 어려울 정도로 이미 모순되는 뜻이 담겨져 있다.12) 이러한 모순의 상태는 피상적으로 나타나는 특징을 표현한 결과라고 생각되는데, 여기에 수사적 효과는 있을지언정 개념 자체가 논리적이며 또한 그 현상의 본질적인 면모를 담아내었다고 보기는 어렵다. 그래서 그 모순을 발생시키는 원인을 제거하고 그 본질적인 특성이 반영되는 쪽으로 개념화의 방향을 잡아야 한다.

모순적인 개념들이 부적절하다는 지적이나 비판을 할 생각은 없다. 왜냐하면 현상적인 특수성으로부터 납득할 수 있는 보편성을 찾아가는 것이 고찰의 당연한 과정일 수 있기 때문이다. 결국 개념에 내재된 역설의 함의가 배제되어야 비로소 그 개념이 체계적이라고 할 수 있다. 이에 대해 디크 베커*Dirk Baecker*는 미디어 연구에서 표층에 있는

---

12) 상호작용(interaction)의 개념에 모순적인 의미가 포함되어 있음을 지적한 다음의 문헌을 참고할 수 있다. Colin B. Grant(2003), "Destabilizing Social Communication Theory", *Theory, Culture and Society*, 20(6), pp. 95~119; 김무규(2012), 「소통을 위한 성찰: 체계 이론의 관점으로 살펴본 성찰적 커뮤니케이션 이론 연구」, 『한국언론정보학보』 58, 178~200쪽.

논리적 모순을 처리해야 하는 과제는 피할 수 없다고 하였다.13) 왜냐하면 미디어는 다른 물체와 달리 애초에 자신을 드러낼수록 미디어가될 가능성이 희박해지며 드러나지 않고 감추어질수록 제 기능을 잘하는 묘한 특성을 지니고 있기 때문이다.14)

2) 체계 이론적 미디어론의 의미

여기에서 주로 활용하는 미디어의 개념은 체계 이론에서 가져온 것인데, 체계 이론의 특성에 대해 설명하면서 이 글의 의미를 생각해보겠다. 루만의 체계 이론은 점차 다양화되고 복잡해지는 사회현상을설명하기 위한 유력한 이론으로 알려지고 있다. 그러나 국내 학계에서, 특히 미디어 연구 분야에서 크게 조명되지 않고 있는 듯하다. 체계이론의 자체에 대한 논의도 활발하다고 보기 어려우며 또한 방법론*methodology*으로서 체계 이론이 무엇인가를 분석하기 위해서 자주 사용되는지 모르겠다. 주로 독일에서 공부한 국내학자들에 의해서 체계이론이 소개되고 있다.15) 필자가 보기에 여기에는 납득할 만한 두 가지 이유가 있는 것 같다. 첫째, 현재 실증주의적 인식론에 기반한 경험

---

13) Dirk Baecker(2008), "Medienforschung", Stefan Münker and Alexander Roesler(eds.), *Was ist ein Medium*, Frankfurt/M: Suhrkamp, p. 139.

14) 체계 이론적 미디어 개념에 영향을 준 중요한 철학적 논의는 프리츠 하이더(Fritz Heider)에 의해 처음으로 다루어졌다고 한다. 이 문헌에서 미디어가 감추어지는 성질, 즉 잠재성이 최초로 논의되었다. Fritz Heider(1925), "Ding und Medium", *Symposion*, 1, pp. 109~158.

15) 현재 루만의 주요 저서들이 우리말로 번역되어 출판되었으며 특히 2016년에는 국내루만 연구자들에 의해 사회체계 이론학회가 설립되었다. 다양한 분야의 연구자들에 의한 체계 이론에 대한 연구와 논의가 보다 활발하게 이루어질 것으로 생각된다.

적 방법이 미디어 연구 분야에서 주류를 형성하고 있는데, 루만의 체계 이론은 실증주의와는 동떨어진 인식론을 바탕으로 한다. 실증주의 패러다임과 경험적 방법은 일찍이 독일 프랑크푸르트 학파의 비판 이론에 의해 그 문제점이 지적된 바 있는데, 아마도 비슷한 문맥에서 체계 이론과 실증주의가 인식론에서 서로 다르다는 점을 이해할 수 있다. 국내 미디어 학계에서 방법론의 편중 현상이 문제점이라고 인식한다면 비판 이론의 지적을 한 번 상기해볼 수 있다. 예를 들어 아도르노는 통계와 같은 기법을 동원한 연구 방법으로 "사회적 총체성의 구조적 조건*Strukturbedingungen der gesellschaftlichen Totaliät*"에 접근할 수 없다고 비판한 바 있다.16) 아울러 경험적 방법은 주관적인 견해, 태도, 행위양식 등을 객관적인 것으로 환원시키는데, 그것이 아무리 양적으로 다수를 이루고 있다고 하더라도 객관성을 확보할 수 있는 가능성은 없고 다만 추상화시킬 수 있을 뿐이라고 하였다.

필자는 철학적인 문제에 대해 잘 모르지만 혹자는 현실에서 인지 가능한 대상으로부터 법칙성이 확보된다고 생각할 것이다. 따라서 심층에 존재하는 구조가 있을 것이라는 가정은 생각하기 어렵다는 실증주의자들의 견해를 인정하고 그것으로부터 경험적 방법의 패러다임을 옹호할 것이다. 그러한 인식론이 잘못된 것이라고 할 사람은 아무도 없다. 그러나 확실한 점은 그것이 여러 가지 인식론들 가운데 한 가지 방향일 뿐이라는 점이다. 여하튼 그 방향이 사회현상에 대한 연구에 그리고 국내의 미디어 연구에 주류를 이루고 있는 것이 현실이

---

16) Theodor W. Adorno(1972), "Soziologie und empirische Forschung", *Der Positivismusstreit in der deutschen Soziologie*, Neuwied and Berlin: Luchterhand, pp. 81~101.

며, 그 때문에 사회현상의 총체적 설명을 시도하는 체계 이론은 큰 주목을 받지 못하는 것 같다.

둘째, 국내 미디어 연구에서 문화 연구*Cultural Studies*는 비판 이론의 취지를 비판적으로 계승하였다고 알려지고 있다.17) 문화 연구는 현상에 대한 객관적인 연구 결과를 확보하기보다는 현상의 심층에 위치하는 맥락에 중점을 두며, 그러한 취지에 따라 질적 연구 방법을 주로 활용하는 연구 방향으로 알려져 있다. 이러한 관점에서 문화 연구는 어느 정도 비판 이론이 추구하는 사회적 총체성에 접근하려는 시도로 생각된다. 그리고 검증보다는 해석을 위주로 하는 인문학적인 연구 방법을 취하고 있다는 점에서 체계 이론과 문화 연구는 공통적인 특징이 있다고 볼 수 있다. 그럼에도 불구하고 체계 이론은 비판 이론과 그리고 비판 이론에 뿌리를 두고 있는 문화 연구와는 다른 인식론적 배경을 전제하고 있다. 이러한 점은 하버마스와 루만의 논쟁에서 잘 나타난다. 특히 커뮤니케이션의 문제를 두고 하버마스는 규범*norm*이나 정당성*legitimation*과 같은 개념을 통해 이상적인 담화 상황*ideal discourse situation*을 고려하는 데 반해, 루만에게 규범이나 도덕과 같은 문제도 체계 작용의 일부분로 간주하기 때문이다.

이것은 매우 어려운 설명이다. 그러나 구성주의적 인식론에 기반을 두고 있는 루만의 체계 이론은 관념론 전통의 독일의 비판 이론이나 현실에 대한 본질이나 맥락에 관심을 두고 있는 영국의 문화 연구의

---

17) Douglas Kellner(2002), "The Frankfurt School and British Cultural Studies: The missed Articulation", Jeffrey T. Nealon and Carren Irr(eds.), *Rethinking the Frankfurt School: Alternative Legacies of Cultural Critique*, Albany: State University of New York Press, pp. 31~58.

범주에 속할 수 없다. 출발에서부터 서로 다르기 때문이다. 그 때문에 문화 연구자들도 체계 이론을 고려하지 않는다.

혹자는 루만의 체계 이론이 지나치게 설명에 중점을 두며 문화 연구가 추구하는 비판적인 특성이 없다고 간주하는데, 꼭 그렇지만은 않다.18) 아마도 그 점에 대해서 루만은 도덕이나 정당성과 같이 논리적이지 못한 개념으로 어떠한 비판을 수행할 수는 없다고 답할 것이다. 루만이 다음과 같이 말했다. "사회학 이론은 어느 지점에서도 충분히 복잡하지 못하며, 특히 풍부한 역사적 자료를 제대로 다룰 수 있을 만큼 충분히 추상적인 용어로 정교화되어 있지 않다."19)

간단히 말해서 체계 이론은 양적 방법으로도 질적 방법으로도 진전될 수 없는 구성주의적, 혹은 체계 이론적 인식론의 틀을 지니고 있으며, 따라서 경험적인 연구자들도 문화 연구자들도 심지어 비판 이론가들도 체계 이론을 고려할 수 없다. 이에 대해 필자는 안타깝지만 개종을 하기 전에는 인식론이 다른 이들이 서로 어울릴 수는 없다고 생각한다. 그런데 여기에서 그 안타까움에 대해서 더 이상 논의할 수는 없다. 다만 지금까지의 개괄을 통해 체계 이론적인 미디어 개념을 받아들이고 아울러 그것의 도움으로 논리를 전개할 이 책이 어떠한 인식론적 지평에 서 있는지 밝혔다. 간단히 말해서 이 책은 경험적으

---

18) 체계 이론이 지니는 비판적 특성에 대해 논한 정성훈은 체계 이론이 '일차 등급 관찰'이 아닌 '이차 등급 관찰'을 중시하기 때문에 비판과 무관하다고 생각되지만, 오히려 '이차 등급 관찰', 즉 2차 질서의 관찰로부터 다른 맥락의 비판을 수행할 수 있다고 설명하였고 또한 오히려 비판이론가들의 비판에서 사회에 대한 '생태적 진단'이 결여되어 있다는 루만의 입장을 강조하였다. 정성훈(2009), 「루만 체계 이론의 비판 잠재력」, 『철학논구』 37, 237~261쪽.

19) 니클라스 루만, 정성훈·권기돈·조형준 역(2009), 『열정으로서의 사랑: 친밀성의 코드화』, 새물결, 10쪽.

로 현상을 파악하지도 않을 것이며 무엇을 비판할 생각도 없다.

3) 디지털 영화의 사례와 기술론의 문제

뉴미디어의 개념 구성을 위한 이론고찰이 끝난 연후에 영화, 특히 디지털 영화의 경우를 살펴볼 것이다. 디지털 영화를 뉴미디어와 동일시하지 않고 영화에 디지털 기술이 도입되어 나타난 변화들 가운데 어떠한 유형의 변화를 뉴미디어라고 할 수 있을지 검토하는 것이 사례분석의 목적이다. 반대로 디지털 영화의 특성과 변화요인들 가운데 대표적인 것을 경험적으로 파악하지는 않을 것이다. 송해룡과 이호은 영상 미디어 연구의 방법론에 관한 설명에서 이론과 사례의 관련성을 다음과 같이 설명한 바 있다.

> 사례는 이론을 특정한 현상을 통해 논증하기 위해서 다루어졌다기보다 이론의 논리와 체계를 확인하는 의미가 더욱 크다. 따라서 사례의 선택은 자의적이라고 여겨질 수도 있으나 그것으로 이론의 체계적인 면모를 실감할 수 있을 것이다. 즉 영상의 문제를 설명하기 위한 다양한 이론의 경향과 그 논리의 흐름이 더욱 중요하다.[20]

필자는 두 연구자의 의견에 동의하며 디지털 영화를 다루는 의미도 그 의견과 같다. 앞에서도 언급했지만 어떠한 관점의 설정을 위해서

---

20) 송해룡·이호은(2012), 「서문: 영상이론의 실천적 적용」, 『영상이론과 실제』, 커뮤니케이션북스, ix쪽.

라도 개념의 구성이 체계적으로 이루어져야 한다. 그리고 이를 위해 특정한 사례가 그 구성의 결과를 확인해주는 역할을 할 수 있다. 이러한 의미에서 디지털 영화의 사례는 특정적*specific*이라기보다 예증적 *exemplificative*이다. 그리고 여러 미디어들 가운데 특히 영화는 디지털 기술의 도입으로 큰 변화를 겪었으며 그 변화의 결과도 다양하다. 그 때문에 필자가 구상한 뉴미디어의 개념, 그리고 뉴미디어와 관련된 디지털 기술의 의미를 하나의 관점으로 하여 영화에 대해 논의하는 일은 나름대로 의미가 있다.

영화와 관련하여 또 한 가지 언급할 점은 기술결정론에 관한 문제이다. 이 책이 취하고 있는 관점들 가운데 하나가 정확히 기술결정론이라고 할 수 있을지 잘 모르겠으나 그 쪽으로 마음이 가있다. 그런데 영화를 기술론적인 관점에서 혹은 미디어론의 관점에서 논의하는 일은 사실 여러 가지 영화학의 분야들 가운데 한 분야에 해당된다. 당연한 말이지만 이 책은 그 하나의 관점을 전제로 하고 있으며 영화 현상 전체, 혹은 그것을 설명하는 이론들을 포괄적으로 고려하지 않는다. 다만 그 관점의 의미가 작다고 할 수 없다. 왜냐하면 최근 많은 영화 이론가들, 혹은 영상 미디어 이론가들은 특히 디지털 기술의 도입으로 촉발된 변화에 대해 민감하게 반응하고 있다는 데에서도 알 수 있듯이 뉴미디어 영화의 문제는 영화학의 핵심적 논쟁점들 가운데 하나이기 때문이다.

그러나 (디지털) 기술의 관점이 포괄적이지 못할 수 있다는 판단에 대한 근거로 다음을 언급할 수 있다. 주로 20세기 말 혹은 21세기의 시작과 더불어 나타난 영화의 변화가 모두 디지털 기술의 관점으로만 설명될 수는 없다. 여기에는 사회문화적인 요인도 작용을 하고 있다.

예를 들어 미리엄 한센*Miriam Hansen*은 영화의 변화를 유발시키는 원인으로 소위 말하는 공론장*public sphere*의 질적 변화를 언급하고 있다.[21] 공론장의 형성은 제도로서 영화를 성립시킨 중요한 요인들 가운데 하나인데 1세기 전의 공론장이 현재의 그것과 같을 수 없기 때문에 그 변화에 따라 영화도 변화한다는 그녀의 견해는 충분히 설득력이 있다. 그리고 그녀의 관점은 분명히 기술결정론과 거리가 있다.

사실 우리는 영화의 탄생을 기술이 아닌 다른 관점으로부터 이해하고 있다. 영화의 다른 측면을 빼놓고 기술 개발의 역사적 사건만으로 영화의 시작은 물론 그 변화도 논할 수 없다. 영화는 태동 당시부터 다양한 기술적 발명들이 복잡하게 얽혀져 있었으며 이후에도 그 복잡함은 지속되었다. 뤼미에르 형제*Louis et Auguste Lumière*가 발명한 시네마토그라프*cinématograph*와 에디슨*Thomas Edison*의 키네토스코프*kinetoscope*에 관한 이야기는 영화의 탄생에 어떠한 요인들이 작용했는지 잘 보여준다.[22] 엄밀하게 기술적인 관점만으로 영화를 규정한다면, 사실상 시네마토그래프를 개발한 뤼미에르 형제가 최초의 영화발명가이며 1895년의 그랑 카페*Grande Café*를 최초로 영화가 상영된 곳이라고 볼 수는 없다. 왜냐하면 시네마토그라프는 이미 수십 년 전에 니에프스*Joseph Nicéphore Niépce*에 의해 발명된 사진은 물론이고 수 세기 전부터 사용되어 왔던 라테르나 마기카*laterna magica*라는 영사장치를 비롯한 여러 기계장치를 응용한 결과이기 때문이다. 그래도 그러한 기술

---

21) Miriam Hansen(1993), "Early Cinema, Late Cinema: Permutations of the Public Sphere", *Screen*, 34(3), pp. 197~210.

22) Thomas Elsaesser(2002), "Eine Erfindung ohne Zukunft: Thomas A. Edison und die Gebrüder Lumière", *Filmgeschichte und frühes Kino: Archäologie eines Medienwandels*, München: Text+Kritik, pp. 47~68.

들을 적절하게 조합했기 때문에 뤼미에르 형제를 영화의 선구자로 규정한다면, 미국의 에디슨이나 독일의 스클라다노브스키*Max und Emil Skladanowsky* 형제도 최초 영화발명가라고 할 수 있다. 그런데 뤼미에르 영화를 최초의 영화로 만들어준 이들은 영화를 보려고 카페에 몰려든 사람들이라고 할 수 있다. 왜냐하면 그들로 인해 영화는 경제적으로 제도화(영화산업)되었고 정치적으로 또한 제도화(공론장)가 되었다. 뤼미에르의 영화는 다수 관객의 경제적이며 정치적인 요구에 부합하였다. 그래서 이러한 외적인 요인들이 우리가 알고 있는 영화의 탄생에 중요한 요인으로 작용하였다.

마찬가지로 영화의 탄생 백 년 후 영화가 디지털 기술을 차용하였다고 해서 그 사실만으로 디지털 기술의 이전과 이후로 영화의 역사를 나누기 곤란하다. 따라서 서론에서 방법론을 언급하면서 밝혀야 하는 점은 영화연구에서 기술(결정)론적인 관점은 일부분에 지나지 않으며 영화의 변화를 이해하기 위한 여러 가지 관점들 가운데 하나라는 사실이다. 아울러 그러한 다양한 관점들, 요인들 가운데 특히 기술적인 것에 치우지고 있는데, 그것은 이 연구의 전제들 가운데 하나이다.

4) 연구의 구성

본론에서는 주로 세 가지 문제를 다룰 것인데, 그것은 첫째, 뉴미디어의 새로움을 어떻게 파악해야 하는가의 문제, 그리고 둘째로 미디어의 개념으로부터 그것과 연관된 뉴미디어의 의미를 고찰할 것이다. 즉 '뉴'의 의미와 '미디어'의 의미를 생각해볼 것이다. 물론 여기에서 첫 번째로 다룬 새로움의 의미로 설정된 관점에 따라 뉴미디어 개념을 살펴볼 것이다. 그리고 세 번째로 디지털 영화를 사례로 하여 디지털 기술의 문제를 다룰 것이다. 즉 디지털 미디어를 뉴미디어로 단정할 수는 없지만 어떻게 해서 디지털 기술이 앞에서 고찰한 뉴미디어의 개념과 연관될 수 있는지 고찰할 것이다. 본론의 각 부분에서 논의될 문제점들을 간략히 정리하면 다음과 같다.

(2장 1절) 뉴미디어는 최근에 변화된 미디어 환경을 설명하기 위해 자주 언급되는 개념들 가운데 하나이며 상당히 포괄적인 의미로 이해되고 있다. 그러나 여기에서는 비판적 고찰을 통해 적합한 뉴미디어의 의미를 부각시키고자 한다. 그리하여 단순히 새로운 현상을 지칭하는 용어로 그것을 이해하기보다 이 체계적 개념을 구성하고자 한다.

이를 위해 우선 선행된 논의를 검토하고 여기에서 부분적으로 나타나는 논리적 문제점을 지적하고자 한다. 아울러 그러한 문제점을 해소하기 위해 어떠한 뉴미디어 개념이 필요한지 알아보면서 개념에 대한 논의를 준비하고자 한다. 이 작업은 서론 이후 2장의 첫 번째 절에서 다루게 될 것이다. 뉴미디어가 21세기를 전후하여 나타난 현상이기 때문에 시대적인 의미를 지닌 개념으로, 혹은 최근에 새롭게 나타난 현상을 지칭하는 개념으로 생각할 수 있지만, 이렇게 단순히 규정하였을 경우, 뉴미디어의 특성을 충분하게 파악하기 어렵다. 또한 그렇게 시대적으로만 구분하면 다른 미디어 현상, 즉 흔히 말하는 올드미디어와의 본질적 차이가 불분명하게 될 것이다. 따라서 뉴미디어의 본질적인 면모를 부각시키고자 한다. 간단히 말하자면, 뉴미디어란 역사적으로 새로운 미디어가 아니라 항상 새로울 수 있는 미디어, 그만큼 작용의 결과가 결정되어 있지 않고 변화될 수 있는 가능성을 지닌 미디어로 파악하려고 한다.

(2장 2절) 뉴미디어 현상에 대한 이해와 이론화 작업이 앞서 언급한 알파고의 경우를 대상으로 한다면 모든 작업의 방향은 다른 쪽으로 진행되어야 한다. 뉴미디어 문제를 질적 변화가 아닌 양적 확장의 관점에서 바라본다면, 다시 말해서 어떻게 인간이 이미 수행하고 있는 사유나 활동을 대체하도록 할 것인가의 문제에 주목한다면 이 책은 아무런 의미가 없다. 따라서 두 가지 상이한 방향, 즉 집중과 분산의 방향을 규정하고 그것의 차이를 살펴볼 것이다. 그리고 앞에서 뉴미디어의 개념에 관하여 제시된 테제가 주로 현대 미디어론과 어떻게 관계되는지 검토할 것이다. 집중과 분산의 구분을 통해 주목하는 뉴미디어론의 방향이 명확해지기를 기대한다. 뉴미디어는 단순히 올드미디어가 양적으로 확장된 결과가 아니며 질적으로 다르다는 점을 주로 분산이라는 개념을 통해 살펴보고자 한다. 이러한 문제를 2장의 두 번째 절에서 다룰 것이다.

(2장 3절) 2장의 세 번째 절에서 제시된 테제(뉴미디어가 지니고 있는 새로움의 의미와 분산으로서의 질적 특성)의 이론적 틀을 갖추기 위해 체계 이론적 미디어론을 다룰 것이다. 사실 뉴미디어의 이해를 위해 미디어의 이해가 선행되어야 함은 당연한데, 미디어의 개념 규정도 간단하지는 않다. 사실 어려운 미디어 개념이 통하게 되면 뉴미디어 개념은 그렇게 특별하거나 복잡하지 않다고 생각한다. 그래서 미디어 개념으로부터 논의를 시작하고자 한다. 필자가 보기에 여러 가지 미디어 개념들 가운데 루만의 체계 이론적 관점에서 제시되는 미디어 개념이 가장 설득력 있고 치밀하다. 따라서 뉴미디어 문제를 고찰하

기 위해 체계 이론을 비켜가기는 어렵다고 생각되며 따라서 이에 대해 본격적으로 논의할 것이다. 루만의 체계 개념으로부터 상징일반 미디어, 매스미디어, 인터미디어 등 관련된 여러 미디어 유형에 대해 살펴보고 이 문맥으로부터 뉴미디어 개념이 어떻게 파악될 수 있는지 고찰할 것이다.

(3장 1절) 뉴미디어를 '항상 새로운' 미디어로 그 개념을 규정하기 위해 우연성*contingency*, 수행성*performativity*과 같은 용어가 우선 명확하게 파악되어야 한다. 왜냐하면 이러한 개념의 이해를 통해 기존의 뉴미디어 개념이 지니는 문제점을 해결할 수 있다고 생각했기 때문이다. 물론 이 개념들은 자의적으로 언급되는 것이 아니라 체계 이론이나 수행 이론의 문맥에서 파악될 것이다. 체계 이론이나 수행 이론이 부분적으로 뉴미디어의 설명과 관련이 있지만 그렇다고 해서 뉴미디어의 이론적 고찰을 직접적으로 다루기 위해 제시된 이론이라고 할 수는 없다. 그러나 이러한 이론들을 활용하고 그 관점에서 나타난 개념들을 파악하여 결과적으로 이 책에서 제안하고자 하는 뉴미디어 개념의 구성에 도움이 되도록 할 것이다. 이렇게 3장의 첫 번째 절에서는 우연성과 수행성의 의미를 중심으로 뉴미디어의 개념을 구체적으로 살펴보도록 하겠다. 앞에서 체계 이론적 관점에서 뉴미디어는 활용의 방향이 정해져 있지 않고 따라서 완결된 아웃풋, 즉 형식이 잡혀 있지 않은 미디어라고 설명했는데, 이러한 특성을 우연성 개념과 연관지어 구체화시켜 볼 것이다. 또한 정해져 있지 않은 만큼 무엇인가를 발생시킬 수 있는 가능성이 풍부한 미디어를 뉴미디어라고 할 수 있는데, 이러한 문맥을 수행성 개념을 통해 논의할 것이다. 그리고 말미에 디지털 테크놀로지가 우연성과 수행성을 실현시키기에 유리한 환경을

제공한다는 설명이 언급될 것인데, 이러한 논의는 다음 장의 내용, 즉 디지털 기술과 뉴미디어의 관련성에 대한 설명의 단초가 될 것이다.

(3장 2절) 많은 이들이 디지털 기술과 뉴미디어를 동일한 것으로 간주하거나 비슷한 문맥에서 이해하려고 하는데, 그것은 틀린 생각이 아니다. 사실 디지털 기술이 디지털 미디어로 간주되고 그것이 뉴미디어의 개념을 위한 전제가 되는 경우가 빈번한데 그것은 그럴 만한 이유가 있다. 다만 간단하게 그것을 동일한 것으로 간주하기보다 그렇게 생각될 수 있는 가능성이 무엇인지 살펴보고자 한다. 이 문제는 3장의 두 번째 절에서 다룰 것이다. 간단히 말하여 디지털 기술은 그 자체로 디지털 미디어가 아니며 아울러 뉴미디어와 동의어로 파악될 수도 없다. 그리고 그것의 활용에 따라 뉴미디어로 또한 뉴미디어가 아닌 다른 미디어로 규정될 수 있다. 그런데 디지털 기술은 대상을 정보로서 재현하며 또 물리적 성격이 없기 때문에 탄력성을 지니고 있다. 따라서 뉴미디어의 상태를 성립시킬 수 있는 매우 유리한 특성을 지니고 있다. 그렇다면 그 이유가 무엇인가?

(4장 1절) 본론의 마지막 부분에서는 디지털 영화, 혹은 디지털 영상에 관한 사례분석을 통해 지금까지 논의된 여러 가지 개념들을 적용해볼 것이다. 뉴미디어의 현상으로 또한 디지털 기술의 도입으로 다양한 형태의 미디어가 커다란 변화를 겪고 있다는 점은 주지의 사실이다. 그 가운데 그 변화의 폭과 깊이가 매우 심대한 영화의 경우를 살펴보면서 앞서 이 책에서의 테제를 입증하기 위해 논의된 점들을 고찰할 것이다. 디지털 영화라고 할 수 있는 다양한 현상들을 바라보면 대체로 두 가지 상반된 변화가 관찰된다. 첫째로 주류 영화는 디지털 기술을 도입하여 더 사실적인 영상을 제작하고 또 영사할 수 있게

되었으며 아울러 네트워크를 통한 영화의 배급도 더욱 신속하고 안정된 관람을 가능케 하였다. 그리고 둘째, 디지털 기술의 도입으로 전통적 영화의 제작과 수용구조가 해체되는 결과를 가져오기도 한다. 구조의 해체를 두고 어떤 이는 그것을 확장*expansion*이라고 하고 또 어떤 이는 종말이라고 한다.[23] 본론의 세 번째 부분에서는 이 점에 대해 다루고자 하며 결국 영화의 해체를 가져오는 경우, 다시 말해서 집중과 몰입을 더욱 강화되는 방향으로의 발전이 아니라 파편화되며 분산되는 방향으로의 발전에서 새로움이 발견된다는 점을 설명할 것이다. 우선 4장의 첫 번째 절에서 디지털 영화의 몇 가지 문제점들을 개괄해보고 집중형 디지털 영화에 대해 살펴볼 것이다.

(4장 2절) 4장의 두 번째 절에서는 해체로 귀결되는 분산형 방향의 세 가지 유형에 대해 살펴볼 것이다. 그 세 가지는 복합서사 영화 *multi-narrative cinema*, 상호작용적 영화*interactive cinema*, 디지털 확장영화 *digitally expanded cinema*이다. 이러한 영화들에 대해 살펴보면서 영화가 영화관을 떠나 다른 플랫폼에서 상영되는 현상을 파악해보고 관객을 집중시켰던 영화가 관객의 주의를 분산시켜 어떠한 효과를 얻어내려고 했는지 알아볼 것이다.

(4장 3절) 마지막으로 4장의 세 번째 절에서 앞에서 논의된 이론과 개념을 디지털 영화에 적용해보면서 뉴미디어의 개념의 체계에 대해 확인해보고 아울러 그 의미를 다시 한 번 생각해볼 것이다. 앞에서 살펴본 디지털 기술의 특성이 영화를 뉴미디어로 이해하도록 하기 위

---

23) 영화의 종말이라는 수사에 대한 여러 가지 진단에 대해 다음을 참조할 수 있다. Jon Lewis(ed.)(2001), *The End of Cinema As we know it: American Film in the Nineties*, New York: New York University Press.

해 어떻게 작용하는지도 고찰해보고자 한다. 필연적 상호작용성이 아닌 우연적인 수행성이 뉴미디어 영화를 파악하는 데 중요한 요인이라는 점도 알아볼 것이다.

제2장 뉴미디어의 체계적 분산

1. 뉴미디어 개념의 문제점과 제안

1) 뉴미디어의 개념고찰: 새로움, 미디어, 디지털

디지털 기술에 의해 촉발된 미디어 환경의 변화를 설명하기 위해 구성된 다양한 개념들이 있지만 필자는 그 가운데 '뉴미디어'라는 개념을 사용하는 것이 효과적이라고 생각한다. 물론 단순히 일상적으로 사용하는 용어로서 뉴미디어를 말하는 것은 아니다. 어떠한 특수한 의미가 담겨 있는 경우에 그렇다고 생각한다. 일반적으로 뉴미디어는 최근에 개발된 미디어이며, 그래서 과거에 사용되었던 것보다 더 효율적인 도구를 지칭하는 용어로, 또한 단순히 디지털 기술을 가리키는 용어로 사용되지만 이러한 피상적인 의미 외에도 더 큰 함의에 주목해보려고 한다. 그 의미를 명확하게 설명하여 뉴미디어가 하나의 체계적인 개념으로서 미디어 환경 변화에 대한 이해를 심화시키는 개념으로 파악하고자 한다. 그러한 관점에서 본다면 뉴미디어는 도대체 무엇인가? 다시 말해서 뉴미디어라는 말에 담겨 있는 새로움은 어떻게 파악될 수 있는가? 아울러 미디어라는 말도 당연하다고 생각되면서도 막상 정의하려면 쉽지 않은데, 뉴미디어를 정의하는 일은 더욱 어려운 일이 아닌가? 디지털 기술이 뉴미디어라고 생각한다면 간단할 터인데 왜 꼭 뉴미디어라는 말을 사용해야 하는가?

이 같은 질문에 답할 수 있도록 뉴미디어 개념이 체계화되려면 다음의 세 가지 사항이 고려되어야 한다. 첫째, 뉴미디어를 단순히 시기적으로 최근에 고안된 미디어로 규정하지 않고 그것이 지니는 차별적이며 특수한 의미가 파악되어야 한다. 이를 위해 미디어의 '새로움'이라는 것의 근본적인 의미가 무엇인지 물을 수밖에 없다. 그 질문을 피해서 새로운 미디어에 의해 발생된 어떠한 현상이 과거의 그것과 어떻게 다른지에 대한 설명만으로는 미흡하다. 만약 뉴미디어에 대한 체계적인 정의, 그것도 그에 앞서 이루어져야 할 미디어 개념과의 연관 관계 속에서 규정된 뉴미디어에 대한 정의가 이루어지지 않는다면 어느 시기에나 존재하는 새로움, 즉 어느 시기에나 존재하는 뉴미디어의 차별성을 설명할 수가 없다. 예를 들어 영화의 경우, 현재는 그렇지 않지만 19세기 말에는 뉴미디어였는데 그렇다면 미디어의 역사에 기록된 모든 미디어는 뉴미디어일 것이다. 뉴미디어의 개념 구성에 있어서 이러한 논리적 모순을 피하기 위해 새로움의 의미가 무엇인지 생각해보아야 한다. 둘째, 뉴미디어는 단순히 새로운 기술이나 도구가 아니다. 따라서 우선 미디어에 대한 개념적인 이해, 그것에 대한 체계적인 이해가 우선되어야 한다. 단순히 미디어를 디지털 기술의 이전에 존재했던 어떠한 것으로 간주하고 디지털 기술을 뉴미디어로 간주하여 그것에 의해 파생되는 새로운 예술현상이나 문화현상에 주목하는 연구들이 있으나, 이 경우에 뉴미디어를 파악하기 위해 미디어가 무엇이었는지 물어볼 수밖에 없다. 즉 뉴미디어를 미디어에 상대적인 것으로 파악할수록 미디어에 대한 이해가 더욱 중요하다. 간단히 말해 미디어를 모르면 뉴미디어도 알 수 없다. 셋째, 뉴미디어의 개념은 그 자체로 디지털 기술과 관련된 의미를 직접적으로 내포하지 않는다. 그럼에도 불구하고 어떻게 뉴미디어에 대한 개념과 디지털 기술로 인해 나타나는 현상의 관련성을 설명할 것인지에 대한 문제가 고려되어야 한다. 흔히 뉴미디어를 디지털 기술과 동일시하여 디지털 미디어라는 용어가 빈번하게 활용되는데, 기술이 미디어가 아니며, 새로운 기술이 뉴미디어가 아니라면, 어떻게 디지털 기술과 뉴미디어가 서로 관계되어 있는가? 다음의 고찰에서 여러 가지 뉴미디어 문제에 이론적으로 접근하였던 연구들을 검토하여 이러한 세 가지의 사항들을 개념화 작업에 반영할 것이다.

2) 뉴미디어의 새로움에 대한 논의와 문제점

뉴미디어라는 용어를 사용할 때 항상 문제가 되는 것은 새로움의 의미가 무엇인가 하는 의문이다. 미디어는 일종의 도구이며 수단이라고 생각한다면, 뉴미디어는 새로운 도구와 수단으로서 애초에 목적했던 바를 더욱 빠르고 효과적으로 달성되도록 하는 것이라고 볼 수 있다. 그런데 단지 이러한 양적인 변화만을 두고 새롭다고 표현하기 어렵다. 최소한 새로운 미디어로 올드미디어가 산출하는 효과와는 질적으로 다른 효과가 나타나는 경우에 그것이 새롭다고 할 수 있다. 이에 대한 부연설명에 앞서 뉴미디어 문제를 다루었던 많은 연구들을 살펴보면서 무엇이 어려운지, 그리고 무엇이 잘못되었는지, 또 무엇을 더욱 숙고해야 하는지 알아보겠다.

뉴미디어라는 용어에 대해 웬디 천*Wendy Hui-Kyong Chun*은 많은 의문을 제기하는데, 그 의문에서 뉴미디어를 개념화하기 위해 어떠한 문제들을 풀어야 하는지 알 수 있다.

뉴미디어라는 용어는 1990년대 중반에 많이 알려지게 되었으며 비즈니스와 예술 분야에서 사용되었던 멀티미디어의 자리를 차지하였다. 멀티미디어와 달리 뉴미디어는 선뜻 받아들여지지 않았고, 그것은 다른 미디어를 낡았거나 혹은 소멸된 것으로 간주하였다. (…중략…) 뉴미디어라는 표현이 지닌 단일한 복수성은 그것의 부정적 정의에 기인한다. 그것은 매스미디어가 아니었으며 텔레비전이 아니었다. 그것은 액체 같은, 개인화된 연결의 가능성이었으며, 통제와 자유를 분포시키는 미디어였다. 뉴미디어가 컴퓨터화에 강하게 의존하고 있지만, 그래도 뉴미디어는 간단히 디지털 미디어라고 할 수 없다. 다시 말해서 그것은 다른 미디어(사진, 비디오, 텍스트)가 디지털화된 형태를 말하지 않는다. 오히려 전달되는 정보만큼 독립적인 분포의 상호작용적 미디어 혹은 형식이다.[1]

---

1) Wendy Hui-Kyong Chun(2006), "Introduction: Did Somebody say New Media?", Wendy Hui-Kyong Chun and Thomas Keenan(eds.), *New Media, Old Media: A History and Theory Reader*, New York: Routledge, p. 1.

웬디 천의 정의를 자세히 읽어보면 뉴미디어 개념은 부정적인 방식에서 출발하였다는 점을 알 수 있다. 다시 말해서 우리가 사용해 오던 과거의 미디어와는 다르다는 판단에 근거하여 뉴미디어라는 용어를 규정하기 시작하였다. 따라서 뉴미디어의 개념을 체계적으로 구성하기 위해 보완이 필요하다. 실제로 그녀는 그 곤란한 문제들을 하나둘씩 풀어놓는데 첫 번째 문제는 뉴미디어라는 용어 자체에 내재되어 있는 모순적인 의미이다. 만약에 뉴미디어를 역사적으로 최근에 혹은 현재에 개발되고 상용화되는 미디어를 말한다면, 사실 "모든 미디어는 언젠가 한번은 뉴미디어였다"라고 볼 수밖에 없다.[2] 단순히 역사적 *historic*으로 새롭다는 점만으로 뉴미디어를 정의할 수 없고 이에 대해 체계적*systematic*인 설명이 필요하다. 그리고 둘째로 웬디 천은 "컴퓨터 방식이 뉴미디어를 이해하는 데 열쇠이기는 하지만, 그러나 그것이 자동적으로 뉴미디어가 될 수 없다"[3]고 하였다. 많은 뉴미디어 이론가들의 설명이 충분하지 못하다는 그녀의 판단은 그들이 간단히 컴퓨터, 혹은 디지털 기술을 뉴미디어로 규정한다는 사실에 근거한다. 미디어를 기술로 축소할 수 없기 때문이다. 결국 이러한 문제점을 넘어서서 뉴미디어라는 용어가 하나의 역사적, 실용적 개념이 아니라 체계적, 이론적 개념이 되어야 한다. 웬디 천의 문제제기는 뉴미디어 개념을 사용하기에 앞서서 생각해보아야 할 것들에 방향을 제시해준다.

한편 그녀는 대표적 뉴미디어인 인터넷을 언급하면서 이러한 문제

---

2) Lisa Gitelman and Geoffrey B. Pingree(2003), *Introduction: New Media 1740~1915*, Cambridge: MIT, p. xi; Wendy Hui-Kyong Chun(2006), "Introduction: Did Somebody say New Media?", *Ibid.*, p. 2 재인용.
3) Wendy Hui-Kyong Chun(2006), *Ibid.*, p. 2.

를 해결할 수 있는 단초를 제공하는데, 여기에 주목해볼 필요가 있다.

> (…중략…) 인터넷은 아테네의 민주주의, 시민의 공론장, 자본주의에 다
> 시 활력을 불어넣어 낡은 이론, 꿈, 구조를 다시 새롭게 하는 것 같다. 인터
> 넷은 새로움을 또한 새롭게 하는 것 같다. 그리고 그 테크놀로지는 끊임없
> 는 업그레이드를 통해 끊임없이 새롭다.[4]

뉴미디어는 과거의 미디어와 다르기도 하지만, 다른 어떤 특성이
결정되어 있지 않고 "새로움을 또 다시 새롭게 한다*to renew the new*"거
나 "끊임없이 새로운*relentlessly new*" 특징을 지니고 있다. 아테네의 민
주주의는 구술적 소통과 관련되어 있고 시민적 공론장의 형성은 매스
미디어와 같은 대중적 소통과 관련되어 있다. 그러나 뉴미디어가 어
떠한 형태의 사회문화적인 특성과 관련되는지 정의할 수 없다. 왜냐
하면 뉴미디어의 특징이 무엇이라고 규정할 수 없을 정도로 지속적
변화를 유발시키기 때문이다. 바꾸어 말하면 뉴미디어의 새로움이란
단순히 과거와 다른 어떤 것이 아니라 항상 새롭게 될 수 있는 잠재적
가능성을 말한다. 그녀는 이에 대해 자세히 설명하고 있지는 않지만,
"renew the new"에 대한 착안은 생각해볼 만하며 동어반복적으로 들
리지만 필자는 이 착상에 동의하고 그것을 이론적으로 발전시킬 것이
다. 그전에 우선 다른 연구 결과들을 좀 더 검토해보겠다.
 뉴미디어의 개념에 대해, 특히 뉴미디어의 새로움에 대해 본격적인
문제를 제기한 학술지가 있었는데 그것은 1999년에 창간된 『뉴미디어

---

4) *Ibid.*, p. 4.

와 사회『*New media and society*』이다. 창간호의 '뉴미디어에서 새로운 것은 무엇인가?*What's new about new media?*'라는 제목에서도 알 수 있듯이 여기에서 뉴미디어의 개념을 둘러싼 다양한 논의들이 전개되었다. 서문의 한 부분을 인용하면 다음과 같다.

우리는 학술지의 첫 번째 호를 하나의 질문으로 시작한다. 그것은 하나의 답이 있는 질문은 아니다. 그럼에도 불구하고 우리가 쓰고 말하는 정도의 범위에서 답은 예측되고 또 학술지의 제목에서조차 예측된다. 새로운 것은 새로운 것이다. 최근에 나타난 테크놀로지는 예외도 있지만 원칙적으로 디지털 테크놀로지이며 그것이 새롭다. 그것은 새로운 것들을 행하고 우리에게 새로운 힘을 부여한다. 그것은 인류인 우리를 위해 새로운 결과들을 창출해준다.5)

위의 인용문에서는 학술지에 수록된 논문들의 전반적인 관점이 드러나며 디지털 테크놀로지를 중심으로 뉴미디어의 문제를 풀어가려는 의도를 이해할 수 있다. 그러나 단순히 디지털 기술이나 그것에 근거한 네트워크 환경으로 뉴미디어를 정의하는 것에 대해 비판적인 의견도 또한 제시되었다. 예를 들어 로널드 라이스*Ronald E. Rice*의 견해는 뉴미디어의 정의가 그렇게 간단하지 않은 문제임을 주지시켜 준다. 라이스의 말대로 보통 뉴미디어는 첫째, 컴퓨팅, 둘째, 텔레커뮤니케이션 네트워크, 셋째, 콘텐츠의 디지털화, 이렇게 세 가지의 특성을

---

5) Roger Silverstone(1999), "What's New about New Media? Introduction", *New Media and Society*, 1(1), p. 10.

지닌 것으로 알려져 있다. 그러나 이러한 (기술적인) 이해만으로는 뉴미디어를 설명할 수 없는데, 왜냐하면 우리는 이미 이메일*e-mail*이나 이북*e-book*처럼 디지털 기술을 활용하여 일상적이고 별로 특별하지 않은 작업을 하고 있기 때문이다. 그리고 사실상 이렇게 상용화된 뉴미디어를 뉴미디어라고 부르지 않기 때문이다. 라이스에 따르면 뉴미디어는 "대인 커뮤니케이션에 관하여 특화되고, 인위적이며, 이상화된 관념*a privileged, artifactual, idealized notion of interpersonal communication*"에 비유되며[6] 그리고 그렇지 않은 경우는 뉴미디어라고 하지는 않는다. 그렇다면 단순히 컴퓨터, 네트워크, 디지털 기술뿐만 아니라 특별하고 인위적이며 이상적인 관념이란 구체적으로 무엇을 말하는가?

구체적인 문제에 대해 논의하였던 케빈 로빈스*Kevin Robins*의 비판적인 입장도 참고해볼 만하다. 그는 주로 집단지성*collective intelligence*을 다루었는데 디지털 기술과 네트워크 환경이 가져온 이 새로운 지식 형성 방식이 반드시 새롭지만은 않다고 하였다. 또한 과거에 있었던 것, 우리에게 익숙한 것과 서로 혼종되어 있다고 하였다. 그의 입장은 뉴미디어의 새로움에 대한 역사적인 이해에 대해 비판적이다. 피에르 레비*Pierre Lévy*는 가상공간에서 이루어지는 혁명적인 지식창출의 방식을 집단지성이라고 하였는데, 로빈스는 이에 대해 지식의 형성은 로컬하고 국지적인 영역과 가상공간의 영역이 서로 교차되어 이루어진다고 하여, 집단지성이 뉴미디어 시대에 나타나는 전혀 새로운 지식 형성 방식이라는 주장에 대해 조심스러운 입장을 취한다. 잘 알려진 대

---

6) Ronald E. Rice(1999), "Artifacts and Paradoxes in New Media", *New Media and Society*, 1(1), p. 26.

로 레비는 디지털 미디어와 인터넷 미디어를 통하여 인간은 새로운 지식을 창출할 수 있다는 낙관적 주장을 하였다.[7] 레비에 따르면, 과거의 미디어가 "구조적 선형성, 위계질서, 경직성*linearity, hierarchy and rigidity of structure*"으로 표현될 수 있다면, 반대로 뉴미디어는 "개방성, 유동성, 역동성*open, fluid and dynamic quality*"으로 그 성격을 규정할 수 있다고 하였다. 그리고 이러한 미디어로 창출된 지식의 형태는 "창의적 풍부함과 무질서*creative profusion and disorder*"의 공간을 이루게 한다. 구체적으로 생각해보자면, 컴퓨터의 하이퍼텍스트와 인터넷의 네트워크는 정보의 흐름을 자유롭게 하고 나아가 정보생산자와 수용자들이 서로 동등한 입장에서 소통할 수 있도록 한다. 그들 사이의 수평적이고 즉시적*immediate*인 연결은 지식의 교환과 대화 가능성을 무한히 확장시킨다. 이렇게 풍부함과 무질서는 제약이 없어진 상태와 위계질서 없는 상태를 말한다. 그런데 이러한 상태는 창의적이다. 왜냐하면 "사이버 공간에서 조화로운 공동체의 이상적인 세계"가 형성될 수 있기 때문이다. 그리고 "새로운 정보와 테크놀로지가 집단 지식의 잠재력을 향상시켜서 지식을 공유할 수 있도록 해준다".[8] 이러한 현상은 권력 작용에 의해 영토화된 지식 공간이 탈영토화*deterritorialization*되는 것이라고 할 수 있다. 탈영토화된 공간에서 소통하는 사람들 간의 위계나 대화의 제약은 없다.

그러나 이에 대해 로빈스가 지적하는 점은 다음과 같다. 레비는 지

---

7) 피에르 레비, 권수경 역(2002), 『집단지성: 사이버 공간의 인류학을 위하여』, 문학과지성사.

8) Kevin Robins(1999), "New Media and Knowledge", *New Media and Society*, 1(1), pp. 18~19.

식이 공간성과 지역성으로부터 자유로워졌기 때문에, 이상적 공간에서 새롭고 창의적으로 형성될 수 있다고 보았는데, 이 주장은 이상화된 공간과 지역화된 공간을 강하게 구분하였기 때문에 가능하다. 그런데 로빈스에 따르면, 실제로 그 두 공간은 엄격히 구분되었다고 보기 어렵다. 사이버 공간을 구성하는 많은 인터넷 사용자들이 어디엔가 반드시 위치하고 있다는 데에서도 알 수 있듯이, 사이버 공간은 실제적인 공간과 떼어 놓고 생각할 수는 없기 때문이다. 필자는 로빈스의 비판이 적절하다고 생각한다. 새로운 형태의 언어와 지식을 이루어내는 테크놀로지가 많은 것을 가능하게 하는 것은 사실이지만, 그것이 지역적인 위치를 떠날 수 없고 그것의 환경과 문맥은 제거될 수 없기 때문이다. 예를 들어 컴퓨터 게임을 하는 동안에 우리는 사이버 공간의 환상에 몰입되지만 언젠가 게임은 끝날 수밖에 없고 게이머는 현실로 돌아올 수밖에 없다. 다시 말해서 사이버 공간은 지역 공간이 아니기 때문에 많은 이들이 특색 있다고 생각하지만, 사실 지식의 형성은 두 공간의 공조를 필요로 하며, 사이버 공간이 독립적인 작용을 하여 지식이 형성된다고 규정할 수는 없다. 따라서 뉴미디어에 대한 이해를 심화시키고자 하는 시도에서 문제는 두 가지 분리된 공간의 관계를 어떻게 설명해야 하는가이다. 로빈스는 다음과 같이 설명한다.

세계화의 기업 이데올로기와 네트워크 사회는 부재자 계층의 이데올로기이다. 나아가서 실제적인 세계화의 현실을 부인하는 것은 이데올로기일 뿐이다. 왜냐하면 만약 탈영토화가 세계적 변화의 한 단면이라면, 마찬가지로 우리가 볼 수 있는 것은 새로운 종류의 영토가 창출되는 것이다. 그리고

48

그 영토에서는 새로운 혼성과 교배가 이루어지면서 실제로 다른 문화와 지식이 다른 리듬과 조직에 따라 서로를 거칠게 밀치고 있다. (…중략…) 내가 말하려는 것은 우리가 이제 탈영토화된 지식과 문화 그리고 새롭게 영토화된 지식과 문화 사이의 관계에 대해 고려해야 한다는 것이다.9)

로빈스의 설명에서 이해할 수 있는 것은 디지털 네트워크 환경이란 독립적으로 존재하는 것이 아니며 그러한 글로벌한 상태는 로컬한 상태와 동떨어진 것으로 이해될 수 없다는 점이다. 다시 말해서 뉴미디어는 새로운 미디어가 아니라 올드미디어와 연관 관계 속에 기능하는 인터미디어*intermedia*라고 볼 수 있으며10) 다른 미디어 환경에서 창출된 지식이라고 하더라도 그것과 과거의 것 사이의 관계에 큰 관심을 가져야 한다. 새로운 기술적 환경에 의해 이루어졌다고 하더라도 그 지식이 과거의 미디어나 과거의 지식과 연관되어 있기 때문에 과거의 지식과 완연히 다른 어떤 것이라고 규정할 수 없다. 디지털 기술이 뉴미디어를 이해할 수 있는 단초가 될 수 있을지언정 그 자체로 뉴미디어로 단정할 수 없다. 라이스는 기술을 넘어선 어떠한 관념이 뉴미디어와 관련되어 있다고 하였으며 로빈스는 집단지성이 과거의 어떤 것과 전혀 다른 새로운 미디어의 생산물은 아니라고 한다.

『뉴미디어와 사회』는 창간 5년 후 발간된 특집호에서 또 다시 뉴미

---

9) *Ibid.*, pp. 23~24.
10) 인터미디어는 이질적인 미디어가 기능적인 차원에서 서로 연동되어 있는 경우를 말하는데 이에 대해서는 다음에 제2장 3절에서 루만의 미디어론을 다루면서 다시 언급할 것이다. 여기에서는 네트워크 환경이 뉴미디어이며 집단지성이 새로운 지식생산 방식이라는 레비의 입장을 비판하는 로빈스의 논거를 검토하고 있다. 다시 언급할 것이지만 필자는 집단지성에 지적 해방의 의미가 있다고 주장한 주형일의 입장이 적절하다고 생각한다.

디어의 의미에 대해 진지한 문제제기를 하였는데,11) 여기에서는 이제 뉴미디어 현상이 메인스트림으로 자리 잡게 되었다는 진단을 하고 있다. 그럼에도 불구하고 아직도 올드미디어와는 차별적인 뉴미디어의 명확한 특성이 나타났다고 보기 어렵다는 평가도 한다. 예를 들어 앤드류 핀버그와 마리아 바커지예바*Andrew Feenberg and Maria Bakardjieva*는 이제 사회와 문화의 중심에 뉴미디어가 자리 잡게 되었음에도 불구하고 그것의 함의를 명확하게 규정할 수 없다고 하였는데, 그것은 특히 온라인 상호작용*online interaction*에서 너무 다양하고 중첩된 현상들이 나타나기 때문이라고 하였다. 즉 인쇄 미디어나 텔레비전 미디어에서 나타나는 것과 같은 '킬러 함의*killer implication*'를 발견할 수 없다고 한다.12)

대체로 그렇게 보여지는데, 만일 옹*Walter Ong*이 말한 대로 인쇄 미디어가 문화를 개인주의와 선형적인 사고 방식으로 특징짓게 하였다면, 그리고 포스트먼*Neil Postman*이 말한 대로 텔레비전이 단편화된 감각과 '죽음에 이르는 탐닉'을 촉진하였다면, 온라인 커뮤니티의 심오한 변형적 메시지는 어떻게 되는 것인가?13)

그러나 그들의 판단은 사실 모순적이다. 왜냐하면 뉴미디어가 올드미디어를 밀어내면서 메인스트림에까지 도달하였지만, 그럼에도 불구하고 올드미디어와는 다른 함의를 명확하고 간결하게 제시하지 못

---

11) Leah A. Lievrouw(2004), "What's changed about New Media? Introduction to the fifth Anniversary Issue of New Media and Society", *New Media and Society*, 6(1), pp. 9~15.
12) Andrew Feenberg and Maria Bakardjieva(2004), "Virtual community: No Killer Implication", *New Media and Society*, 6(1), pp. 37~43.
13) *Ibid.*, p. 39.

하고 있기 때문이다. 따라서 연구자들은 지속적인 관찰과 연구를 요구하는데, 왜냐하면 그 동안 다양한 시도를 통해 뉴미디어의 속성에 대해 제안되기는 하였지만 그것이 만족스럽다고 보기는 어렵기 때문이다. 혹시 함의가 없는 것이 특징이 아닌가?

다음에서 두 가지 사례만 예로 들어보겠다. 그러나 인용될 연구에 큰 문제가 있다는 지적하기 위해서 사례를 언급하는 것은 아니고 그것으로 일반적으로 알고 있는 뉴미디어의 속성이 왜 포괄적이거나 체계적이지 못한가 하는 점을 지적하려고 한다. 즉 왜 킬러가 될 수 없는지 알아보려고 한다.

예를 들면, 게르노트 베르시히*Gernot Wersig*는 1980년대와 1990년대 이후의 변화를 고려하였는데 특히 디지털 미디어가 보급되고 활성화되는 역사적 시점을 주목하였다. 이에 개인화*individualization*, 글로벌화 *globalization*, 포스트모더니즘을 미디어 환경의 변화를 불러일으키는 사회문화사적 변인으로 제안하였다. 대중성보다는 개인성이 중시되며 이에 정보의 흐름이 '산재된 수용자*dispersed audiences*'를 대상으로 하게 되는 사회적 변화가 새로운 형태의 미디어를 요구하게 된다는 것이 그의 설명이다. 대체로 불연속성, 탈중심화, 탈서사성, 정보생산자와 수용자의 절대적 주체의 해체 등으로 변화의 동인을 언급하면서 이러한 점을 포스트모더니즘이라는 광범위한 틀로 설명하였다. 그런데 그것은 미디어의 개념 변화의 역사적 문맥을 설명하기 위한 간단한 요약이라고 생각된다. 이에 결과로 나타나는 미디어의 특징을 디지털화*digitalization*, 디지털 네트워크*digital network*, 개인적 다기능 미디어*individual multifunctional media*로 정리하였다. 베르시히의 정리가 지니는 장점은 사회문화적 변화의 독해가 뉴미디어 개념 규정을 위해 필수적이며 우선시된다는 점을 주지시켜 준 데에 있다. 이렇게 뉴미디어를 이해하면 편할 것 같지만 문제점도 있다. 그의 정리는 매우 포괄적이며, 디지털 미디어로 간략히 언급된 뉴미디어의 작동원리가 어떻게 사회변화의 동인과 구체적으로 관련되는지 명확히 알 수 없기 때문이다. 즉 사회문화적 변동과 디지털 기술의 차별적인 원리의 연관관계가 보다 명확하게 기술되어야 한다.14)

지그프리트 지린스키*Siegfried Zielinski*가 주목하는 것은 영화와 텔레비전 같은 매스미디어의 변화이다. 이에 매스미디어형 시청각 미디어와는 대조적인 '진보형 시청각성*advanced audiovision*'이라는 개념을 제안한다. 지린스키는 고전적 의미의 시청각 미디어의 변화를 문헌화*literaturization*, 이동화*mobilization*, 사유화*privatisation*로 설명한다. 매스미디어로서 영화와 텔레비전의 활용은 일회적인 것에 그치지 않고 다층적이고 상호작용적으로 발전하게 되었는데, 그것은 디지털 기술을 차용한 저장 미디어의 확산에 힘입은 결과이다. 이것을 문헌화로 칭하였다. 또한 이동화는 미디어의 유비쿼터스와 같은 편재적 상태나 그러한 가능성을 의미한다. 소규모화된 이동통신 미디어로의 변화를 말한다. 그러나 편재성과는 대조적인 변화도 언급하는데, 그것은 하이비전*HiVision*이나 고화질 텔레비전*HDTV* 같은 미디어의 개인적 사용이 불러일으키는 변화이다. 이러한 고화질 시청각성은 텔레비전의 미학적 변화를 초래하게 되어 클로즈업 중심의 화면 처리나 현장성을 중시하는 텔레비전의 표현형식에 변화를 가져오며 그 결과로 텔레비전

---

14) Gernot Wersig(2003), "From Types and Copies to Digits and Transfers: A Media Revolution", *Proceedings of International Symposium 2003. Media, History, Civilization. From Movable Types to Digital Games*, Seoul: Institute of Media Art, pp. 138~156.

과 영화의 구분이 희석될 것이라는 진단도 하고 있다. 영화의 스펙터클을 구현할 수 있게 된 텔레비전이 이제는 역설적으로도 사유화된 '개인'적 '매스'미디어로 이해된다. 그러나 지린스키의 하부개념들 사이에 체계적 인과관계를 생각하기가 어려운데 예를 들어 사유화와 이동화는 약간은 대조적인 의미로 이해될 수 있다. 즉 뉴미디어의 일관된 특징을 파악하기 어렵다. 아마도 새로운 미디어 연구의 커다란 방향성만을 제시하고 있는 듯이 보인다.15)

앞에서 예로 들은 설명은 전반적인 현상을 종합하는 용어를 사용하여 어떠한 뉴미디어가 있으며, 그것이 어떠한 효과를 일으키고 있는가에 대한 이해를 돕는다. 그러나 전체적으로 뉴미디어의 구체적 원리 및 작용 방식이 파생되는 효과와 어떻게 연관되는지 파악하기 어렵다. 반면에 제이 데이비드 볼터와 리차드 그루신*Jay David Bolter and Richard Grusin*의 『재매개*Remediation*』16)나 레프 마노비치*Lev Manovich*의 『뉴미디어의 언어*The language of new media*』17)라는 저서는 많은 연구자들이 인용하는 연구서이며 이러한 문제를 다루고 있다. 그런데 이 두 연구서는 이 책에서 주장하려고 하는 뉴미디어의 개념과 관련이 있기 때문에 이후에 본격적으로 살펴볼 것이다. 그전에 서두에서 생각해두어야 하는 점은 다음이다.

앞에서 수많은 사례 가운데 베르시히나 지린스키의 주장을 간략히

---

15) Siegfried Zielinski(1998), "Fin de Siecle of Television", Thomas Elsaesser and Kay Hoffmann (eds.), *Cinema Futures. Cain, Abel or Cabel? The Screen Arts in the Digital Age*, Amsterdam: Amsterdam University Press, pp. 73~83.

16) 제이 데이비드 볼터·리처드 그루신, 이재현 역(2006), 『재매개: 뉴미디어의 계보학』, 커뮤니케이션북스.

17) 레프 마노비치, 서정신 역(2014), 『뉴미디어의 언어』, 커뮤니케이션북스.

살펴보았는데, 그것을 핀버그와 바카르드지예바가 찾기 어렵다고 했던 킬러 함의로 보기에는 미흡한 것 같다. 물론 무엇을 뉴미디어라고 해야 하는가의 문제가 서로 엇갈리기 때문에 그렇기도 하다. 그러나 정작 중요한 점은 뉴미디어의 현상은 계속해서 발전하고 변화한다는 사실이다. 그래서 이러한 현상을 경험적으로 접근하기 용이하지 않다.

대체로 『뉴미디어와 사회』의 창간호와 5년 후 특집호가 발견하려는 뉴미디어의 새로움은 모호한 채로 남아 있다. 특히 기술결정론, 혹은 미디어 결정론의 관점을 고정시키고 새로움을 찾으려는 시도가 아직은 성공적이라고 여겨지지 않는다. 뉴미디어가 인쇄 미디어였다면, 혹은 텔레비전 미디어였다면 이야기는 달라졌을 것이지만, 여기서 다루고 있는 것은 아직도 계속 변화하고 있기 때문에 실체를 파악하기 어려운 뉴미디어이다. 그 때문에 핀버그와 바커지예바는 뉴미디어를 "첫 번째 초안first draft으로, 완성되지 않은 생산물로, 그리고 아울러 수정과 다시 디자인되어야 하는 것"[18]으로 파악할 수밖에 없었다.

바바라 프뤼키거Barbara Flückiger는 뉴미디어 영상에 대한 고찰에서 이러한 문제를 언급한다. 즉 기술은 계속 발전하게 되고 아직도 그 발전이 종결되었는지 불확실한데 어떻게 뉴미디어의 차별적인 특성과 그 파급효과를 파악할 수 있을 것인가 하는 의문을 말한다. 다시 말해서 그것은 "역사적 거리의 결여에서 오는 방법론적 위험das Risiko der fehlenden historischen Distanz"을 말한다.[19] 너무 가까이서 보면 잘 보이지 않는 것처럼 거리를 두지 않으면 역사를 명확히 이해하기 어렵

---

18) Andrew Feenberg and Maria Bakardjieva(2004), *Op. cit.*, p. 41.
19) Barbara Flückiger(2008), *Visual Effects: Filmbilder aus dem Computer*, Marburg: Schüren, p. 8.

다는 말이다.

3) 미결정성과 지속적 변화의 새로움

앞 장에서 문제만 나열하였는데 이제 전혀 다른 방식으로 해결책에
접근해보려고 한다. 웬디 천이 채 구체화하지 못한 착안, 즉 'renew
the new'에 대한 착안으로 돌아가보자. 『뉴미디어와 사회』의 여러 에
세이들 가운데 뉴미디어에 대한 정의를 포기하지 않도록 하는 중요한
논문이 있다. 『뉴미디어와 사회』의 창간호는 마크 포스터*Mark Poster*의
논문으로 시작되는데, 그 논문의 제목은 「미결정성*underdetermination*」
이다.[20] 여기서 제안된 포스터의 테제는 새로움에 대한 다양한 설명
들 가운데 가장 설득력이 있으며, 그것으로 앞서 언급한 문제점들을
해소할 수 있다. 포스터는 문자 미디어와, 영화와 텔레비전 같은 영상
미디어, 그리고 디지털 미디어를 구분하여 설명하였고, 디지털 미디
어가 지니는 특수성을 미결정성이라는 개념으로 제시하였다. 피상적
으로 본다면 포스터의 접근 방식은 뉴미디어가 지닌 의미의 모순으로
부터 자유로울 수 없을 것처럼 보인다. 왜냐하면 디지털 미디어가 문
자나 영상 미디어보다 최근에, 혹은 이후에 출현한 미디어이기 때문
에 새로운 미디어, 즉 뉴미디어라고 간주하는 것 같기 때문이다. 그러
나 포스터가 설명하는 디지털 미디어의 함의에서 생산적인 의미를 간

---

20) Mark Poster(1999), "Underdetermination", *New Media and Society*, 1(1), pp. 12~17. 이
논문은 우리말로 번역 출판되었던 저자의 저서 첫 번째 챕터이기도 하다. 마크 포스터,
김승현·이종숙 역(2005), 『미네르바의 올빼미가 날기 전에 인터넷을 생각한다』, 이제
이북스.

파할 수 있다.

포스터는 주로 포스트모더니즘의 관점에서 뉴미디어의 문제를 조명하는데, 이러한 그의 의도에는 여러 가지 이유가 있겠지만 다음이 중요하다. 포스트모더니즘을 주도한 여러 학자에 의해 다양한 의견과 이론들이 전개되지만, 미디어와 관련된 부분을 간추려보자면 그것은 언어의 문제와 주체의 문제로 축소할 수 있다. 대체로 사람이 생각한 것을 표현하고 그것을 다른 이와 소통하기 위해 사용하는 언어는 여러 가지 미디어들에 의해 구현된다고 생각되는데, 그 가운데 문자에 의한 언어는 표현과 소통을 효과적으로 수행하는 장점을 지니고 있다. 즉 문자를 사용하는 사람이 다른 미디어를 사용하는 사람보다 자신의 생각을 왜곡 없이 잘 표현하고 전달할 수 있는 장점을 말한다. 이것은 오랫동안 문자중심주의를 지탱했던 철학이다. 그런데 여기서 전제되어야 할 것이 있다. 어떠한 생각을 확고하게 지니고 있는 주체가 그 전제이다. 쉽게 생각해보아도 알 수 있듯이, 생각을 정리한 사람만이 글을 쓸 수 있는데, 따라서 문자의 활용은 주체의 완결성, 혹은 합리성을 전제로 한다. 포스터는 이러한 주체를 근대적 주체, 혹은 다른 말로 "전지전능한 무조건적인 주체"[21]라고 하였다. 그리고 "그런 주체가 인쇄를 통해 태어나고 자라고, 근대성을 지배"[22]했다고 하였다. 그런데 포스터에 따르면 영화나 텔레비전과 같은 영상 미디어가 탄생하면서부터 미디어와 주체는 새로운 관계를 맺기 시작하였고, 인터넷과 같은 뉴미디어 시대에 접어들어 그 관계는 더욱 달라졌다고 한다. 영

---

21) 위의 책, 21쪽.
22) 위의 책, 26쪽.

화와 텔레비전은 어떠한 의미를 내포하지 않으면서도 재현을 할 수 있는데, 다시 말해서 문자와 달리 영상은 반드시 특정한 대상을 재현하거나 의미하지 않더라도 미디어에 의해 표현될 수 있다. 마찬가지로 어떠한 주체가 자신이 표현하거나 전달할 의미를 명확하게 정리하지 않은 상태에서도 영상 미디어를 통한 표현은 가능하다. 포스터는 이러한 영상 미디어의 특성을 지시적 기능*referential function*이 감소된 객체, 그리고 "이중적이고 분산된 새로운 주체*new subject as multiple and diffuse*"와 관련지었다.[23] 포스터는 이러한 상태의 사람을 주체가 아닌 정체성 *identity*이라고 하였다. 즉 주체보다 취약한, 혹은 의미를 정리하지 않고 무엇인가에 대해 회의하고 의심하는 사람이 나타났고 그가 문자가 아닌 다른 미디어와 어울리는 시대가 도래했다고 설명한다. 그렇게 포스터는 문자 미디어를 '확고한 주체', 그리고 영상 미디어를 '회의하는 정체성'과 각각 연관시켰다.

영상 미디어 시대에서부터 시작된 주체와 미디어의 새로운 관계, 간단히 말해서 느슨해진 관계는 뉴미디어 시대에 접어들어 더욱 확대되었다. 그리고 그 관계는 정해진 것에 대해 회의하고 의심하는 관계가 아닌 아예 아무 것도 정해진 것이 없는 미결정성*underdetemination*의 상태라고 하였다. 포스터가 제시한 미결정성 개념은 잘 알려진 중층결정*overdetermination*처럼 원인과 결과의 관계가 명확하지 않은 상태를 말한다.[24] 그러나 미결정은 중층결정과 다르다. 왜냐하면 중층결정은 여러 가지 복합적인 원인들이 어떠한 결과를 유발시키는 경우를 가리

---

23) 위의 책, 28~29쪽.
24) Louis Althusser(1967), "Contradiction and Over-determination", *New Left Review*, 1(41), pp. 15~35.

키는 데 반해 미결정은 원인이 될 만한 여러 가지 요소들이 확산되어 있기는 하지만, 그로 인한 결과 자체가 확실하게 나타나있지 않은 상태를 말하기 때문이다. 포스터는 영상 미디어 시대부터 시작된 미디어와 주체 사이에 느슨해진 관련성이 뉴미디어 시대에는 "행위자들에게 명확한 행로를 지시해 주지 않는"[25] 미결정의 관계로 더욱 확대되었다고 한다. 그는 다음과 같이 정리한 인터넷 미디어의 특성을 종합하여 그러한 주장을 하였다.

인터넷은 광범위하게 대중문화적 객체들을 생산하고 그것들을 지구 곳곳에 분배하는 데 있어서의 효율성을 대단히 증가시킴으로써 근대적 주체/객체 관계를 넘어선다. 인터넷은 라디오, 영화, 텔레비전을 통합하고 그것들을 푸시 기술을 통해 배포함으로써 근대 후기의 방송 주체/객체 관계를 벗어나는 것이다. 그러나 인터넷은 1) 복수의 인간끼리 커뮤니케이션을 가능하게 하고, 2) 문화 객체의 동시적 수신, 변형, 그리고 재배포를 가능하게 하고, 3) 국가의 풋말을, 즉 근대성의 영토화된 공간적 관계들로부터 커뮤니케이션 행위를 탈구시키고, 4) 즉각적인 범지구적 접촉을 제공하며, 5) 근대 또는 근대 후기의 주체를 네트워크화한 정보 기계장치에 삽입함으로써 인쇄와 방송 모델의 한계들을 벗어난다. 결과는 더 완전한 포스트모던 주체, 또는 더 잘 표현하자면, 세계의 경계를 더는 정하지 않기 때문에 더는 주체가 될 수 없는 자아, 그리고 마치 외부로부터 온 것 같은, 그러나 회로의 한 지점으로서 기계장치 내에서 작동하는 것 같은 그런 자아가 된다.[26]

---

25) 마크 포스터, 김승현·이종숙 역(2005), 앞의 책, 31쪽.

근대적 주체가 파기되는 양상에 근거하여 포스터는 영상 미디어 이후의 미디어를 문자 미디어와 구별한다. 그리고 미결정성의 개념을 통하여 영상 미디어와 인터넷과 같은 뉴미디어 사이의 경계선을 긋는다. 이러한 뉴미디어의 특정성에 대한 설명에서 다음의 주장도 역시 중요하다. 예를 들어 린 조이리치*Lynne Joyrich*는 텔레비전과 같은 미디어가 파편화되고 불안정한 주체를 반영한다고 보았는데[27] 그와 다른 맥락에서 포스터는 새로운 미디어가 정체성에 혼란의 겪는 주체로 하여금 "자아 구성의 실천을 수행"할 수 있도록 지원해준다고 주장하였다. 포스터의 전체 저작은 이 주장에 초점을 맞추고 있다. 그리하여 예를 들어 (문자를 쓰는 사람처럼) 텍스트의 저자는 그 자신의 주체에 대해 회의를 하게 되면 글을 쓰기 어려울 것인데 그러나 디지털 기술을 활용하여 글을 쓰는 사람, 즉 디지털 저자는 그럼에도 불구하고 자신의 정체성을 구성하면서 글을 쓸 수 있다고 하였다. 아울러 포스터는 매스미디어에 의존했던 공론장*public sphere*이 디지털 미디어 시대에는 새로운 국면을 맞이하게 되었고 경우에 따라서는 더욱 활성화될 수 있다고 하였다.[28] 그가 뉴미디어의 특성으로 간파한 것은 결국 미결정 상태에서 이루어질 수 있는 주체의 구성, 혹은 공론의 구성 가능성이라고 생각된다.

포스터는 뉴미디어라는 말을 자주 사용하지 않았고 여기서 검토한 논문이 수록된 그의 저작도 주로 인터넷을 다루고 있다. 그런데 포스

---

26) 위의 책, 30쪽.
27) Lynne Joyrich(1996), *Re-viewing Reception: Television, Gender, and Postmodern Culture*, Bloomington: Indiana University Press.
28) 마크 포스터, 김승현·이종숙 역(2005), 앞의 책, 247~270쪽.

터의 착상은 왜 인터넷이 뉴미디어일 수 있는지 이해하도록 한다. 포스터의 말을 빌자면, 뉴미디어는 단지 새로운 미디어나 디지털 미디어가 아니라 미결정 상태에서 "사회적 구성과 문화적 창조를 권유 *solicit …… social construction and cultural creation*"29)하는 미디어, 참여자를 "새로운 상상으로 유혹*invitation to new imaginary*"30)하는 미디어를 말한다. 다시 말해서 무엇인가를 계속해서 새롭게 만들어 낼 수 있는 환경을 말한다. 인터넷은 여러 가지 기능이 있지만 그러한 작용을 할 때 비로소 올드미디어와 차별된다는 것이 포스터의 설명이며 또 그것을 뉴미디어라고 할 수 있다.

포스터는 뉴미디어에 대한 많은 다른 규정들처럼 그것을 특정한 시대에 특정한 기능을 지닌 미디어로 이해한다. 그러나 다른 점이 있다면, 그것은 특정한 함의를 규정하지 않고 모든 가능성이 열려 있다는 설명이다. 그렇기 때문에 웬디 천이 암시한 것과 같은 맥락에서 이해된다. 그리고 다른 미디어들, 예를 들어 문자 미디어나 영상 미디어와 뉴미디어를 대비하여 설명함으로써 그의 주장을 명확하게 설명한다. 필자는 두 이론가들의 입장에 동조하며, 미결정성과 같은 상태, 그리고 그 상태로부터 새로운 것이 지속적으로 창출될 수 있는 가능성이 뉴미디어가 지니고 있는 질적 차별성이라고 생각한다.

다음에서 그것을 구체화해볼 것이다. 앞서 서론에서 알파고를 언급하면서 새로운 미디어의 발전은 두 가지 방향으로 나누어볼 수 있다고 하였다. 첫 번째는 간략히 말하여 집중적인 발전, 즉 양적 기능의

---

29) 위의 책, 31쪽.
30) 위의 책, 32쪽.

확대를 말하며 두 번째 방향은 분산적인 발전, 즉 질적 기능으로의 혁신을 말한다. 두 가지 방향 모두 우리가 직접 경험하고 있는 미디어 발전의 현상들이다. 그러나 새로움의 가능성을 의미하는 뉴미디어 개념은 후자의 방향을 지칭하기에 적절하다. 왜냐하면 지속적인 변화의 과정에서는 결정된 것이 없고, 정체된 상태에서 벗어남을 의미하기 때문이다.

4) 뉴미디어의 역사성과 모더니티

언급한 고찰을 수행하기 전에 또 아직 방법론적인 문제가 남아 있다. 어떻게 보면, 지속적 새로움, 개방적 가능성, 미결정성, 분산성 등의 의미는 마치 뉴미디어가 구체적으로 무엇이라는 판단을 계속해서 유보하는 것처럼 보인다. 즉 '정의할 수 없다고 정의'하는 것처럼 또는 '특성이 없는 것이 특성'이라고 판단하는 것처럼 모순적이며 동어반복적인 설명인 것만 같다. 이러한 개념적인 역설의 문제를 풀어가기 위해서, 즉 결정되지 않았다고 결정하는 개념의 모순에 대한 문제에 접근하기 위해, 그러한 개념 규정의 방식에 대해 생각해볼 것이다. 여기에서는 현대성*modernity*이라는 개념이 지니는 중복적이고 이중적인 특성에 대해 살펴보면서 역설적 개념의 의미에 대해 알아볼 것이다.

역사에 대해서 잘 모르지만 무엇인가 새롭다고 한다면 그것은 현재의 어떤 것이 과거의 어떤 것과는 명확히 다르다는 것을 의미할 것이다. 그리하여 과거와 현재의 차이가 새로운 현상과 인식에 바탕이 된다. 다시 말해서 첫째, 새로운 것은 낡은 것과의 차이가 있을 때만 새로울 수 있다. 그래서 둘째, 새로운 것은 절대적으로 새로울 수는 없고 항상 과거에 대해서 상대적이다. 그렇기 때문에 새로운 것은 또한 언제나 낡은 것이 될 수 있다. 뉴미디어의 경우도 마찬가지이다. 새로운 미디어나 기술이라고 하는 것들이 과거에 없었던 새로운 현상을 촉발시킨다면 우리는 그것을 뉴미디어라고 할 수 있다. 그러나 여기서 좀 생각해볼 것이 있다. 뉴미디어는 올드미디어에 비해 어떠한 점이 다르기 때문에 그것을 뉴미디어라고 할 수 있지만 바로 그 때문에 뉴미디어는 항상 올드미디어가 될 수도 있다. 보통 뉴미디어는 뉴미디어와 올드미디어가 지니는 차이를 설명하면서 정의될 수 있는데, 사실 그렇게 하면 할수록 뉴미디어는 '뉴'하다고 볼 수 없게 된다. 왜냐하면 차이로 어떠한 것을 설명하면 그 어떠한 것은 항상 상대적으로 이해해야 하기 때문이다. 이것은 매우 모순적인 상황이며, 이러한 상황을 간과하면서 단순히 뉴미디어를 규정할 수는 없다.

그래서 과거와의 차이를 나열하는 것으로 뉴미디어에 대한 이해가 이루어졌다고 할 수 없다. 나열만 하였다면 개념이 지녀야 할 내적인 논리가 결여되어 있고 모순적이라고 비판할 수 있다. 그리고 그 개념을 활용하여 이론을 구성할 수는 없다. 체계성을 갖춘 이론의 구성이 현상을 경험적으로 정리하는 작업과 차별화될 수 있으려면 뉴미디어 이론은 이 점을 지나칠 수 없다. 그런데 항상 위기가 기회로 되는 것처럼, 새로움의 의미를 자세히 살펴보면 모순처럼 느껴지는 뉴미디어의 개념이 상당한 논리적 체계를 지닌 개념으로 파악될 수 있다. 앞에서 포스터를 위시한 몇몇 뉴미디어 이론가들의 태도에서 뉴미디어를 미디어 환경 변화의 고찰을 위한 유력한 개념이 될 수 있다고 했는데, 이러한 이해를 보다 면밀하게 살펴보아야 한다.

그런데 이러한 모순적인 상황은 뉴미디어에 대한 고찰에서만 만나게 되는 것은 아니다. 새로움에 대한 물음으로부터 시작되는 다른 많은 이론적 논의는 이 역설에 대해 숙고하였고 나름대로 해결책을 제시하였다. 항상 예외적인 점이나 지엽적인 것들이 이론 구성에 큰 도움이 되듯이, 이러한 역설은 이론 구성에 매우 중요한 역할을 하였다. 예를 들어 보자면 참고할 만한 개념은 아마 모더니티, 즉 현대성일 것이다. 모던*modern*이라는 말은 원래 새로움을 뜻한다. 그리고 우리가 알고 있는 모더니티의 시대는 계몽주의 시대, 혹은 세기말의 예술적 조류를 가리키는 경우가 일반적이다. 그런데 17세기나 18세기처럼 수 세기 전에 무엇인가가 새로웠다는 것을 지금 21세기에 받아들이기 어렵다. 물론 그 당시가 새롭다고 할 정도로 이전과는 다른 무엇인가가 있기 때문에 그 때를 모더니티의 시대라고 하였겠지만, 과거의 새로움을 지금의 새로움이라고 할 수 있겠는가? 그럼에도 불구하고 어떻게 그것이 특별하며 새로울 수 있는가? 우리는 왜 그 시대를 모던하다고 표현할 수 있는가?

어떠한 시대도 특별하거나 새로울 수 없다는 점과 아울러 어떤 의미에서 그 시대가 새롭다고 표현할 수 있는데 이에 대해 알아보기 위해 영화 한 편을 예를 들어보겠다. 우디 알렌*Woody Allen*은 미디어에 대해 복잡한 고민을 하게 만드는 영화, 즉 〈카이로의 붉은 장미*The Purple Rose of Cairo*〉(1985)와 같은 영화를 감독한 바 있으며, 〈애니 홀 *Anny Hall*〉(1977)에서 마샬 맥루한*Marschall McLuhan*을 직접 출연시키기도 하였다. 여기에서는 〈미드나잇 인 파리*Midnight in Paris*〉(2011)를 살펴보려고 한다. 작가인 길*Gil*은 약혼자인 이네즈*Inez*와 파리를 여행한다. 여행 도중 현실적인 성격의 이네즈와 과거의 예술을 동경하던 길이 서로 갈등을 하게 된다. 홀로 산책하던 길은 우연히 지나가던 차에 오르

〈영상 2〉 우디 알렌의 영화 〈애니 홀〉에서 우디 알렌과 마샬 맥루한

〈영상 3〉 우디 알렌의 영화 〈미드나잇 인 파리〉. 미래에서 온 길과 과거의 여인 아드리아나는 또 다시 과거로 여행한다.

고 그는 놀랍게도 1920년대 파리에 도착한다. 과거의 그곳에서 그가 동경하던 시대의 예술가들을 만날 수 있었다. 그리고 피카소의 정부였던 아드리아나*Adriana*를 만난다. 그녀와 썸을 타던 길은 우연히 마차에 올라 벨레포크*Belle Époque*로 또 다시 더 먼 과거로 여행을 한다. 벨레포크는 문화예술이 융성했던 시대를 의미하며 또한 아드리아나가 동경하던 과거의 시대이기도 하였다. 길의 입장에서는 과거의 또 다른 과거인 셈이다. 그 때로 두 번째 시간여행을 했던 길은 그가 동경하던 시대의 인물들이 모두 자신의 현재 시대에 대해 불만스럽게 생각하고 있음을 알게 된다. 벨레포크의 예술가들도 르네상스를 동경하고 있었다. 누군가 과거의 어느 시대를 동경하여 그 시대로 가면 그 시대의 사람들은 또 다른 시대를 바라보고 있었다.

왜 이런 일들이 벌어지는가? 어느 시대에 대한 동경은 현재와 그 시대 사이의 차이 때문에 발생하는 것이다. 따라서 어느 시대도 절대적으로 우월하고 특수하다고 볼 수 없다. 다시 말해서 길의 동경이나 특정한 시대의 우월함은 모두 현재와 과거가 서로 어떠한 상태에서 공존하고 있기 때문에 나타난다. 그 때문에 어떠한 시대의 절대적인 우월함이나 특수한 것은 존재하지 않는다. 그것이 과거면 현재와, 또 반대로 그것이 현재라면 과거나 미래와 서로 뒤섞여 있기 때문에 현재나 과거는 존재하게 된다. 우리가 기억하는 과거나 상상하는 미래는 항상 현재로부터 오는 것이며, 절대적인 과거나 새로운 미래는 있을 수 없다. 벤야민은 이러한 역사의 모습을 '변증법적 이미지*dialektische Bilder*'라고 하였다.31) 최성만이 인용한 벤야민을 다시 인용해보겠다.

---

31) 벤야민의 변증법적 이미지에 대한 연구는 무수히 많지만 필자는 다음의 문헌을 참조하

역사를 바라보는 시각에서의 코페르니쿠스적 전환은 이러한다. 즉 지금까지는 '과거에 존재했던 것'을 고정점으로 보고 현재는 더듬거리는 인식을 이러한 고정점 쪽으로 끌어오려고 노력하는 것으로 생각되어 왔다. 그런데 이제 이러한 관계가 역전됨으로써 과거에 존재했던 것은 깨어나기가 그것과 대립된 꿈의 이미지들을 두고 수행하는 종합으로부터 변증법적으로 고착되어야 한다. (…중략…) 게다가 역사적 '사실들'은 방금 우리에게 부닥쳐오는 것*zu einem uns soeben Zugestoßenen*이 된다.[32]

과거에 지나간 것이 현재에 빛을 비추거나, 현재가 과거에 빛을 비추는 것이 아니라 상像이라는 것은 그 속에서 이미 흘러간 어떤 것이 지금과 만나 섬광처럼 성좌*Konstellation*를 이루는 무엇이다. 달리 말해 상이란 정지상태의 변증법이다. 왜냐하면 현재가 과거에 대해 갖는 관계는 순전히 시간적인 관계인 데 반해 과거가 지금에 대해 갖는 관계는 변증법적 관계이기 때문이다. 즉 후자의 관계는 시간적인 성격이 아니라 이미지적 성격의 관계이다.[33]

벤야민에 따르면, 역사에 대한 인식은 과거나 현재보다도 미래에 더욱 발전될 것이라는 생각이나, 혹은 반대로 현재보다도 과거가 더욱 우월했음을 깨닫는 것이 아니다. 과거는 우리에게 "부닥쳐오는 것"

였다. Ansgar Hillach(2000), "Dialektisches Bild", Michael Opitz and Erdmut Wizisla(eds.), *Benjamins Begriffe* 1, Frankfurt/M: Suhrkamp, pp. 186~229.

32) Walter Benjamin(1991), *Das Passagen-Werk. Gesammelte Schriften* Band. V/2, Frankfurt/M: Suhrkamp, p. 1057; 최성만(2010), 「벤야민에서 '정지 상태의 변증법'」, 『현대사상』 7, 176쪽 재인용.

33) Walter Benjamin(1991), *Das Passagen-Werk. Gesammelte Schriften* Band. V/1, Frankfurt/M: Suhrkamp, p. 578; 최성만(2010), 위의 책, 178쪽 재인용.

이며 미래 또한 현재에 대한 인식 없이는 존재할 수 없다. 우디 알렌의 영화도 과거를 동경하게 되는 원인은 결국 현재에 있다는 점을 말해준다. 그렇게 본다면 17세기 프랑스의 신구논쟁*Querelle des Anciens et des Modernes*도 모두 소용없는 논쟁이었음을 알 수 있다. 길은 과거의 어느 시대가 현재보다 더 우월했을 것이라고 생각했고, 17세기 프랑스 사람들은 현재의 모던한 문학이 고대의 그것보다 더 우월하다고 생각했겠지만 〈미드나잇 인 파리〉는 이 모든 판단이 틀렸음을 보여준다.

그런데 고대나 현대 가운데 어떤 것이 우월할 수는 없어도 어떤 시대가 그것이 과거이든 미래이든 '새로운 시대'일 수 있는데 이 점이 중요하다. 즉 모더니티를 시대적, 연대기적*chronological*으로 이해하는 것이 아니라 질적*qualitative*으로 파악한다면 모더니티의 의미는 통한다. 어떠한 시대의 절대적인 특징은 존재하지 않더라도 새로움이란 존재할 수도 있다. 한스 울리히 굼브레히트*Hans Ulrich Gumbrecht*는 모더니티의 의미를 세 가지로 나누어 설명하였는데, 이 질적인 의미는 세 번째 개념에 해당된다. 다시 말해서 "모더니티는 과거의 질적 폐기를 통한 최근의, 즉 우리의 현재로 규정되지 않고 역동성의 범주로 혹은 변화의 규범으로 정의된다". 그래서 모더니티는 현재에 존재하는 어떤 것의 특수성이나 우수성을 말하는 것이 아니라, 그것이 변화되어 미래에 또 다른 어떤 것이 된다는 예상, 그리고 지금부터 그 미래까지에 변화되어 가는 과정을 말한다. 즉 '우세한 특징*dominierende Merkmale*' 이 문제가 아니라 '미래와 관련된 변화'가 문제이다.[34] 피상적으로 보

---

34) Hans Ulrich Gumbrecht(1978), "Modern, Modernität, Moderne", Otto Brunner and Werner Conze and Reinhart Koselleck(eds.), *Geschichtliche Grundbegriffe* Band. 4, Stuttgart: Ernst Cotta, p. 126.

아서 문제가 있는 것 같은 뉴미디어 개념이 오히려 효과적이라고 판단하는 근거는 여기에 있다. 즉 뉴미디어는 새로운 미디어일 뿐만 아니라 새로움이 지속적으로 유지될 수 있는 미디어를 말한다.

길의 이야기로 되돌아가 보자. 그가 파리로 그리고 과거로의 여행에서 깨닫지 못한 것이 있다. 길이 피카소의 연인에만 관심을 두지 않고 그의 그림을 자세히 보았더라면 항상 상대적이지 않은 무엇인가가 있음을 깨달을 수 있었을 것이다. 그의 작품에는 모더니티, 즉 현대성이라는 것이 깃들어 있었으며 시간적인 역설의 문제에 대해 어느 정도 답을 가지고 있었다. 즉 모더니티의 개념에는 새로움이란 의미가 담겨 있는데 여기서 새로운 것이 단순히 긍정적이거나 특수하다는 뜻을 지니고 있는 것이 아니라 새로워질 수 있는 가능성, 무엇인가가 고정되어 있는 것이 아니라 그것이 항상 새롭게 달라질 수 있다는 의미가 담겨 있다. 피카소의 그림이 왜 모던한가? 그것이 사실주의적인 과거의 그림과 다르기 때문에 새롭다고 할 수 있지만 그러나 새로움은 정작 다른 데에서 발견된다. 피카소의 그림은 사람들이 사물을 대할 때 그것을 어떠한 특징으로 고정시키지 않고 항상 다른 관점에서 다르게 볼 수 있다는 가능성이 있음을 말해준다. 그래서 새롭고 모던하다. 즉 피카소가 무엇을 표현한 결과가 과거의 회화와 다른 것이 아니라 피카소는 시점에 따라 달라질 수 있는 가능성을 표현하였다.[35] 피카소의 그림은 새롭기만 한 것이 아니라 새로움을 표현하였고 특이하기만

---

35) 현대미술의 의미, 아울러 현대영화의 의미를 고찰하면서 그것을 벤야민의 변증법적 이미지와 연관시켜 설명하는 경우가 있는데, 이에 대해 깊이 다루지는 않았다. 다음의 문헌을 참조할 수 있다. Rosalind Galt(2002), "Italy's Landscapes of Loss: Historical Mourning and the Dialectical Image in Cinema Paradiso, Mediterraneo and Il Postino", *Screen*, 43(2), pp. 158~173.

한 것이 아니라 차이를 표현하였다. 피카소의 모더니티는 이것을 말한다. 그래서 모더니티라는 것은 시대적, 역사적 개념만으로 이해할 수 없다.

피터 오스본*Peter Osborne*은 「모더니티는 연대기적 범주가 아닌 질적 범주이다*Modernity is a qualitative, not a chronological Category*」라는 글에서 모더니티가 새로움의 의미와 관계되어 있지만 그렇다고 해서 그것이 연대기적*chronological*이지는 않고 역사적*historical*이라고 주장한다. 앞에서 뉴미디어 개념이 역사적이어서는 안 된다고 하였는데 이 때 역사적이라는 말은 오스본에 따르면 벤야민이 말한 역사의 인식을 의미한다. 오스본의 글은 모더니티 개념에 대한 복잡하고 섬세한 논의를 전개하는 연구들 가운데 하나인데, 특히 "이미 일어났으나 아직도 계속해서 일어나고 있는 어떤 것—언제나 새롭지만 그러나 바로 그 새로움 속에서도 늘 동일한 것"[36]으로 모더니티를 이해하는 점이 특징적이다. 그래서 모더니티는 재귀적*recursive*, 혹은 성찰적*reflexive*이며 "불확정적인 미래에 대한 개방성"을 지니고 있다. 다시 말해서 "시간이 흐르면서 보다 나중의 것이 보다 먼저의 것으로, 보다 새로운 것이 보다 낡은 것이 되는 것과 마찬가지로, 낡은 것과 새로운 것, 보다 먼저의 것보다 보다 나중의 것이 단순히 연대기적으로 이어지는 식"이 아닌 "이들 범주들 자체가 한 방향으로의 부단한 위치 변경에 종속되는"[37] 상태가 모더니티로 간주된다. 이러한 반성, 개방성, 불확정성, 위치 변경과 같은 특성은 반드시 어느 시대에는 존재하고 어느 시대에는 존재하지

---

36) 피터 오스본, 김경연 역(1993), 「사회-역사적 범주로서의 모더니티 이해: 차별적 역사적 시간의 변증법에 관한 각서」, 『진보평론』 7, 40쪽.
37) 위의 글, 43쪽.

않는다고 말할 수 없다. 그래서 오스본은 모더니티가 시간성과 관계가 있기는 하지만 그래도 그것이 특정한 시대를 지칭하는 말이 아닌 질적인 개념으로 설명하였다.

　뉴미디어의 개념에 대해 많은 이들이 문제를 제기하지만 이 책에서는 전체적으로 뉴미디어 개념을 모더니티의 개념처럼 '새로움의 새로움', 혹은 '미래의 개방성'의 의미로 파악하고자 한다. 뉴미디어는 새로움을 함의하고 있지만 그렇다고 해서 그것이 '지금 새로운 어떤 것'을 의미하는 것이 아니라 '변화되어 새로워지고 있는 상태'를 말한다. 이러한 방법은 시간적 역설의 문제를 논리적으로 해결해 주기도 하지만, 실제로 뉴미디어와 관련된 현상들을 숙고해보면 역시 그러한 관찰 방법이 적절함을 깨달을 수 있다. 물론 그렇다고 해서 뉴미디어가 모더니티의 미디어라고 규정할 수 있을지는 잘 모르겠다. 뉴미디어의 개념체계에서 드러나는 논리적인 문제를 모더니티의 개념이 모순을 해결했을 때의 방법으로 풀어가는 것은 타당하다고 생각되지만, 방법을 넘어서서 실제로 뉴미디어와 모더니티 사이에 어떠한 연관 관계가 있는지는 알 수 없다. 다만 이 책에서는 이렇게 논리적이고 체계적인 방식으로 뉴미디어 이론을 소화해보고 그것을 이후에 사례들에 적용해볼 것이다.

　모더니티에 대한 이해를 바탕으로 이제 뉴미디어의 함의들 가운데 어디에 초점을 맞추어야 하는지 살펴보도록 하겠다. 서론에서 뉴미디어의 발전은 집중의 방향과 분산의 방향이 있다고 하였는데, 뉴미디어가 단순히 새로운 미디어가 아니라 개방성의 의미를 지닌 개념이라면 분산의 방향에 방점을 두는 것이 온당할 것이다. 왜냐하면 계속해서 새롭게 변화할 수 있는 가능성을 내포한 미디어가 뉴미디어로 간주한다면 그것은 뉴미디어의 분산적 특성과 관련이 있기 때문이다.

2. 집중과 분산, 몰입과 관조

1) 집중으로부터의 의식적 분산

기술을 활용하는 주체에 대한 설명은 끝없이 전개될 수 있다. 그러나 주체에 대한 고찰이 여기에서 문제가 아니기 때문에 다음에서 어떠한 인식론에 근거하여 분산이라는 관점으로 뉴미디어의 문제를 다루는지에 대해서만 간략하게 알아보려고 한다. 그리고 그 관점으로 뉴미디어의 문제에 접근하고자 하는 이론가들의 논의도 검토해볼 것이다. 아울러 그것과 대조를 이루는 집중과 관련된 연구들도 살펴봄으로써 그 의미를 보다 명확히 할 것이다.

주체의 의식작용과 그 효과는 두 가지로 나누어 볼 수 있다. 사람은 특정한 대상이나 의미에 대해 생각하거나 혹은 반대로 그러한 생각을 하는 자기 자신에 대해 생각하기도 한다. 구성주의적인 관점에서 인간의 의식이란 그 둘 중에 하나에 해당된다. 대상에 대한 생각은 스스로를 의식하지 않고 집중을 하는 상태이며 반대로 집중하는 자기 자신을 의식하면 그 상태로부터 벗어나게 되고 이완된다. 그런데 두 가지 의식은 서로 다르지만 그렇다고 해서 관련이 없는 것은 아니다. 두 가지 모두는 서로 명확하게 구분이 되어야 발생할 수 있으며 또 하나는 다른 하나를 하지 않음으로 인해 발생한다. 이것은 당연하면서도 선뜻 이해하기 어려운 묘한 관계이다. 예를 들어 보자면, 독서를 하거나 영화를 볼 때, 그것의 의미를 제대로 이해하거나 혹은 특별한 흥미를 느낀다면 그것은 집중하여 몰입하고 있음을 의미한다. 그런데 이러한 상태는 스스로를 인식하지 않을 때만 이루어질 수 있다. 반대로 읽거나 보고 있는 것이 잘 이해되지 않거나 흥미롭지 않다면, 우리는 대상에 대한 몰입이 풀어지고 오히려 그 상황이나 몰입을 하였던 자신에 대해 생각이 닿게 되는데 그러한 의식도 분명히 존재한다. 만약에 독서를 할 때, 독서를 하는 스스로를 의식하면 독서는 제대로 이루어지지 않으며, 영화를 볼 때 영화관에 앉아 있는 자신에 의식하면 영화는 재미가 없다. 집중과 분산은 반대의 상황을 의미하지만 또한 어떠한 하나가 멈추는 순간에 다른 하나가 발생하기 시작한다.

그런데 두 가지가 연관되어 있으면서도 서로 다른 의식으로 존재한다는 인식은 사실상 자기 자신에 대한 의식에 큰 의미를 부여한 결과이다. 예전에는 우리의 바깥에 있는 대상이 존재하며 그것이 사람에게 반영되는 것이 의식이나 지각이라고 생각하였는데, 이러한 사고방식은 인간의 의식보다 외부의 대상이 더 큰 의미를 지니고 있다는 생각에 기초한다. 여기에서는 사실상 인간의 의식 자체는 상대적으로 그렇게 큰 의미를 지니지 않게 된다. 다시 말해서 우리가 관찰대상에 대한 의식을 당연하거나 중요한 것으로 보며 그러한 의식을 하는 관찰자에 스스로에 대해 많은 관심을 두지 않는 것에 익숙하다. 의식의 문제에 있어서 그 중심점을 관찰자 그 자체로 옮겨둔 인식론 가운데 구성주의*constructivism*는 대표적이다. 구성주의는 아울러 기존의 존재론적, 혹은 반영론적 사유 방식과 큰 충돌을 일으킨다고들 한다.

자기지시*self-reference*의 인식론적 함의로 인해 전통적 학문의 기초적인 도그마들 가운데 하나와 충돌을 일으키게 되었다. 과학적 표현과 설명은 우리를 객관적 현실의 구조에, 즉 관찰자와는 독립적이며 그 자체로 존재하는 현실에 더욱 근접될 수 있도록 해야 한다는 믿음과의 충돌을 말한다. [충돌을 일으키는] 이 다른 관점에서 현실은 상호작용적 개념인데, 왜냐하면 관찰자와 관찰대상은 상호의존적인 쌍을 이루기 때문이다.[38]

이렇게 객관적, 독립적 외부의 현실세계와는 다른 관찰자의 현실, 자기지시의 현실에 대한 의식을 성찰성*reflexivity*이라는 말로도 표현된다. 예를 들어 힐러리 로슨*Hilary Lawson*은 성찰성 개념을 통해 포스트모더니즘의 여러 이론적 경향을 포괄적으로 설명한 바 있다.[39] 로슨의 저서에서 성찰성이라는 개념으로 요약되는 자기 자신에 대한 인식, 혹은 대상으로부터 분산되는 의식이 포스트모더니즘의 중요한 맥락을 이루고 있다는 점을 이해할 수 있다. 그런데 이러한 추상적 생각을 쉽게 활용할 수 있도록 구체화한다면 아마도 브루노 라투르*Bruno Latour*가 제시한 용어를 사용하는 것이 좋을 것 같다. 라투르는 텍스트를 이해하는 방식에는 두 가지가 있으며, 각각의 방식은 대상을 이해하는 방식이거나 혹은 그것을 학문적으로 연구하는 방법이 될 수 있다고 하였다. 그리고 그것을 로슨처럼 성찰성 개념으로 표현하였다.

첫 번째 방식은 메타 성찰성*meta-reflexivity*인데, 그것은 대상을 관찰하거나 텍스트를 읽을 때, 수용과 독서의 상황 자체를 의식하는 것을

---

38) Ernst von Glasersfeld(1992), "Declaration of the American Society for Cybernetics", Constantin Virgil Negoita(ed.), *Cybernetics and applied Systems*, New York: Marcel Dekker, p. 4.
39) Hilary Lawson(1985), *Reflexivity: The Post-Modern Predicament*, La Salle: Open Court.

말한다. 그리고 메타 성찰은 "텍스트의 가장 유해한 효과는 독자가 텍스트가 지시하는 외부의 어떤 것을 순진하게 믿는 것이라는 생각에 근거를 두고 있다. 여기에서 [메타] 성찰성이란 텍스트를 일반적인 소비에 적합하지 않도록 함으로써 이러한 효과에 반발하는 것을 말한다".[40] 즉 메타 성찰성은 믿지 않기 때문에 나타나며 따라서 그것에 거리를 취하고 오히려 수용의 상황 자체를 의식한다. 두 번째 방식은 인프라 성찰성*infra-refleixivty*인데, 수용자는 그것으로 메타 성찰성과는 반대되는 위치, 즉 수용 상황이나 수용자 자신에 대한 인지를 가급적하지 않고 텍스트의 의미에 몰입하는 위치에 놓이게 된다. 메타 성찰은 텍스트를 흥미롭지 않은 것으로 그리고 신뢰할 수 없는 것으로 간주하는데, 인프라 성찰은 그것과 상반된다. 라투르는 대상의 인식과 학문의 연구에 있어서 소위 말하는 포스트모던한 접근 방식, 즉 대상의 표현에 대해 의심하고 회의하는 사유 방식에 대해 비판적인 입장을 취하기 위해 메타 성찰성과 인프라 성찰성을 언급하였다. 그런데 우리가 그의 설명에서 파악해야 하는 점은 의식, 혹은 성찰에는 두 가지 전혀 다른 방향이 있다는 점이다. 한 쪽 방향은 텍스트 안에 머물러서 그것을 쓰고 이해하는 방식이며 또 다른 방향은 읽고 쓰는 것을 의심하여 그러한 행위 그 자체에 대해 인지하는 것을 말한다.

'외부 의식'과 '자기의식'이라는 두 가지 상이한 의식, 즉 인프라와 메타는 서로 다르게 존재하면서도 서로에 대해 어떠한 관련성을 지니고 있다. 메타는 인프라와 전혀 관련이 없는 다른 것이 아니라 인프라

---

40) Bruno Latour(1988), "The Politics of Explanation: An Alternative", Steve Woolgar(ed.), *Knowledge and Reflexivity: New Frontiers in the Sociology of Knowledge*, London: Sage, p. 168.

로부터 이탈되는 움직임을 통해 인프라의 차원이나 상태를 관찰하고 관조하는 위치를 말한다. 이렇게 메타는 인프라가 아니지만 인프라의 상태를 전제로 한다. 그런데 그 움직임은 분산을 통해, 다시 말해서 대상을 인지하는 고정된 상태로부터 떨어져 나오면서 흩어지는 변화를 통해 이루어진다. 윌리엄 보가드*William Bogard*의 표현을 빌리자면, "무엇으로부터의 분산은 움켜쥔 상태에서 빠져나가는 것을 의미한다".41) 그리하여 분산이란 무엇인가를 관찰하고 인지하는 상태에서 다른 상태로 변화하여 어떠한 의식의 고정으로부터 풀려나가는 것이다. 그 때문에 구조나·체계와 같이 경직된 상태와 상반되는 일종의 사건과 같은 특성을 지니고 있다. 다시 말해서

　　[분산은] 다른 방향으로 관심을 끌거나 따로 떼어놓는 것이다. [따라서]
　분산은 격변*turbulence*의 지역으로서 나타나는데, 그 공간에서는 사태와 에
　너지의 흐름이 강화되거나 혹은 소멸된다. 그리고 괴리*disjunction*가 발생하
　고 새로운 구조가 나타난다.42)

　보가드는 이에 관해 포착*capture*과 이탈*escape*이라는 표현을 사용하였다.43) 이러한 두 가지 상이한 의식의 상태에 대한 대립적인 이해와 그 사이의 분산적 흐름*distractive flow*은 예술을 설명하는 미학론에서, 또한 영화론과 같은 기술 미디어를 다루는 이론에서도 종종 나타난

---

41) William Bogard(2005), "Distraction and Digital Culture", Arthur Kroker and Marilouise Kroker(eds.), *Life in the Wires: The Theory Reader*, Victoria: Theory Books, p. 467.
42) *Ibid.*, pp. 473~474.
43) *Ibid.*, pp. 466~469.

다. 이 이론들을 살펴보면서 예술이 그리고 미디어의 활용이 두 가지의 의식작용 가운데 어느 한 가지를 유발시키거나 강화할 수 있다는 점을 이해할 수 있다. 예술이나 미디어나 모두 현실을 인지하거나 혹은 인지한 것에 대해 서로 소통하기 위해 사용되는 것으로 알고 있는데, 어떠한 근거에서 이탈이나 분산과 같은 일상적이지 않은 움직임이 필요한가 생각해보아야 한다. 다시 말해서 왜 외부에 대한 인지도 어려운데 분산적 흐름을 통하여 그것을 인지하는 자기 자신에 대해서도 인지를 해야 하는가의 문제를 말한다. 이에 대해 잠시 언급한 연후에 뉴미디어의 문제를 살펴볼 것이다.

2) 현대 미디어론과 분산의 미학

많은 예들 가운데 아리스토텔레스의 연극론을 비판하는 브레히트의 서사극*episches Theater* 이론을 생각할 수 있다. 그리고 그것은 분산을 통해 라투르가 말하는 메타 성찰성으로 도달하는 가능성을 고려한 결과이다. 왜냐하면 어떠한 미학적인 방식을 통해 관객으로 하여금 연극에 나타난 내용에 대해 몰입하지 않도록 하며, 또한 연극에 등장하는 인물과 동일시되지 않는 쪽으로 유도하기 때문이다. 이렇게 브레히트는 관객이 스스로 연극을 보고 있다는 사실을 의식하면서 사건에 대해 거리를 두고 생각할 수 있는 연극미학을 구상하였는데, 이것을 소외효과*Verfremdungseffekt, alienation effect*라고 한다. 예를 들어 연극에서 노래를 삽입한다거나 내레이션을 하는 등의 방식은 몰입을 회피하도록 하는 소외효과의 수단이 된다. 아울러 연극과는 다른 방식의 재현, 즉 영화처럼 기술이 개입된 재현을 이해하는 데에서도 두 가지 서로 다른 수용 태도가 대조되는 경우가 있다. 브레히트는 연극을 감상하는 관객의 의식적 분산에 관해 논하였지만 영화와 같은 기술적인 미디어와 관련된 분산효과에 대해 초기 영화 이론가들의 견해를 참조할 수 있다.[44]

예를 들어 벨라 발라즈는 영화가 단순히 어떠한 인물을 재현하는 데에 그치지 않고 그 인물의 조화되지 않는 의식을 재현할 수 있다고 보았다. 영화에 의한 시각적 표현은 단순히 언어의 대용물이 아니라 언어의 의미와 개념으로 표현될 수 없는 인간에 감성적 부분을 표현하는 미디어라고 하였다. 그리고 이에 대한 설명을 위해 인간의 얼굴과 그것을 표현하는 카메라의 클로즈업*close-up*을 자세히 다루었다. 발라즈는 "가장 주관적이고 개인적인 인간의 표현은 클로즈업을 통해 객관적이 된다"[45]고 한다. 클로즈업은 그에게 여러 가지로 중요한 의미를 지닌다. 발라즈는 의미를 내포하는 언어와 전혀 다르며 주관적 감성을 표현하는 수단을 영화에서 발견하고자 했다. 부연하자면, 클로즈업은 인간의 다성적 유희*polyphonic play*를 포착할 수 있는데, 그것은 "말과 생각이 불일치"[46]되어 그러한 불일치가 얼굴에 나타나는 경우를 말한다. 그리고 그렇게 조화되지 않은 상태를 객관적이라고 하였다. 왜냐하면 발라즈는 인간의 말과 생각이 일치되지 않는 것이 오히려 자연스럽다고 보았기 때문이다. 인간의 논리적 사고와 감성적인 정서는 서로

---

44) 디터 메르쉬, 문화학연구회 역(2009), 앞의 책, 61~79쪽.
45) 발라즈에 대한 논의는 필자의 졸고에서 일부를 수정하여 수록하였다. 벨라 발라즈(2012), 「미시적 인상의 다성적 유희: 발라즈의 영상론과 〈파수꾼〉의 클로즈업을 중심으로」, 『영화연구』 52, 7~33쪽. 발라즈 영화론의 원문은 다음을 인용하였다. 벨라 발라즈, 이형식 역(2003), 『영화의 이론』, 동문선, 69쪽.
46) 벨라 발라즈, 이형식 역(2003), 위의 책, 72쪽.

다르지만 함께 존재하기 때문이다. 그리고 감성적 정서는 표정에 나타나고 논리적 사고는 말로 나타난다. 논리적 사고는 언어로 표현되고 감성적 정서는 '미세한 표정' 혹은 미시적 관상*microphysiognomy*에서 나타난다. 객관적 표현은 이렇게 혼합될 수 없는 두 가지가 동시에 표출되는 것을 말한다.

발라즈의 영화 이론에 핵심적인 것은 바로 이러한 이질적인 것의 동시적인 표출이 영화 카메라에 의해 가능하다는 사실이다. 실제로 영화는 영상, 말, 음악이나 음향과 같이 여러 가지 요소로 구성되어 있는데 많은 영화 이론가들은 이러한 요소의 복합성 문제에 골몰하였다. 그것이 의미의 차원에서 조화될 수 있다면 문법규칙에 따른 언어처럼 일정한 의미를 내포하게 된다는 설명이 있었다. 다시 말해서 영화는 인물의 대사나 자막과 같은 구술적 언어, 그리고 행위와 음향과 같은 비구술적 언어로 되어 있는데 그것이 서로 조화를 이루는 쪽으로 귀결된다는 것이다. 그리고 그러한 설명을 근거로 영화가 서사적 연속성을 지닌다고 볼 수 있었다. 즉 영화도 문장처럼, 텍스트처럼, 이야기처럼 단절되지 않고 진행될 수 있다는 말이다. 발라즈는 다성적 유희란 개념으로 이러한 의미론적 이해를 거부한다. 즉 영화는 조합의 언어가 아닌 부조화의 언어이다. 그리고 부조화 현상은 클로즈업으로 더욱 강조되며 결국 클로즈업이란 부조화를 창출하기 위한 하나의 수단이 된다.

발라즈는 클로즈업과 부조화된 언어의 관계를 설명하기 위해 언어의 의미영역과 그것의 행위영역을 구분한다. 언어를 통한 소통은 행위를 동반할 수밖에 없기 때문이다. 즉 "말을 하는 양태에 수천가지 방법이 존재"[47]하기 때문이다. 그리고 말에는 의미가 통하지만, 반면

에 표정, 몸짓이나 말하는 행위에는 '감정의 기복*oscillation of emotions*'
이나 '감정적 실체*emotional reality*'가 담겨 있다. 그리고 감정적 실체라
는 문구에서 알 수 있듯이, 발라즈는 감정이 더욱 실체적 사실에 가깝
다고 보았다. 왜냐하면

> 우리는 의지적인 통제가 거의 되지 않는 부분이 얼굴에 있으며, 그것의
> 표현은 고의적이거나 의식적이 될 수 없으며, 나머지 얼굴에 나타나는 전
> 반적인 표현과 반대되는 감정을 드러낼 수도 있음을 알게 된다. 이것은
> 대단한 예술적 가치와 의미를 지닌다. 왜냐하면 정신이 온전한 어른이 말
> 하는 대사에는 무의식적이거나 본능적인 요소가 없기 때문이다. 누군가가
> 거짓말을 하고 싶어 하고 능숙한 거짓말쟁이라면 말로써 거의 완벽하게
> 자신의 목표를 달성할 수 있다. 그러나 그의 얼굴에는 자신이 통제할 수
> 없는 부분이 있다.[48]

표정은 감정과 관련 있고 감정은 객관적으로 사실적이다. 이것이
바로 발라즈가 말하는 미시관상학*microphysiognomy*적인 설명이다. 아울
러 이러한 설명을 가능케 하는 발라즈의 주체관은 흥미롭다. 왜냐하
면 애초에 말하는 주체는 단일하지 않다고 전제하기 때문이다. 즉 말
을 하더라도 다른 생각을 하고 또 다른 감정을 지닐 수 있다고 보았다.
그리하여 말과 표정은 불일치되고 그러한 불일치의 상태를 있는 그대
로, 즉 객관적으로 표현하여 전달해주는 것이 카메라(의 클로즈업)이

---

47) 위의 책, 78쪽.
48) 위의 책, 86쪽.

다. 만약 불일치한다고 하더라도 그것을 정보화하기 위하여 어느 한 쪽을 선택하여 재현하였다면 (실제로 언어적 재현은 그렇게 될 수밖에 없는데) 분열된 주체는 재현에 의해 다시 단일화되는 결과를 낳았을 것이다. 발라즈가 말하는 객관적 표현이란 그러한 재현을 하지 않고 기술의 도움으로 분열된 상태를 지속하는 것이다.

발라즈는 영상 미디어가 주체의 개입 없이 무엇인가를 자동적으로 재현하였을 경우에 그것이 다른 미디어에 비해 어떠한 차별적 의미를 지니는가의 문제를 고찰하였다. 자동적으로 재현한다는 것은 재현을 하되 형상화*figuration*만 한다는 것을 의미하는데, 그것은 대상에 형상만을 가져온다는 것이다. 그리하여 재현을 실행하는 사람의 의식(관념론)이나 본질(사실주의)로 뒤섞거나 포장하지 않는 것을 말한다. 발라즈는 개입하지 않는 영화적 재현은 객관적이어서 오히려 본질적인 면모, 즉 감성, 표정, 이중성, 부조화와 같은 것들을 표출할 수 있다고 하였다. 따라서 발라즈가 말하는 객관성이 사실주의적 전유를 말하는 것이 아니다. 오히려 기술적 영상을 통한 재현은 부조화를 가시화시켜 주기 때문에 객관적일 수 있다고 하였다. 왜냐하면 애초에 부조화된 표현과 소통이 더 자연스러운 것이라고 보았기 때문이다. 집중되지 않고 분산되는 인간의 말과 표정, 그리고 의미와 감성에 대한 가감 없는 표현의 가능성을 발라즈는 영화에서 발견하려고 하였다.

브레히트와 발라즈가 연극에서 그리고 영화에서 분산에 대해서 논하였는데 사실 발라즈가 생각했던 것은 분산의 상황을 형상화시키는 미학적인 방식에 관한 것이었다. 반면에 벤야민은 브레히트처럼 미디어를 통한 수용의 상황에 처한 관객의 의식에서 발생되는 분산에 대해 논하였다. 그리고 그 수용 상황이란 영화의 경우를 말한다. 그 내용은 유명한 논문인 「기술복제시대의 예술작품」에 담겨 있다.[49] 벤야민은 예술작품을 감상할 때 나타나는 두 가지 상이한 의식작용을 다음과 같이 예로 들어 설명하였다. 서로 다른 이 두 의식은 앞서 언급했던 외부 의식과 자기의식, 그리고 집중과 분산을 말한다.

> 정신분산Zerstreuung, distraction과 정신집중Sammlung, concentration은 서로 상반된 개념이다. 우리는 이를 다음과 같이 표현할 수도 있을 것이다. 예술작품 앞에서 마음을 가다듬고 집중하는 사람은 그 작품 속으로 빠져 들어 간다. 옛날 중국의 전설에 어떤 화가가 자기가 완성한 그림을 보고 그 속으로 들어갔다는 식으로 예술작품 앞에서 정신집중을 하는 사람은 그 작품 속으로 들어간다. 이에 반해 정신이 산만한 대중은 예술작품이 자신들 속으로 빠져 들어오게 한다.[50]

그리고 벤야민의 미디어에 대한 숙고에서 중요한 것은 '외부 의식'과 '자기의식' 사이에서 발생하는 분산이 사진과 영화와 같은 복제기술에 의해서 용이하게 이루어질 수 있으며, 그 결과 '자기의식'을 깨닫게 한다는 점이다. 벤야민은 기술적 재현이 주체에 의해 전유된 결과를 투영하는 방식의 수용으로부터 벗어날 수 있도록 해준다고 하였다. 다시 말해서 아우라를 폐기할 수 있다고 하였다. 아우라는 벤야민에게 두 가지 갈래, 즉 주체에 의한 재현과 기술적 재현의 사이를 구분해주

---

49) 영화에 대한 벤야민의 입장에 대해 자세히 다룬 글은 다음이다. Miriam Hansen(1987), "Benjamin, Cinema and Experience: The Blue Flower in the Land of Technology", *New German Critique*, 40, pp. 179~224.
50) 발터 벤야민, 최성만 역(2007), 「기술복제시대의 예술작품」, 『발터 벤야민 선집』 2, 길, 144쪽.

는 개념이다. 즉 주체로 재현하면 아우라가 발생하지만 기술로 재현하면 그것은 사라진다. 그리고 껍질과 같은 아우라는 사라져야 비로소 우리는 분산이나 관조와 같은 새로운 형태의 수용을 할 수 있게 된다.

　벤야민의 설명은 지금처럼 제도화된 이후의 영화가 아니라 초기 영화 *early cinema*와 그 당시의 관객을 대상으로 한 것인데 실제로 초기 영화의 특징을 잘 설명해주는 톰 거닝*Tom Gunning*의 이론에서 유사한 관점을 이해할 수 있다. 거닝은 초기 영화가 주류 영화로 발전되는 과정에서 나타난 형태의 영화가 아니라, 주류 영화와는 다른 독특한 미학을 지니고 있다고 주장한 바 있다. 이러한 문맥에서 그는 '매혹의 영화*cinema of attraction*'와 '서사적 통합의 영화*cinema of narrative integration*'라는 개념을 사용하였다. 지금도 많은 관객들은 한 편의 이야기를 감상하기 위해 영화관을 찾으며, 영화관의 기술장치나 수용 상황으로부터 유발되는 몰입을 통해 이야기에 집중한다. 그러나 초창기 영화의 관객은 영화 자체를 의식할 정도로 이야기에 크게 몰입하지 못하였다. 당시에는 기술적인 환경이 미비하여 관객의 몰입이 제대로 발생되지 못하였다고 생각할 수도 있으나 거닝은 이에 반대하였다. 당시 관객들은 몰입을 통해 영화에 집중하기보다는 영화의 외적인 상황에 더 많은 관심을 갖고 있었고, 영화는 그러한 관객의 색다른 관심에 부응하려 했다. 거닝에 따르면 그들은 매혹의 영화를 관람하는 '새로운 관객*new spectator*'이라고 할 수 있다. 왜냐하면 그들은 재현된 결과보다도 재현되는 상황, 외부의 대상보다도 그것을 인지하는 인간에 대한 의식에 더 많은 흥미와 관심을 지니고 있었기 때문이다. 거닝이 미학적 관점에서 초기 영화를 할리우드의 주류 영화로부터 구분하기 위해 사용한 집중과 매혹이라는 용어는 '외부 의식'과 '자기의식'을 구분한 구성주의자의 관점에서 파악된다. 초기 영화, 즉 매혹의 영화의 관객들은 결국 스크린에 비추어진 대상보다는 오히려 그러한 대상이 영사되는 상황에 초점을 맞추고 있었기 때문이다. 그러나 거닝이 말한 새로운 관객이 주류 영화를 관람하는 관객이라고 보기 어려운데, 그만큼 매혹의 영화는 이후에 크게 주목받지는 못하였다. 거닝은 그 전통이 아방가르드 영화에서 명맥을 유지한다고 하였다.

초기 영화를 바라보았던 학자들에 의해 점쳐졌던 기술과 의식적 분산의 연관성은 영화역사에서 그리고 다른 미디어의 역사에서 확연하게 나타나지는 않았다. 그러나 분산적 지각*zerstreuute Wahrnehmung, distracted perception*에 대한 사유는 영화뿐만 아니라 이후에 개발된 다른 미디어에 대한 이해를 위해 중요한 역할을 한다. 이 책이 '외부의식'과 '자기의식'이라는 구성주의적인 구분으로부터 출발하여 미디어를 통한 수용을 '집중'과 '분산'이라는 두 키워드로 파악하려는 이유도 언급된 영화 이론가들의 견해에 근거한다. 특히 기술적 관점에서 영화의 차별성을 바라보았던 이론가들의 견해에 바탕을 두고 있다. 이들이 생각했던 미디어의 효과는 집중과 몰입이 아니다. 그러나 벤야민이 미디어를 아우라와 대립적으로 구상한 바 있음에도 불구하고, 그 이후에 미디어 연구는 서사론과 기호론과 같이 내용을 분석하는 쪽으로 흘러갔다. 혹은 기술적 미디어가 어떻게 수용자에게 몰입을 유도하는지의 문제, 그리고 몰입을 통하여 어떻게 관념*idee*이나 이념*ideology*이 생산되는지의 문제에 치중하게 되었다. 즉 미디어학은 주로 전통미학적인 동일화와 몰입의 문제를 고찰하는 방향으로 전개되었지만 벤야민의 착상과 같은 입장이 심각하게 받아들일 수 있는 가능성도 풍부하게 존재한다.

3) 디지털 기술의 집중적 활용

서론에서 미디어에 대한 고찰은 두 가지 관점, 혹은 두 가지 상이한 방향으로부터 시작될 수 있다는 점을 튜링의 입장과 브레히트, 혹은 벤야민의 입장을 대조시킴으로써 파악하여 보았다. 튜링이 미디어에 대한 문제를 본격적으로 다루었다고 보기는 어렵지만, 그는 기술의 활용목적을 '인간의 대체'로 생각하였던 많은 이론가나 개발자들의 입장을 대변한다고 볼 수 있다. 반대로 소위 말하는 '현대적'인 미디어 이론가들에게 기술의 발전은 인간을 대체하기보다는 인간의 능력에 새로움을 부여하거나 소통을 확대시키는 가능성을 의미했다. 그리고 그러한 가능성은 인지의 분산을 통해 확보될 수 있다는 점도 살펴보았다. 서로 다른 두 가지 관점에는 공통점과 차이점이 있다. 공통점은 그들이 기술결정론, 혹은 미디어결정론과 같은 인식론을 고려하였다는 점이다. 즉 정도의 차이는 있겠지만 기술, 테크놀로지, 혹은 미디어와 같은 것들이 인간의 의식이나 사회의 구성에 어떠한 영향을 미치며, 경우에 따라 그것이 인간과 사회의 역사적 변화에 결정적인 요인으로 작용한다고 생각했다.

그러한 인식론을 바탕으로 하면서도 두 입장에는 미디어가 어떻게 활용될 수 있을 것인가의 문제에서 상당한 차이점이 있다. 이 글도 물론 기술결정론의 관점과 같이 미디어의 작용이 지니는 의미를 중요하게 생각하고 있지만, 그 가운데에서도 특히 성찰과 소통의 확장을 지향하는 관점을 견지하려고 한다. 그리고 이러한 사정을 두 가지 방향으로, 즉 집중과 분산의 방향으로 축소하여 대조시키려고 하는데, 그것은 약간 무리한 시도로 보일 수 있다. 그런데 여기서 대조시키는 일이 목적이 아니라 그것을 통한 부정적 방법으로 '성찰과 소통의 확장으로서 뉴미디어'의 의미를 구체화하는 것이 목적이다. 다시 말해서 집중적 방향에 대한 설명은 분산적 방향의 의미를 부각시키기 위해서 활용하려고 한다. 우선 뉴미디어의 문제를 집중(보가드의 말대로라면 포착)의 관점으로 파악한 사례를 살펴보면 다음과 같다.

뉴미디어의 연구에 개념적인 바탕을 제공하는 연구서들 가운데 볼터와 그루신의 『재매개: 뉴미디어의 이해』가 대표적이다. 그가 제시한 핵심 개념들은 재매개*remediation*, 비매개*immediacy*, 그리고 하이퍼매개*hypermediacy*이다. 비매개는 튜링과 함께 언급되기 시작한 집중의 방향과 비슷한 맥락에서 설명된다. 왜냐하면 비매개란 매개가 되었다는 사실조차 인지되지 않도록 완벽하게 매개가 된 상태를 말하기 때문이다. 비매개가 실현될수록 튜링테스트에 통과할 가능성이 커질 것이라는 점은 충분히 예상할 수 있다. 완벽한 매개는 매개를 망각시키며 완벽한 사이보그는 그것이 인간이라는 착각을 불러일으킬 것이다.

사실 인간에게는 매개의 근원적인 욕망이 있으며, 비매개의 상태는 그것이 실현된 경우이다. 앙드레 바쟁*André Bazin*은 영화의 근원들 가운데 하나는 대상을 완벽하게 재현하고 보존하려고 하는 인간의 욕망, 즉 미이라 콤플렉스*mummy complex*라고 하였다. 같은 관점에서 볼터와 그루신은 다양한 미디어가 지속적으로 발전되는 힘이 바로 대상을 '매끄럽게*seamless*' 재현하려는 욕망에 있다고 보았다. 그리고 미디어 발전의 역사는 그것을 실현시키려는 인간의 노력의 결과인데, 디지털 기술이 개발되면서 비로소 그 노력이 결실을 이루었다고 한다.

볼터와 그루신이 제시한 뉴미디어의 비매개성은 분명히 뉴미디어의 가능성을 집중의 방향에서 바라본 결과이다. 비매개적인 미디어의 활용은 인간의 의식과 감각을 몰입으로 이끌고 그리고 재현된 대상에 집중하는 결과로 나타나기 때문이다. 즉 현재 미디어에 의해서 매개된 어떤 것의 재현이 현실인 것처럼 느껴질 정도로 완벽하게 하려는 노력은, 간단히 말하여 '비매개의 욕망*desire of immediacy*'은 영화 기술의 발전사를 돌이켜 보더라도 오래 전부터 존재하여 왔음을 알 수 있다. 그러나 디지털 기술은 이러한 노력을 완성되도록 하였다는 것이 볼터와 그루신의 설명이다. 완성이란 결국 현재 대상이 재현된 것임에도 불구하고 재현되었다는 사실을 망각하게 될 정도로 고양된 단계, 즉 비매개의 단계를 말한다. 따라서 비매개의 상태는 지극히 '몰입적*immersive*'이고 그것은 '현전감*sense of presence*'을 강화시키는 결과로 나타난다.[51]

디지털 기술, 특히 특수효과로 창출되는 디지털 영상은 이렇게 비매개의 관점으로 자주 설명된다. 뉴미디어의 개념을 내세우지는 않았지만 앤드류 달리*Andrew Darley*는 디지털 영상에 대한 설명을 하면서 볼터와 유사한 관점을 견지하였다. 디지털 기술이 영화, TV, 컴퓨터 게임, 혹은 광고 영상 등에 도입된 결과를 이해하기 위해 달리는 사실주의, 환영주의 혹은 극사실주의*hyperrealisim*의 미학으로부터 설명을 한다.

디지털 기법은 TV(와 영화) 광고의 수단이 되면서, 이 장르의 형식적, 미학적 특성을 변화시키는 개념적 가능성을 발전시킨다. 이미지와 이미지 형식이 출현하고 표면 정확성과 이미지 명도의 새로운 단계—승화된 유형의 사진/영화적 환영—가 제시된다. 그 결과 광고 텍스트 내에서 기존의

---

51) 제이 데이비드 볼터·리처드 그루신, 이재현 역(2006), 앞의 책, 21쪽.

경향이 강화되며, 이미지를 제작하는 다른 형식과 스타일들이 자유로이 차용되고 결합된다.52)

달리가 디지털 기술에 의한 변화에 대해 설명하고 있음에도 불구하고 필자는 그 변화가 그렇게 새로워 보이지 않는다. 즉 디지털 기술과 같은 '새로운' 방식의 매개로 인해 나타나는 현상들은 사실 우리에게 친숙한 재현 방식이나 미학적 효과일 뿐이다. 오히려 그러한 미학적 재현을 더욱 효과적으로 완성시켜 주며, 더욱 완벽한 핍진성*verisimilitude*이나 환영*illusion*을 구현시켜 준다. 물론 달리가 존재하는 대상의 재현을 목표로 하는 전통적인 사실주의만을 단순하게 다루고 있는 것은 아니다. 시뮬레이션이나 기의 없는 기표로서의 스펙터클과 같은 전통적 사실주의와는 다른 문맥에서, 즉 포스트모던한 관점에서 재현의 문제를 다루고 있다. 그럼에도 불구하고 디지털 기술의 이전에 활용되었던 기술형식이 추구하였던 현실의 환영적 구현이 디지털 기술로 인해 더욱 발전되었다는 입장은 한편으로 이해될 법도 하며, 그것이 분명히 디지털 기술의 효과이기는 하다. 그러나 그렇다고 해서 이러한 양적 변화를 일으키는 미디어를 두고 뉴미디어라고 할 수는 없다. 왜냐하면 더 큰 새로움을 기대할 수도 있기 때문이다. 그리고 그러한 새로움으로부터 디지털 기술에 의한 매개를 뉴미디어라고 규정할 수 있을 것이다.

여기에서 뉴미디어 개념을 자주 사용하지 않은 달리를 비판하려는 것은 아니다. 다만 볼터와 그루신 그리고 달리와 같이 기술적 변화를

---

52) 앤드류 달리, 김주환 역(2003), 『디지털 시대의 영상 문화』, 현실문화 연구사, 107~108쪽.

양적으로만 판단한다면, 다시 말해서 기존의 기능을 확대하거나 추구되었던 미학이 실현되었다고 해서 그것에 새롭다는 의미를 부여하기에는 부족하다는 점을 말하고자 한다.[53] 특히 이후에 살펴보게 될 디지털 영화를 둘러싼 논의에서 표면적으로 나타난 디지털 영상의 환영적 특성에 천착할수록 뉴미디어의 새로움을 파악할 수 있는 기회는 줄어들게 될 것이다. 재매개는 비매개를 실현하려는 시도의 연장선에 있으며, 그만큼 크게 새로울 것은 없기 때문이다. 그런데 디지털 기술의 도입이 비매개와는 전혀 다른 방향의 변화를 유도한다는 입장을 유지하는 이론들도 상당히 있다. 그리고 이러한 입장에서 디지털 기술이 유발시키는 새로움을 이해할 수 있으며, 그 문맥에서 뉴미디어의 의미를 파악할 수 있다. 다음에서 그러한 논의들을 살펴보겠다.

4) 분산의 새로움과 뉴미디어

뉴미디어의 문제를 고찰하면서 단순히 시각적으로 더욱 명확하게 현실을 구현한다든지 혹은 예를 들어 편지를 더욱 빨리 보낼 수 있다든지 하는 양적 확장의 관점으로만 보지 않고 다른 관점을 고려할 수도 있는데, 특히 벤야민의 기술복제론에서 그러한 단서들을 발견하는 경우도 있다. 기술복제론이 사진이나 영화 같이 오래된 뉴미디어에 대해 논했음에도 불구하고 여전히 중요한 관점을 제공하기 때문이다.

---

53) 볼터와 그루신 그리고 달리가 단순하게 디지털 기술이 필연적으로 비매개적, 혹은 집중적 효과만을 불러일으킨다고 규정한 것은 아니다. 볼터가 언급하는 하이퍼매개 개념과 달리의 다의성 개념에서 다른 효과도 나타난다는 점을 알 수 있다. 달리의 다의성 개념에 대해서는 디지털 영화를 다루는 본 저서의 후반부에서 다시 다루게 될 것이다.

그러나 이들의 시도가 단순한 적용이라고 볼 수는 없으며 기술복제론을 출발점으로 하여 뉴미디어의 현상을 바라볼 수 있는 시각을 설정한다.

여러 이론가들 가운데 샤티에54)와 미첼W. J. T. Mitchell의 입장을 살펴보겠다. 그들이 벤야민의 기술복제론에서 주목하는 점들은 다음의 세 가지로 요약된다. 첫째, 아우라의 상실은 지속된다. 둘째, 가능성으로만 이해되어 왔던 수용자 역할의 확대가 실현된다. 셋째, 분산이라는 새로운 형태의 지각과 의식이 고무되며, 그것을 통해 새로운 소통의 의미가 확보된다. 이에 대해 차례로 알아보도록 하겠다.

벤야민 시대의 영화와 그 1세기 이후의 디지털 미디어를 비교하여, 그 의미를 고찰한 미첼의 의견을 살펴볼 필요가 있다. 미첼은 마노비치가 제시한 디지털 미디어의 가변성variability 개념과 비슷한 문맥에서 바이오사이버네틱스biocybernetics라는 개념을 제시하였다. 미첼의 논의를 요약하자면, 디지털 복제는 기계적 복제와 달리 지속적인 변형을 의미하는데, 그것은 마치 생명체가 성장하고 진화하는 멈추지 않는 움직임과 유사하다고 하였다. 그래서 그것을 벤야민이 말한 기술적인 복제 가능성technical reproducibility과 대비하여 디지털 변화 가능성digital malleability이라고 하였다. 바이오사이버네틱스 개념이 기술복제와 유사한 맥락에서 이해될 수 있으며 동시에 미세한 차이점도 있다는 것이 중요하다. 무한한 변형을 의미하는 증식, 복제라기보다는 생물학적인 생식reproduction에 가까운 디지털 원리의 작용은 기술적

---

54) Roger Chartier(2003), "From Mechanical Reproduction to Electronic Representation", Hans Ulrich Gumbrecht and Michael Marrinan(eds.), *Mapping Benjamin: The Work of Art in the Digital Age*, Stanford: Stanford University Press, pp. 109~113.

복제와 다를 수밖에 없기 때문이다. 그래서 미첼은 벤야민이 제시한 기술적, 공학적 복제의 특징이 더욱 확대된 결과로 디지털 변화 가능성을 설명하고 있다. 기술적 복제는 원본, 혹은 재현되는 대상이 지니는 현존성과 실체성에서 드러나는 아우라를 파괴하여, 원본과 복사본의 차이를 무효화한다. 디지털 복제품은 그 차이에서 나타나는 위계적 관계를 파괴할 뿐만 아니라, 오히려 그 복제품이 더 큰 가치를 지니게 된다. 원본과 복사본의 관계가 동등해지거나 역전됨으로 인해 시간적인 과거와 현재의 구분 또한 의미가 없어지는데, 현재의 복사본은 과거의 어느 것을 복사하거나 재현한 것이 아니라 현재의 복사본, 혹은 변형품 자체가 더 큰 가치를 지니기 때문이다. 모든 순간은 현재로서 존재하며 변형이 이루어지는 시점은 모두 단일한 하나의 사건이다.55)

왜냐하면 카메라에 의한 재현이 원본의 진품성과 시공간적인 단일함*originality and spatiotemporal uniqueness*을 제거하는데, 디지털 기술의 여러 기능들은 원본의 진품성을 더욱 희박하게 만들기 때문이다. 디지털 기술을 활용하는 사용자의 행위를 살펴보면, 벤야민이 생각했던 기술적 복제는 간단히 반복적으로 그리고 끝없이 이루어진다는 점을 쉽게 짐작할 수 있다. 이러한 상태에서 오리지널의 아우라가 사라지는 것뿐만 아니라 한 술 더 떠서 아예 아우라를 지닌 진품이 무엇인지조차 알 수 없게 된다.56) 따라서 벤야민이 말한 아우라 상실은 당연한

---

55) Mitchell, W. J. T.(2003), "The Work of Art in the Age of Biocybernetic Reproduction", *Modernism/Modernity*, 10(3), pp. 498~499.
56) Richard Shiff(2003), "Digitized Analogies", Hans Ulrich Gumbrecht and Michael Marrinan (eds.), *Mapping Benjamin: The Work of Art in the Digital Age*, Stanford: Stanford University Press, pp. 63~70.

것이며 여기에서 그치지 않고 또 다른 효과가 나타날 수 있다. 다시 말해서 진품성이 존재하지 않는 상태의 의미가 무엇인지 파악될 수 있는 개념이 필요하다. 이러한 개념설정의 필요성은 기계적 복제와 다른 디지털 변형을 이해하기 위해 벤야민의 이론으로 만족할 수 없음을 의미한다.

둘째, 기술적 복제로 인해 예술작품을 창작하는 작가와 그것을 받아들이는 수용자 사이의 관계가 달라진다. 그러나 이러한 변화는 기술적 복제가 아닌 디지털 변형을 통해서 더욱 심화된다. 그리고 이러한 변화, 혹은 심화는 예술작품의 경우에서만 발생하는 것이 아니다. 일상적인 텍스트나 매개물을 통한 소통의 경우에서도 화자와 청자, 전달자와 수용자 사이의 관계가 달라진다. 심지어 벤야민은 신문의 경우를 예로들기도 하였는데, 종이신문과 온라인 신문의 차이에 대한 많은 관심이 모아지고 있는 최근 동향을 생각해보면 이러한 벤야민의 지적은 시사하는 바가 크다. 리처드 쉬프*Richard Shiff*는 벤야민이 영화와 대중의 관계를 신문과 시민의 관계로 보았다고 설명한다. 그 관계는 "일간신문에서 독자에게 편집자가 될 수 있는 공간이 개방되면서 시작되었다. [그리하여] 저자와 공중의 구분은 그 기본적인 특성을 잃게 된다".57) 쉬프는 벤야민의 이러한 생각이 디지털 환경에서 나타나는 시뮬레이션, 혹은 가상공간*virtual reality*의 의미를 선취하였다고 주장한다. 그런데 그렇게 멀리 가지 않더라도 최근 그 중요성이 점차 확대되는 온라인 신문의 특성을 생각해볼 때, 저자와 독자의 경계가 무너지고 서로 융합되며 희석되는 현상은 새롭다고 말하기에 충분하다. 벤야민은 아우라

---

57) *Ibid.*, p. 70.

의 상실을 유발시킨 영화의 기계적 기술의 활용으로부터 수용자와 생산자의 관계가 새로운 국면에 접어들었다고 하지만, 사실 이러한 새로움은 디지털 신문, 혹은 온라인 신문에서 더욱 증폭된다.

셋째, 디지털 기술로 인해 기계적 복제로 유발되었던 아우라의 파기와 수용자의 영향력 증대는 결국 분산이라는 인지적인 특성을 만들어낸다. 벤야민에게 분산이란 특정한 대상으로 집중되는 지각이 촉각과 같은 다른 감각을 통해 이완되는 형태의 지각을 말한다. 그러한 이완을 유발시키는 것이 기술적 복제인데, 디지털 복제는 그러한 이완을 더욱 활성화시키는 기능을 한다. 이러한 상태에서는 예술작품에 내재된 (일상적인 재현도 마찬가지인데) 창작자의 의도가 수용자에게 그대로 전달될 가능성이 매우 적어진다. 따라서 분산되는 상황에서 작가가 누렸던 특권이 희박해지는 결과가 나타난다.

앞에서 살펴본 바와 같이 벤야민이 제시한 분산과 기술의 연관 관계를 디지털 기술에 적용하려는 몇몇 이론가들의 시도는 시사하는 바가 크며, 아울러 디지털 기술이 지니는 뉴미디어로서의 의미를 이해하는 데 도움이 된다. 그들이 뉴미디어의 문제를 이론적으로 다루면서 많은 다른 논자들처럼 집중의 방향으로 관점을 설정하지 않고 그와는 반대의 의미를 지닌 분산 쪽으로 방향을 잡았다는 점이 특징적이다. 그것이 벤야민에 주목하는 이유일 것이다. 그러나 벤야민처럼 디지털 기술을 몰랐던 초기 미디어 이론가들의 진보적인 사유가 디지털 기술시대에도 여전히 유효하다는 점만으로 뉴미디어의 개념 구성을 끝마칠 수는 없다. 그래서 필자는 분산의 의미를 구체적으로 파악하기 위해 다음과 같은 사항에 대한 논의가 중요하다고 생각한다. 첫째로 기술과 미디어에 대한 개념적 이해가 심화되어야 하며 둘째로 기계적 복제가 아닌 디지털의 원리가 설명되어야 한다. 부연설명을 하면 다음과 같다.

첫째, 분산의 특성을 띤 미디어의 활용을 두고 그것을 뉴미디어로 규정하기에는 그 논리가 미흡하다. 예를 들어 분산과 집중의 관점에서 미디어를 바라보는 경우에 분명한 사실은 한 가지 관점은 다른 관점과 서로 조화되지 않는다는 것이다. 즉 어느 한 가지를 택할수록 다른 한 가지는 잘못된 것으로 이해할 수밖에 없다. 둘 다 동시에 미디어의 효과로 간주할 수 없을 정도로 그 의미에서 서로 상반된다. 앞으로 이 문제 역시 다루어보고자 하는데, 이를 위해 니클라스 루만의 미디어론을 자세히 살펴볼 것이다. 루만은 체계 이론가로 알려져 있지만, 그가 설명하는 체계의 의미는 미디어와 밀접하게 연관되어 있고, 또한 그것을 통해 미디어의 분산성과 집중성이 서로 대조를 이루는 현상도 아울러 이해할 수 있다. 루만의 체계 이론에서 주목할 점은 체계의 작동은 필연적으로 체계의 와해, 혹은 다른 체계로 전이될 수 있는 가능성을 유발시킨다는 설명이다. 예를 들어 자본주의적 경제체계의 과열은 인플레이션을 일으키거나 빈부격차를 초래하여 정치적인 개입을 필연적으로 발생시킨다. 루만에 따르면 자본이라는 경제체계의 미디어는 권력이라는 정치체계의 미디어에 의해 분산되고, 진리라는 학문체계의 미디어는 도덕이라는 종교체계의 미디어에 의해 '분산'되는데, 이러한 과정은 필연적이라고 할 수 있다. 이러한 체계의 (폐쇄적) 개방성에 대한 설명은 루만의 체계 이론에서 특징적이면서도 매우 섬세하다.

인간의 인지의 경우에도 마찬가지이다. 우리가 대상에 집중하여 그것을 관찰하면 할수록, 그러한 집중으로부터 빠져나와 우리 자신을 되돌아보며 반성하려는 의식작용을 하게 된다. 영화를 집중하여 보다가도 영화관에 나오면 집중했던 자기 자신을 관조하기도 하고, 또 사랑에 빠져서 열정적으로 누구에게 헌신하다가도 세월이 지나면, 자신이 너무 정신이 없었음을 후회하며 자각하게 된다. 앞서 미디어의 작용이 무엇인가에 집중시키거나 혹은 그러한 집중이 분산되는 결과를 가져온다고 하였는데, 이렇게 루만의 체계 이론에 따르면 두 가지 작용이 분명히 존재하지만 집중은 필연적으로 분산을 유발시킨다.

둘째, 기술적 복제론을 이어받아 디지털 복제론을 제시하는 이론가들의 설명에서 그러나 아직도 디지털 기술이 무엇인가에 대해서는 명확히 알 수 없다. 그리고 그 원리가 무엇이기에 기술적 복제의 의미를 더욱 확대하여 해석할 수 있으며, 아울러 잠재적인 가능성을 실현시킬 수 있는지 이해하기 어렵다. 벤야민이 고찰했던 기술적 복제는 사실 기계적 복제를 말한다. 따라서 샤티에가 말한 '전자적 복제*electronic reproduction*', 즉 디지털 기술에 의한 복제의 원리는 사진이나 영화와 같은 기계적(혹은 화학적) 복제와는 다르기 때문에, 디지털 복제에 대한 명확한 이해가 이루어진 연후에 벤야민의 착안을 다시 한 번 생각해보는 작업이 필요하다. 기술 활용의 분산적 특성에 대해 논의한 여러 이론가들, 특히 벤야민의 관점을 다룬 이들은 디지털 복제를 여러 가지 상이한 용어로 표현한 바 있다. 미첼은 변화 가능성*malleability*, 쉬프는 렌더링*rendering*이라는 용어로 디지털 기술에 의한 작업을 표현하였다. 그러나 디지털 기술이 지니는 분산의 의미를 적절한 용어로 파악하기 위해 플루서의 미디어론을 살펴보는 것이 더 효과적인데, 이 점 또한 다루게 될 것이다.

3. 개방적 체계와 뉴미디어

1) 미디어와 형식, 체계의 증식

다음에서 뉴미디어의 개념의 내적인 논리를 명확히 하기 위해 루만의 체계 이론을 살펴보고자 한다. 앞에서 인간의 의식을 외부 의식과 자기의식, 달리 표현하면 반영적 의식과 성찰적 의식으로 구분하여 보았고 아울러 반영된 대상에 집중하는 상태가 있으면 그것으로부터 성찰적 의식으로 분산되는 상태가 있음을 살펴보았다. 이러한 맥락에 대해 알아보기 위해 루만의 체계 이론으로 그것을 설명할 것이다. 아울러 더 중요한 문제, 집중과 분산의 관계에서 미디어의 역할이 있다는 점도 체계 이론의 관점에서 설명할 것이다. 그리고 이러한 설명을 바탕으로 뉴미디어 개념을 설정할 것이다. 사실 대상을 인지하는 의식을 두 가지로 구분하고 그 사이에는 어떠한 움직임이 있다는 생각은 구성주의적인 관점에 입각한 것이며 루만의 체계 이론도 구성주의적인 인식론에 기초를 두고 있다. 따라서 집중과 분산의 문제를 체계 이론으로 살펴보는 일은 그렇게 새롭지 않은데, 다만 뉴미디어 개념이 그 이론 전개에서 어떻게 해석될 수 있는지의 문제가 중요하다.

사실 인간의 의식을 구성주의적으로 생각할수록 미디어의 의미는 더욱 커진다. 왜냐하면 구성주의적인 관점으로 보자면 대상은 인간에게 투명하게 반영된다기보다 어떠한 과정과 작용을 통해 인지되는 것이기 때문이다. 그만큼 중간단계의 매개나 중계의 의미가 부각되며 이에 미디어의 역할에 관심이 갈 수밖에 없다. 벤야민이 분산적 지각이라는 새로운 인지 방식에 주목하면서 미디어에 대해, 아울러 구체적으로 영화 미디어의 문제에 대해 고찰하였다는 점도 우연이 아니다. 그런데 사실 벤야민은 미디어라는 말보다는 기술적 복제라는 말을 사용하였다. 누가 그 말을 했는지 안했는지는 중요한 문제가 아니지만 벤야민은 미디어라는 말을 사용하지 않았을까 궁금하다. 그런데 알고 보면 그의 미디어 개념은 언어에 대한 고찰에 숨어 있다. 그리고 그것은 기술적 복제와 그 의미에서 유사한 맥락에서 이해할 수 있다, 언어는 다양한 의미를 지니며 다양한 이론으로 설명되겠지만 벤야민은 그가 생각하는 언어가 곧 미디어라고 하였다.

한 정신적 존재에서 전달 가능한 것, 바로 이것 속에서 그것이 전달된다. 즉 모든 언어는 자기 자신을 전달한다. 또는 더 정확히 말해 모든 언어는 자기 자신 속에서 전달되며, 언어는 가장 순수한 의미에서의 전달의 매체이다. 이 매체적인 것, 이것이 모든 정신적 전달의 직접성이며 언어 이론의 근본문제이다.[58]

사실 언어가 다른 것을 전달하지 않고 자기 자신을 전달한다는 설명은 우리에게 익숙하지 않다. 그리고 언어를 통해서 무엇인가가 전달되는 것이 아니라 언어 '안'에서 무엇이 전달된다는 설명도 그러하다. 그리고 벤야민은 바로 그럴 때에 언어가 미디어라고 하였다. 이것은 벤야민의 언어 이론에, 혹은 미디어 이론에 핵심적인 점이라고 생각되는데, 이 이론에 의하면 미디어는 도구나 수단이 아닌 다른 어떤

58) 발터 벤야민, 최성만 역(2008), 「언어일반과 인간의 언어에 대하여」, 『발터 벤야민 선집』 6, 길, 75쪽.

것이다. 그리고 자기 자신과 관계되어 있다. 이 어려운 벤야민의 미디어 개념을 해석하면서 사무엘 베버*Samuel Weber*는 벤야민에게 미디어는 일종의 잠재성*virtuality*이라고 보았다. 미디어는 항상 잠재되어 형태가 없지만, 그것은 보이지 않는 곳에서 어떠한 작용을 한다는 취지의 설명이다. 그리고 그 미디어는 잠재되어 있기에 관찰할 수 없으며 그것을 관찰하려면 미디어가 다른 것으로 변형되어야 한다. 그런데 그러한 변형의 결과로 그것이 과거에 미디어였음을 이해할 수는 있지만 변형된 이후의 어떤 것이 미디어일 수는 없다.[59] 요아힘 페히*Joachim Paech*는 다음과 같이 설명한 바 있다.

> 미디어는 형식에서 흔적으로서 존재하는 것이며 사물로서는 존재하지 않는다. 흔적인 사물에 대한 기억이며, 그 기억은 미디어가 형식으로 변모하면서 이루어진다. 형식으로부터 흔적은 또 다시 사물을 지시하게 되는데, 그 때문에 사물은 그것의 형식에서 자신이 미디어였음을 깨닫게 된다.[60]

주로 1990년대 이후 독일의 미디어학자들이 주목했던 이 미디어의 개념은 필자가 보기에 가장 섬세하고 정확하게 구성된 미디어 개념이라고 생각된다. 그리고 그만큼 뉴미디어의 개념적 고찰을 위해 유용하다. 그것이 미디어 개념 구성을 위한 유일한 방법은 아닐 수도 있겠지만 미디어, 자기 전달, 잠재성, 변형, 그리고 보이지 않는 미디어의

---

59) Samuel Weber(2000), "The Virtuality of Media", *Emergences*, 10(1), pp. 37~54.
60) Joachim Paech(2008), "'Haben die Dinge Umrisse?': In ihren Formen 'wissen' die Dinge als Medien", *Jahrestagung der Gesellschaft für Medienwissenschaft*, Institut für Medienwissenschaft, Ruhr-Universität Bochum, p. 3.

작용과 같은 이론적 복잡함을, 그리고 이 개념에 기반한 뉴미디어 개념을 파악하기 위해 필자는 루만의 미디어론을 검토해볼 것이다. 잠재성으로 요약되는 벤야민의 미디어론, 그리고 1990년대 이후 (주로 독일에서) 미디어학이 성립되면서 조명된 미디어론을 파악하기 위해서 체계 이론에서 말하는 체계와 미디어의 의미에 대해 살펴보고자 한다. 이를 위해 루만의 이론에서 가장 중요한 체계에 대한 이해부터 시작하도록 하겠다.

루만의 체계 이론에서 가장 중요한 점은 체계들이 서로 달라서 독자적이면서도 차별적인 기능을 제각기 실행하는 것이 아니라는 점이다. 앞에서 외부 의식과 자기의식이 서로 다르지만 어떠한 관계를 맺고 있다고 하였는데, 이러한 설명과 비슷하게도 여러 체계들은 서로 구분되어 있으면서도 연결되어 있다. 여러 체계들이 예를 들어 경제나 정치, 혹은 문화 같은 사회체계들이 서로 다르다고 생각하기 쉬운데, 루만에 따르면 체계들은 단순히 기능에 따라 구분되는 것이 아니라 서로 어떠한 필연적 연관성 하에 놓여 있다. 그러한 연관성은 관찰 *Beobachtung, observation*이라는 개념으로 이해할 수 있다.

루만에 따르면 하나의 체계는 독자적인 기능을 수행하는 것뿐만 아니라 다른 하나의 체계를 관찰하는 위치에 놓여 있다. 예를 들어 정치체계는 경제체계를 관찰하는 위치에 놓여 있으며, 학문체계는 정치체계를 관찰하는 위치에 놓여 있으며, 또한 종교체계는 학문체계를 관찰하는 위치에 놓여 있을 수 있다. 그렇게 하나의 체계는 다른 체계를 관찰하기 위해 구성된 것이다. 그리고 그렇게 구성된 체계도 또 다른 체계에 의해서 관찰될 수 있다. 하나의 체계 구성은 반드시 선행된 체계의 관찰을 염두에 둔 결과이며 바로 그 체계는 필연적으로 다른 체계의 구성을 파생시키다. 그러한 체계의 진화 가능성을 자기증식*autopoiesis*이라고도 한다. 체계의 생성은 필연적으로 그리고 '스스로' 이루어지기 때문이다. 다시 말해서 무엇인가를 관찰하는 자는 다른 자에 의해서 관찰될 수 있으며, 또 그 다른 자는 또 다른 자에 의해 또 관찰될 수 있기 때문이다.

반드시 그렇지는 않지만 관찰을 통제라고 표현하면 더욱 이해가 간편하다. 예를 들어 무엇인가가 아무리 경제적 효율이 뛰어난 기능을 한다고 하더라도 그것은 정치적인 정당성 관점에서 제한될 수도 있다. 이러한 현상은 정치체계가 경제체계를 관찰, 혹은 통제하고 있기 때문에 나타난다. 선거철이 되면 주가가 오르거나 또 떨어지기도 하는데, 이러한 현상은 경제적인 관점으로만 설명될 수 없다. 또 다른 예를 들면, 아무리 학문적 성과가 뛰어난 연구라고 하더라도 우리는 연구윤리의 측면에서 혹은 종교적인 이유에서 그러한 연구를 포기하는 경우가 있다. 진리를 탐구하는 학문 활동은 도덕성이나 종교에 의해 제한될 수 있는데, 그것은 종교체계가 학문체계를 관찰하는 위치에 있기 때문에 발생한다. 물론 어느 체계가 상위에 놓여 있다는 점이 불분명한 경우도 있으며 따라서 체계의 우선순위에 대해 우리는 간혹 논쟁을 벌이기도 한다. 어떠한 사안에 대하여 우리는 효율을 중시할지 혹은 정당성을 중시할지 고민하는 경우가 있는데 이러한 경우도 루만에 따르면 체계의 혼선에서 비롯된 결과이다. 혹은 달리 말하면 어떠한 것이 관찰대상이 되어야 하는지 그리고 관찰주체가 되어야 하는지의 결정이 이루어지지 않았기 때문이다. 그리고 관찰의 시점에 의해 체계가 결정되면 체계 내부에서는 균일한 작동*operation*이 이루어지며, 그곳에서 두 가지 체계가 공존할 수는 없다. 체계의 기능적 분화*functional differentiation*는 이 때문에 발생하는 것이다.

　그런데 루만의 체계 이론에서 흥미로운 점은 작동이란 기능의 발휘가 아니라 체계들 간의 구분일 뿐이라는 사실이다. 그러한 구분은 체계들 간의 연관성, 즉 자기증식을 보장해준다. 그리고 구분을 통하여 체계의 한계와 경계가 설정되고 또한 체계의 영역들이 만들어진다. 우리의 학문연구가 연구대상과 연구자를 엄격히 구분하지 않으면 이루어질 수 없다는 점을 예로 들 수 있다. 즉 연구자는 관찰자가 되고 연구대상은 관찰대상이 되는데 이 둘 사이가 나뉘어져야 체계가 형성되고 학문이 연구된다. 구분이 없이는 모순에 빠지는 상황이 벌어지기 때문이다. 구분이란 결국 자기를 관찰하고 자기를 연구하거나 자기의 선입관이 연구에 영향을 미치는 상황, 즉 역설적 상황을 벗어날 수 있도록 해주며 그러한 상황을 체계 내부에서 제외시켜 준다.

　미디어는 이러한 체계들의 관계에서 매우 중요한 역할을 한다. 미디어는 체계의 작동*system operation*, 즉 구분을 하는 데 결정적인 역할을 한다. 즉 미디어는 목적을 위한 수단이거나 특정한 기능을 수행하기 위한 어떠한 보조역할을 담당하는 것이 아니라, 체계의 구분, 혹은 구별과 밀접한 관계가 있다. 그리하여 어떠한 미디어가 활용되고 있는가를 간파한다면 지금 어느 체계가 작동하고 있는가 알 수 있다. 그리고 미디어가 변형됨에 따라 체계는 증식하게 된다. 간단히 말하여 미디어는 본디 그 모습이 잘 변화하는 특성이 있는데, 예를 들어 레고 조각이나 밀가루 반죽처럼 물렁물렁하고 느슨하게 되어 있는 특성을 말한다. 그리하여 그 모습이 자유자재로 변화하면서 그러한 변화에 따라 자연스럽게 하나의 체계는 다른 체계로 변화, 혹은 진화하게 된다. 미디어의 유동성은 체계들 사이의 관계와 진화를 보장해준다고 볼 수 있다.

　매체 개념의 모델로서 일반적으로 모래가 언급된다. 모래는 손이나 발, 혹은 몸의 형태대로 자국이 남는, 계속 변화하는 형식을 가지고 있다. 여기서 결정적인 것은 재료로서의 모래의 용도가 아니라, 이렇게 상이한 형식들을 각인하는 느슨한 표면 상태라는 특성이다. 그 때문에 이 형식은 바람에 의해서나 혹은 바닷가에서는 다시 빠르게 사라져 버린다.61)

　예를 들어 보겠다. 우리가 추운 겨울 깊은 산속에 고립되었다고 가정해보면, 지갑에 돈까지 태워 불을 지펴야 할지도 모른다. 그런 일이 없기를 바라지만 이러한 경우 돈은 경제활동을 보장하는 미디어로 더 이상 기능할 수 없고 땔감으로서 미디어가 된다. 결국 무엇이 미디어인지는 특정한 환경과 그 환경 안에서 작동하는 체계가 결정할 일이고, 따라서 미디어는 우리가 지금 어느 체계에 놓여 있는지 알려준다. 같은 돈이라고 하더라도 대가를 지불하는 경우와 연료로 사용되는 경우는 각기 다르기 때문이다. 그러나 우리가 돈을 태우는 일은 거의 없고, 돈은 경제활동의 미디어라고 생각한다. 왜냐하면 그러한 경우가 더욱 일반적이기 때문이다. 따라서 그것을 상징적으로 일반화된 미디어*symbolisch generalisierte Medien*라고 한다.62) 상징일반 미디어는 사회체계 구성에 결정적인 역할을 하는데, 이에 대해서는 다음 챕터에서 알아볼 것이다.

---

61) 디터 메르쉬, 문화학연구회 역(2009), 앞의 글, 234쪽.
62) 앞으로 상징일반 미디어라고 간단히 쓰도록 하겠다.

그런데 돈을 태우는 예에서 우리는 미디어에 대한 두 가지 중요한 특징을 유추할 수 있다. 첫째, 어떠한 체계 안에서 미디어로서 기능하다가 그 체계가 다른 체계로(즉 2차 질서의 체계로) 진화하게 되면 그 다른 체계에서는 미디어가 물리적인 속성을 지니게 된다. 그래서 경제체계에서 화폐로 사용되어 오던 미디어는 그 체계 내부에서는 불에 탈 수 없는 것이었다가 다른 체계에서는 불에 탈 수 있는 물리적인 것으로 변화하게 된다. 물리적인 것은 우리의 손에 쥘 수 있고 불에 태울 수 있을 정도로의 형태를 지니는데 루만은 그것을 형식*Form*이라고 하였다. 그러니까 화폐는 미디어이거나 형식이 될 수도 있는데, 그것의 결정은 그것이 기능하는 체계에 달려 있는 것이다. 그리고 미디어가 경제체계에서는 형식이 아니기 때문에 루만 그것은 느슨한 연결*lose Koppelung* 상태라고 하였고 반면에 미디어가 형식이 되면 그것은 굳건한 연결*strikte Koppelung* 상태라고 하였다. 즉 미디어는 연결 상태에 따라 미디어였다가 혹은 형식이 되기도 한다. 이러한 속성을 루만은 미디어와 형식의 우연적인*contingent* 관계라고 하였다.

둘째, 화폐가 다른 체계에서는 형식이겠지만 애초에 그것이 작동하는 경제체계에서는 하나의 명백한 미디어로서 특징을 지니는데, 그것은 반대로 형식성, 혹은 물리적 속성을 지니지 않게 된다. 그리하여 경제체계 안에서 그 화폐는 종이로 만들어졌든지, 혹은 금속으로 만들어졌든지, 심지어는 인터넷 뱅킹을 할 때처럼 단순하게 모니터에서 숫자로 표시되든지 아무런 관계가 없다. 다만 그것이 화폐가치를 상징할 수만 있다면 물리적 속성은 문제가 되지 않는다. 루만은 이러한 미디어를 상징일반 미디어라고 하였다. 여기에 '일반적'이라는 모호한 의미를 접하게 되는데, 그것은 문화이기도 하고 관습이기도 하지만 루만은 특히 코드화Codierung라는 말을 한다. 문자가 검은 점이지만 복잡한 약속에 의해 미디어가 되듯이 종이쪽지가 화폐 같은 상징일반 미디어로 되려면 약속, 즉 코드화가 필요하다. 상징일반 미디어가 체계 내에서 작동함으로써 체계는 안정되고 관찰의 질서는 고정된다. 그런데 돈을 불태우는 경우, 즉 관찰을 관찰하는 경우, 즉 체계를 둘러싼 환경이 체계 자체로 바뀌는 경우도 역시 존재함을 잊지 말아야할 것이다. 맥루한이 미디어는 메시지라고 하였고 미디어는 다른 미디어의 내용이라고 한 말은 이러한 문맥에 잘 들어맞는다. 미디어는 상징적으로 일반화되어 특정한 체계의 작동에 결정적인 요소로 작용하지만 다른 체계에서는 거꾸로 일반성이 사라지고 물리적인 대상성을 지니게 된다. 루만은 사회학자로서 상징일반 미디어에 대해 상당히 자세한 설명을 한다.63)

2) 상징적으로 일반화된 미디어: 체계의 안정성

첫째, 체계 내부에서 일반적으로 통용될 수 있도록 되어 있고, 그리고 둘째, 물리적인 속성과 관계없는 보편적 속성을 지니면서 상징적으로만 작용하는 미디어를 상징적으로 일반화된 미디어라고 한다. 상징일반 미디어는 애초에 탈콧 파슨스Talcott Parsons에 의해 제안되었다고 전해지는데, 루만이 그것을 더욱 섬세하게 구성하였으며 아울러 사회체계의 작동에 중요한 의미를 부여하였다. 그리하여 추상적인 어떤

---

63) Niklas Luhmann(1974), "Einführende Bemerkungen zu einer Theorie symbolisch generalisierter Kommunikationsmedien", *Zeitschrift für Soziologie*, 3(3), pp. 236~255.

것도 미디어일 수 있다는 생각을 할 수 있게 되었다. 상징일반 미디어가 성립됨으로 인해 특정한 체계가 작동하며 유지되는데, 다시 말해서 커뮤니케이션을 가능하도록 한다. 루만이 체계의 작동을 커뮤니케이션이라고 간주하는 점을 미루어볼 때 체계 이론에서 미디어와 커뮤니케이션이 사회체계에 대한 설명을 위해 결정적으로 중요하다는 점을 알 수 있다. 커뮤니케이션이란 단순히 정보가 수용되어 어떠한 효과가 나타나는 것을 말하는 것이 아니라 경제나 정치, 혹은 학문과 같은 다양한 체계가 다른 체계와 구별되어 혼선되지 않도록 유지하는 것인데, 따라서 커뮤니케이션은 체계의 작동을 가능하게 해줌과 동시에 그 체계를 다른 체계와 구분시켜 주는 역할을 한다. 그런데 이러한 과정에서 상징일반 미디어가 필요하다.

커뮤니케이션을 행하는 두 사람(혹은 그 이상)이 경제활동을 하도록 혹은 정치활동을 하도록 정해져 있다면 별 문제가 되지 않겠지만 그것이 정해져 있지 않다면, 한 사람은 다른 이에게 특정한 활동을 하자고, 혹은 그것에 대해 대화하자고 제안해야 할 것이다. 루만에게는 이렇게 선택을 조건화하는 것 또한 커뮤니케이션인데, 왜냐하면 누구나 상대방의 제안을 거부할 수 있다는 점을 아울러 생각해야 하기 때문이다. 그러한 거부의 권한이 없으며, 특정한 체계가 이미 정해져 있다고 전제할 수 없다. 그러나 이러한 전제는 도덕이나 정당성의 명분으로도 형성될 수 없다.[64] 체계를 전제하지 않음으로 인해 사회의 다양

---

64) 소통의 거부도 일종의 커뮤니케이션일 수 있다는 점에서 체계 이론적 커뮤니케이션론이 하버마스의 의사소통의 합리성론과 다르다. 사례분석과 함께 이러한 문제를 다룬 다음의 논문을 참조할 수 있다. 김영빈·한혜경·김무규(2015), 「선택의 토대와 거부의 소통: 안녕들 하십니까 현상과 루만의 체계 이론적 커뮤니케이션」, 『한국언론정보학보』 71, 224~249쪽.

성을 포괄할 수 있는 기회가 주어진다. 루만은 이러한 선택의 다양성, 즉 우연성contingency의 확산이 현대modern 사회의 핵심적인 특징이라고 아울러 설명한 바 있다.[65] 아무래도 봉건사회처럼 특정한 이념에 혹은 종교에 점철된 사회에서는 우연성이 크지 않을 것이고 그만큼 커뮤니케이션의 개연성도 축소될 것이기 때문이다. 체계의 성립은 혹은 사회의 구성은 어떠한 체계를 구성할 것인지 하는 선택을 통해 이루어지는데, 그 과정은 한마디로 커뮤니케이션이다. 사회체계는 선택을 제안하여 그 가능성들을 조건화하려는 한 사람과 그것을 받아들여 그에 동조하는 다른 사람, 이 서로 다른 두 개체로 이루어져야 하기 때문이다. 다시 말해서 커뮤니케이션 상황에서 다른 사람은 "불가피하게 타인의 자아중심 세계 설계를 확증하거나 거부해야 하는 양자택일에 직면하게 된다".[66] 그런데 타자의 동조를 요구하는 사람은 타자로 하여금 선택의 조건화와 동의하도록 동기를 유발시켜야 하는데, 즉 "선택의 조건화를 동기유발의 요인으로" 만들어야 하는데 여기에서 필요한 것이 미디어, 즉 상징적으로 일반화된 미디어이다.[67] 상징일반 미디어는 체계 구성의 동기유발을 위한 어떠한 것인데, 그렇기 때문에 그것에는 실체가 없고 추상적이고 다만 그러한 기능을 행할

---

65) 하버마스는 현대는 계몽의 기획이 아직 완결되지 않은 상태라고 주장하였는데. 복잡성과 다양성을 현대의 특성이라고 보는 루만의 현대에 대한 이해와 대조적이다. 이에 대해 다음을 참조할 수 있다. Jürgen Habermas(1994), "Die Moderne—ein unvollendetes Projekt", Wolfgang Welsch(ed.), *Wege aus der Moderne: Schlüsseltexte der Postmoderne-Diskussion*, Berlin: Akademie, pp. 177~192; Niklas Luhmann(1992), "Kontingenz als Eigenwert der modernen Gesellschaft", *Beobachtungen der Moderne*, Opladen: Westdeutscher Verlag, pp. 93~128.
66) 니클라스 루만, 정성훈·권기돈·조형준 역(2009), 『열정으로서의 사랑: 친밀성의 코드화』, 새물결, 39쪽.
67) 니클라스 루만, 장춘익 역(2013), 『사회의 사회』, 새물결, 379쪽.

수 있는 것이다. 그리하여 필연적이라기보다는 기능적이며, 또 그 때문에 상징적으로만 작용한다. 즉 미디어란 커뮤니케이션의 성립을 위한 조건이다.

루만은 매우 복잡하며 다양한 사례를 분석적으로 언급하는데, 그렇게 해도 되는지 잘 모르겠지만, 아주 단순하게 설명하면 다음과 같다. 한 사람 경제활동을 하자고 제안하면 그는 화폐를 미디어로 사용한다. 이러한 문맥에서 다른 사람은 그것이 경제적으로 득인지 실인지만을 판단하면 된다. 다른 판단을 개입시킨다면 그것은 커뮤니케이션을 거부하는 것이고 다른 체계로 비켜 가고자 하는 의도가 있는 것이다. 만약 동조한다면 특정한 체계가 구성되어 경제적으로 활동하거나 소통할 수 있는 상황이 마련된다. 이 때 화폐는 실체도 없고 물질성도 없으며, 즉 형식을 갖추고 있지 않은 상징적 미디어이다. 또 반대로 가치가 상징일반 미디어로 제시되면 어떠한 것이 가치로운지 그렇지 않은지를 고려하게 되며 경제적 득실을 생각하지 않게 된다. 따라서 가치라는 상징일반 미디어는 현재 커뮤니케이션의 참여자들이 다른 어떤 체계가 아닌 법적, 혹은 도덕적 체계에 놓여 있음을 입증해준다. 선택은 매우 우연적으로 이루어지지만 손뼉을 치듯 같은 미디어를 서로 공유하면 커뮤니케이션에 참여하는 두 사람에 의해 체계는 만들어진다.

결국 여러 사람들 사이에서 소통이 이루어질 가능성을 적을수록, 다시 말해서 비개연성이 확대될수록 상징일반 미디어는 더욱 큰 역할을 하게 된다. 왜냐하면 체계가 혼재하여 복잡해지고 여러 사람들이 서로 해결해야 할 문제들이 많아질수록 상징일반 미디어의 종류는 더욱 다양해지기 때문이다. 루만은 체계가 진화하는 과정을 (다시 말해서 상징일반 미디어가 많아지는 과정) 역사적으로 서술하는 부분에서 왜 현대에 접어들어 미디어의 문제가 확대되는지를 설명하는데, 이 부분에서 루만의 정교한 분석은 참고할 만하다.[68]

아울러 상징일반 미디어가 지니는 추상성과 변화 가능성에 대한 이해는 필자가 보기에 푸코*Michel Foucault*의 담론 이론과 맥을 같이 하는 것 같다. 푸코는 진리를 탐구하는 학문체계가 권력으로 변모, 혹은 변질되는 서구 근대화의 역사적 배경에 대해 많은 설명을 하는 것으로 알려져 있다. 별 의미 없는 진리나 법, 종교 등과 같은 추상적인 관념(담론)들이 어떻게 역사적인 맥락에서 큰 힘을 발휘하게 되고 또 힘을 잃게 되는지에 대한 설명은 상징일반 미디어의 문맥에서 아울러 파악될 수 있다. 다만 루만은 푸코가 계몽에 대한 공격에만 주력하였다고 비판하는데, 그가 보편적인 이론의 요구에는 담론 이론이 부족하다는 입장을 취했다고 생각된다. 즉 어떠한 사회체계와 그 체계하에 통용되는 미디어는 항상 절대적인 것이 될 수 없고 변화의 과정을 필연적으로 겪게 된다. 그것은 합리성의 시대에만 국한되는 것은 아니다.

이러한 문맥에서 중요한 점은 특정한 미디어의 반복적인 활용, 혹은 다른 미디어의 유입을 허용하지 않는 폐쇄적 활용은 자연스럽게 다른 미디어의 생성을 유도하며 그것은 다른 체계의 구성을 촉진시킨다는 사실이다. 간혹 부패한 정치인의 집을 압수수색하여 돈다발이 발견되었다는 뉴스를 심심치 않게 접하게 되는데, 이때 발견된 돈뭉치는 경제체계에서 말하는 상징일반 미디어가 더 이상 아니다. 오히려 그것은 법체계나 도덕체계에 의해 통제를 받게 된다. 즉 화폐미디

68) 위의 책, 392~422쪽.

어의 형식화는 가치나 규범이라는 새로운 상징일반 미디어가 통용되는 법체계나 도덕체계를 유발시킨다. 미디어와 형식의 우연적인 관계는 결국 다양한 체계가 와해되고 또 성립될 수 있도록 하는 근본적인 원인이다. 종교체계에서는 믿음(믿을 것인가 믿지 않을 것인가)이 상징일반 미디어로 작용하는데, 그러한 종교 의식에서는 눈에 들어오지 않던 믿음에 물리적 속성이 부여되면(토속신앙의 경우 굿판, 빙의 등) 믿음은 더 이상 미디어가 아니며, 오히려 합리성과 같은 또 다른 상징일반 미디어가 작용하는 정치체계에 의해 통제를 받게 된다. 결국 미디어의 근원적인 특성인 잠재성은 체계의 자발적인 진화를 유발시킨다. 미디어의 시간적인 변화에 대해서는 맥루한도 지적한 바 있다. 그는 어떠한 미디어의 지속적 활용은 내파implosion, 혹은 외파explosion를 일으킨다고 말한 바 있다. 체계의 폐쇄적인 작용은 과열을 일으키며 과열은 결국 다른 체계로의 진화로 귀결된다. 과열은 식혀지게 마련이며, 차가운 것은 데워지게 마련인데, 이러한 문맥에서 맥루한은 그것을 핫미디어와 쿨미디어의 관계로 설명하였다.

앞에서 정치나 경제와 같은 체계의 예를 드문드문 언급하였는데, 사실 이 두 체계에 대해 집중적으로 다루기에 앞서 루만은 흥미롭게도 사랑이라는 상징일반 미디어를 논하였다.[69] 다음에서 사랑이 왜 미디어인지, 그리고 사랑이 미디어가 됨과 동시에 왜 그것이 형식화되어 와해되는지 알아보려고 한다. 우선 사랑이라는 것은 어떠한 대상을 지칭하는 말이 아니다. 어떠한 감정을 가리킨다고 생각할 수 있으나, 그것보다 더 중요한 것은 양자 간에 소통이 이루어져야 그 감정

---

69) 니클라스 루만, 정성훈·권기돈·조형준 역(2009), 앞의 책.

을 사랑이라고 할 수 있으니 반드시 감정만을 사랑이라고 할 수 없다는 점이다. 다시 말해서 타인의 주관적인 행위나 의식을 받아들여야 성립될 수 있는 소통의 한 유형이며, "사랑은 주관적으로 체계화된 타인의 세계준거를 내면화하는 일이다."[70] 사회의 구성과 소통은 항상 타인에 의해 거부될 수 있는 가능성이 있기 때문에 매우 불확실하다. 그러나 앞에서 상징질서 미디어를 통해 동기유발이 이루어지고 그러한 미디어의 통용이 타인에 의해 받아들여지면 소통이 이루어지고 또한 그러한 미디어가 작용하는 범위 내에서 체계가 구성된다고 설명한 바 있다. 사랑의 경우도 마찬가지이다. 사랑의 동기유발은 고백이나 유혹으로 이루어지는데, 그것의 성공을 보장하는 상징질서 미디어는 사랑을 하는가 그렇지 않은가의 코드로 진행된다. 그 코드가 공유되면 커뮤니케이션의 참여자는 하나의 체계에 귀속된다.

코드가 공유되는 것만으로 사랑체계가 만들어진다는 설명에 대해 의문이 있을 수 있다. 즉 사랑하지 않는다는 부정의 표현을 통해 사랑은 이루어지지 않을 것 같다. 그런데 부정은 거부와는 다르다. 거부라는 것은 사랑하는가 하지 않는가라는 문제에 대해 긍정하거나 부정하는 것과 달리 사랑의 코드를 받아들이지 않고 다른 체계로 옮겨가고자 하는 의도를 말한다. 즉 양자 간에 경제적 손익을 따지거나 혹은 도덕적인 점을 내세우는 거부에서 사랑체계는 와해되지만 단순히 사랑하지 않는다는 부정은 새로운 체계를 형성하고자 하는 의도로 간주할 수 없다. 루만은 "중세의 궁정 연애에서 볼 수 있는 먼 사랑으로부터, 17세기 대하소설의 장황한 퍼즐 맞추기와 숨바꼭질 그리고 성의

---

70) 위의 책, 45쪽.

향유를 아직 아니라고 미루고 순결을 지키는 일을 상대에게 결혼을 강제하는 전술로 이용하는 단계"71) 등에서 부정이 오히려 사랑체계를 유지하고 심지어 더욱 강화하도록 작용하는 경우를 언급한다.

푸코는 그의 명작인 『성의 역사』에서 어떻게 성에 대한 비밀스러움이나 은밀함, 혹은 억제를 강요하는 전략들이 오히려 더 성에 대한 관심을 환기시키는 작용을 한다고 밝히고 있는데, 이러한 전략 또한 부정의 맥락에서 이해된다. 모든 연애소설이나 멜로드라마에는 사랑의 긍정보다 부정이 더욱 많이 나타나며, 부정이 강한 긍정으로 귀결되는 사례를 쉽게 접할 수 있다. 다만 이러한 '밀당'을 멈추게 하는 것은 누군가와의 사랑이 경제적으로 손해라거나 혹은 부도덕한 것이라는 판단, 즉 손익과 도덕의 새로운 상징일반 미디어를 끌어들이는 일이다.

결국 사랑은 어떠한 의미가 있는 무엇이 아니라 단지 양자 간에 완벽한 소통, 즉 타인의 주관적인 세계를 내면화할 수 있음을 보장하는 하나의 약속, 즉 코드이다. 그러한 코드를 어느 누가 더 이상 사용하지 않게 되면 그 커뮤니케이션 체계는 와해된다. 즉 사랑은 감성이 아닌 상징이다. 사랑을 둘러싼 소통체계가 형성되면 다른 체계의 침투를 허용하지 않을 정도로 매우 폐쇄적인 특징을 지니게 된다. 경제적인 문제, 정치관, 종교관 등이 서로 다르더라도 사랑하는 두 사람은 큰 방해를 받지 않고 사랑하는 관계(체계)를 유지하게 된다. 사랑에 경우 그것을 열정*passion*이라고 한다. 즉 어느 순간에 폐쇄성이 강화되면 사랑은 열정으로 변하게 된다. "손익을 정확하게 결산하는 일, 자신의

71) 위의 책, 49쪽.

상황을 최적화시키는 일, 관계를 실적이나 지위 및 관심의 격차에 따라 비대칭으로 발전시키는 일도 [열정에] 방해를 받게 된다."[72] 우리는 열정은 간혹 병적이며 위험한 것이라고 생각하기도 하는데, 열정에 다다른 사랑은 그만큼 깨지기도 쉽다고 생각한다. 앞서 특정한 상징질서 미디어는 그것에 물리적 속성이 가해지면 더 이상 미디어가 아닌 형식이 되고, 또 형식으로 변모한 미디어는 다른 체계를 유발시킨다고 하였다. 그리하여 체계의 작동은 자연스럽게 새로운 체계를 유발시킨다고 하였는데, 열정의 위험에 대해 느끼는 우리의 통념도 같은 맥락이다.

그것은 마치 경제활동을 열심히 하는 사람이 도가 지나쳐서 도덕이나 법적인 문제를 고려하지 않게 되는 것과 같다. 경제적 과열은 자본의 축적을 야기하고 정치이념은 교조적인 강제성을 지니게 된다. 다른 많은 상징일반 미디어의 요인을 허용하지 않는 사랑이 폐쇄적 열정으로 변모하는 것처럼 다른 상징일반 미디어의 지속과 정체는 미디어들의 형식화를 유발시키며 그것에 물리적인 속성이 부여되어 가시적으로 될 가능성이 생겨난다. 그리고 상징일반 미디어가 가시화되면 그것은 다른 체계에 의해 관찰되거나 통제될 가능성이 촉진된다.

경제활동의 과열로 말미암아 자본은 대상화가 된다. 간단히 생각해 보면 법과 도덕체계와 관계없이 돈을 벌면 그 돈을 현찰로 집에 숨겨두어야만 하는데, 그럴수록 법과 도덕체계에 포착될 가능성은 커진다. 정치체계의 과열은 간혹 권력과 같은 상징일반 미디어를 이념으로 혹은 교조로 변화하도록 하는데, 그러한 상황에서 권력은 폭력이

---

72) 위의 책, 48쪽.

라는 물리력으로 작용하게 된다. 우리 모두 사랑은 정열이 되었다가 결국 종결된다는 것을 알고 있듯이, 그리고 결혼으로 발전한 사랑은 윤리와 법적인 문제와 결부된다는 것을 알고 있듯이, 모든 상징일반 미디어의 활용은 정체되어 과열의 과정을 거치고 시간의 흐름에 따라 다른 체계, 다른 미디어로 진화된다.

3) 매스미디어: 전달의 안정과 성찰적 해체

개별적 사회체계의 작동에서 상징일반 미디어의 역할은 중요하다. 체계의 안정된, 혹은 폐쇄적인 작동을 위해 상징일반 미디어가 (잠재적으로) 활성화되어야 하지만, 그것이 가시화되어 형식으로 변모함으로 말미암아 또 다른 체계가 자연스럽게 구성된다. 상징일반 미디어는 체계에 따라, 관찰자의 위치에 따라 잠재적 미디어로, 혹은 물리적 형식으로 모습을 바꾸면서 체계의 작동에 관여하는 데 그 외의 다른 미디어들도 같은 작용을 한다. 우리의 통념에 비추어보아 미디어라고 생각되는 것들, 즉 문자·책·텔레비전·영화·인터넷 등은 상징일반 미디어가 아닌 다른 것이지만 원리에 있어서 상징일반 미디어와 같은 작용을 한다. 루만은 상징일반 미디어를 성공미디어*Erfolgsmedien*라고 칭하였지만, 우리가 일반적으로 미디어라고 생각하는 이러한 것들은 확산미디어*Verbreitungsmedien*라고 하였다. 확산미디어는 그런데 시공간적인 확산을 가져오며 결국 체계의 증식을 더욱 촉진시킨다. 루만이 말한 확산미디어의 의미는 (물론 무턱대고 적용하기에 앞서 잘 살펴보아야 하겠지만) 이 책에서 조명하려는 뉴미디어의 특성을 잘 이해할 수 있도록 해준다. 앞서 1장과 2장에서 뉴미디어를 정체되지 않고 항상 새롭게 변화하는 미디어라고 하였는데, 그것을 체계 이론의 관점에서 말하자면, 무한한 체계의 증식을 유발시키는 상태라고 할 수 있다. 루만이 체계에 대한 설명을 하면서, 체계를 안정시켜서 폐쇄적인 작용을 하도록 미디어와 그러한 작용을 교란시키고 또 다른 체계를 생성하도록 하는 미디어를 구분하였는데, 간단히 말하자면 이러한 구분에서 올드미디어와 뉴미디어의 차이를 파악하려고 한다.

안정과 교란, 정체와 증식은 동전의 양면과도 같은데 이에 대해 매스미디어의 예를 살펴보겠다. 매스미디어는 보통의 상징일반 미디어와 달리 복잡하다. 왜냐하면 그것은 성공미디어로 기능하면서도 아울러 확산미디어로도 작용하기 때문이다. 확산미디어는 체계작동의 확대와 증폭을 그 목적으로 하는데, 그것으로 인해 시간과 공간을 뛰어넘는 작용이 뒤따른다. 인간은 오래전부터 다양한 확산미디어를 개발하여 활용하였는데, 단순히 구두로 정보를 전달하는데 그치지 않고 문자를 사용한다거나 혹은 그것을 인쇄하여 책으로 만들어 배포하는 것도 그 예가 될 것이다. 그런데 확산미디어의 활용은 체계의 안정을 추구하는 상징일반 미디어와는 달리 체계를 와해시키는 결과를 초래한다. 매스미디어를 생각해보면, 우선 그것은 다른 체계와는 달리 지시·반영·재현·정보·소통과 관련된 체계이다. 그리고 매스미디어는 그러한 작동을 안정시킨다. 매스미디어는 정보의 유통을 제도화한 결과이기 때문에 이로써 체계의 안정이 이루어지고 아울러 불특정다수의 사람들이 취하는 관찰자의 시점을 특정한 주제에 고정시켜 준다. 물론 고정은 관련 없는 문제를 배제함을 의미하기도 한다. 이러한 매스미디어의 체계구분적 작동은 우리가 접하는 정보들 가운데 어떠한 정보가 더욱 의미 있는 것인지를 결정해주는 기능을 수행한다.[73] 그리하여 의제 설정의 제도로서 매스미디어는 기술의 발달로 인해 정보의 전달과 보존의 가능성이 확대되었을 때 나타나는 복잡성을 축소하는 기능을 행한다.

그래서 매스미디어는 사실과 사실이 아닌 것, 정보와 정보가 아닌 것에 대한 물음을 지속하면서 체계를 안정적으로 유지한다. 매스미디어와 관련된 언론이나 보도와 같은 제도들은 하나의 체계로서 사실이나 정보와 같은 코드에 의해서 운영된다. 그리고 누가 무엇을 관찰하게 되는지를 결정해주며 그러한 결정을 확고하게 해준다. 이렇게 관찰자와 관찰대상을 분명하게 구분해주는 역할을 한다는 것이 체계 이론적인 매스미디어론이 지니는 중대한 특성이다. 그런데 확고하게 해주는 작용을 루만은 두 가지 현실을 구분해준다고 표현하였고, 달리 표현하면 그것은 자기지시*Selbstreferenz, self-reference*와 외부지시*Fremdreferenz, allo-reference*의 구분이다. 이러한 구분의 과정을 통해 매스미디어는 자기지시를 배제하고 외부지시에 집중하도록 하는데, 그 결과 보다 많은 이들이 복잡함을 극복하고 특정한 정보를 수용할 수 있게 된다.

이것은 결국 관찰의 개념에서 파생되는 설명인데 간단히 말하자면, A와 B 체계가 있을 때, A는 다른 것을 지시하게 됨으로 그것은 외부지

---

73) 루만에게 커뮤니케이션이란 단순히 정보나 의미를 전달하는 것이 아니라 선택(selection)을 통해 커뮤니케이션의 불가능성(Unwahrscheinlichkeit), 혹은 비개연성을 축소하는 일련의 과정을 말한다. 전달만 되었다고 해서 그것으로 소통이 이루어졌다고 보기 어렵듯이 그것보다는 보다 복잡한 과정이 필요함을 추측할 수 있다. 커뮤니케이션 개념은 루만의 체계 이론에서 매우 중요한 부분을 차지하는데, 여기에서는 앞서 잠시 언급된 부분 외에 자세히 다루지 않도록 하겠다. 이에 대해 입문서인 다음의 번역서를 참고할 수 있다. 게오르그 크네어·아민 낫세이, 정성훈 역(2008), 『니클라스 루만으로의 초대』, 갈무리.

시를 하게 되고, B는 외부지시를 하는 A를 지시하게 됨으로 인해 자기지시를 하게 된다. 왜냐하면 결국 B는 '지시'를 '지시'하게 되기 때문이다. 이러한 지시의 중첩을 우리는 자기지시라고 하며, 루만이 말하는 자기지시는 바로 이러한 관련성에서 비롯한다. 매스미디어는 일반적으로 자기지시의 배제를 통해 안정을 유지하지만 그것은 동시에 배제된 자기지시의 영역이 새로운 현실로 나타날 수 있다는 것을 의미한다. 제도화(체계화)된 매스미디어는 실재의 현실을 지시하는데, 만약 보도를 하는 제도(체계)를 자기지시하여 현실의 영역으로 포착하면, 1차 현실, 다시 말해서 애초에 매스미디어가 대상으로 삼고 있는 현실은 보도될 수 없다. 즉 잠재된 2차 현실이 활성화될 수도 있으며 그렇게 된다면 1차 현실은 의미를 잃는다. 루만을 직접 인용하자면

일차적으로 제시된 이해를 위해서 1차 질서의 관찰로도 충분하다. 그것은 마치 사실**Fakt**만을 문제시할 때 그러하다. 두 번째의 이해가 가능하기 위해서 2차 질서를 위한 관찰자의 위치 선정이 이루어져야 한다. 즉 관찰의 관찰자를 말한다. 이러한 구분을 확실히 하기 위해서 우리는 첫 번째의 현실과 두 번째의 현실에 대해 논할 수 있다. 우리는 여기에서 하나의 현실 중복을 관찰할 수 있는데, 그것은 매스미디어의 체계로 인해 발생한다. 커뮤니케이션에서는 어떠한 대상이 있게 마련인데, 그 대상이란 두 가지, 즉 어떠한 다른 것에 대한 커뮤니케이션과 자기 자신에 대한 커뮤니케이션을 말한다. 즉 자기지시와 외부지시를 구분하는 체계가 여기에서 문제시된다. 전통적인 진실담론에서, 그리고 일상적인 진실의 관계들에 있어서 사람들은 단지 미디어에 의해 보도된 것이 옳고 그른지에 대해 관심을 가진다. 또는 반은 옳고 반을 그릇되었을 것이라는 데에도 관심을 가질 수 있는데

그것은 미디어에 의해 보도된 것이 조작되었다고 생각하기 때문이다.[74]

인용문에서 나타나듯이 루만에 의해 정의된 매스미디어는 단순히 전통적인 의미의 사실보도의 기능만 수행하는 것이 아니다. 매스미디어가 체계들을 구분하는 작동을 하기 때문에 사실과 관련된 1차적 현실에 인접한 2차적 현실의 존재가 자동적으로 생성된다. 그리고 매스미디어에 의해서 구분되어 파생된 2차적 현실에서 우리는 바로 그 매스미디어 자체를 바라보게 되고, 그러한 매스미디어의 작동이 어떠한 과정을 통해서 이루어지는지 생각하게 된다.

매스미디어를 다루거나 활용하는 자들(송신자나 수신자 모두)은 이러한 두 가지 체계 사이에서 어느 위치를 점하게 될 것인지를 결정해야 한다. 루만은 이러한 특성을 수신자와 송신자 사이의 접촉의 단절이라고 하였다. 결정하지 못하고 망설이면, 혹은 조작을 의심하면 사실을 이해할 수 있는 기회도 사라진다. 그러나 매스미디어에 의해 이루어진 정보의 전달이나 사실의 보도기능을 포기하고 다른 방향으로 관찰시점을 옮기면 흥미로운 결과가 유발되는데, 그것은 일상적인 수신, 혹은 수용이 아닌 일종의 비평이다. 이 경우에 다른 관찰시점에서 구성된 체계를 선택함으로 인해 수용자도 비평자의 역할을 할 수 있다. 이러한 미디어 비평은 수용자가 2차 질서를 선택한 결과이다.[75] 물론 선택 이전에 선택의 대상들이 두 가지로 구분되어야 할 것이며, 일단 선택이 이루어지면 다른 가능성은 배제된다. 왜냐하면 특정체계

---

74) Niklas Luhmann(2004), *Realität der Massenmedien*, Wiesbaden: VS, pp. 14~15.
75) 다음의 연구를 예로 들 수 있다. 최경진(2001), 「'미디어' 저널리즘의 자기관련성: 독일 신문의 '미디어 자기보도'를 통한 사례연구」, 『언론과 사회』 9(1), 98~127쪽.

의 선택은 다른 선택의 배제와 동시에 발생되기 때문이다. 그래서 보도와 비평을 동시에 할 수는 없다. 물론 비평이 항상 2차 현실에 있는 것이라고 말할 수도 없다.

매스미디어가 미디어 비평을 통해 자기지시를 행하며 2차 현실을 활성화하기도 하지만 일반적인 경우에는 상징일반 미디어로 기능하거나 또 그러한 미디어의 기능을 통해 1차 현실에 대한 관련성을 강화한다. 이때 매스미디어는 보다 많은 이들을 수용자로 취하고 보다 빨리 정보를 전달하고자 (혹은 오래 보존하려는 목적으로) 새롭게 개발된 기술을 활용하게 된다. 인쇄된 신문이나 전파를 타는 방송과 같은 매스미디어는 모두 그러한 기능을 최적화하기 위해 어떠한 기술을 차용하여 안정된다. 이렇게 매스미디어의 정보전달이나 수용의 체계가 제대로, 혹은 더욱 잘 작동하기 위해 활용되는 기술을 결국 자기지시와 외부지시의 구분을 더욱 명확하게 하고 강화하는 기능을 한다.

단순한 영상 기술로 영화가 발명가에 의해 발명되었다가 이후에 하나의 유력한 매스미디어로 발전하게 된 역사를 살펴보면 이러한 문맥을 잘 이해할 수 있다. 뤼미에르 형제가 처음 영화를 발명하고 상영했었을 때, 영화관에서 관객의 공간과 영화의 공간이 뚜렷하게 나뉘어져 있지 않았다. 관객은 영화를 보면서 영화를 보는 객석을 의식하며 자기 자신에 대해서도 생각할 수 있었다. 그리고 그 당시 영화 수용의 상황을 두고 벤야민이 분산적 지각과 아우라의 상실 등에 대해 논하였다. 물론 관객이 비평가의 역할을 할 수도 있다고도 하였다. 지금처럼 객석이 어둡거나 관객이 움직이지 못하고 꼼짝없이 자리에 앉아 있어야 하는 일은 그 당시에 없었기 때문에 관객은 영화도 보고 비평도 할 수 있다고 보았다. 1차 현실과 2차 현실이 제대로 구분되지 않았기에 가능했던 일이었다. 그러나 영화가 매스미디어처럼 제도화된 연후에 이러한 분산의 가능성은 사라졌다. 1990년대 이후 영화도 그리고 영화관도 많이 변모하여 초창기 영화관의 징후가 나타나기도 하는데 그것을 두고 1차 현실과 2차 현실이 다시 뒤섞이고 있다고 볼 수 있다. 이러한 영화의 역사에 대한 이해와 디지털 기술의 도입으로 파생되는 현실의 혼성 문제는 이 책의 4장에서 본격적으로 다룰 것이다. 그런데 여기에서 확인할 수 있는 것은 매스미디어가 체계작동을 강화하는 목적으로 활용되기도 하고 또 그렇지 않을 수도 있다는 점이다. 영화관의 건축이나 촬영 및 영사기술의 발전 모두 목표하는 바는 하나, 즉 관객들로 하여금 자기지시를 망각하도록 하는 것이었지만, 그러나 반대의 경우가 존재함을 생각해보아야 한다.

기술의 개발은 체계를 강화하여 체계가 지니고 있는 본래의 작동, 예를 들어 정치체계의 경우는 권력의 행사, 혹은 매스미디어 체계의 경우에는 사실보도의 작동을 더욱 빠르고 정확하게 수행하도록 하였다. 그런데 최근 디지털 기술이 각 분야에 투입되면서 사정을 달라졌다. 구분만을 위한 기술이 도입되는 것이 아니라 와해, 즉 분산을 위한 기술이 개발되기도 한다. 정치인들이 다수 유권자들의 의견을 효과적으로 대변하기 위해 SNS와 같은 뉴미디어를 활용하기도 하지만 반대로 뉴미디어를 통해 유권자들은 정치인들의 행태를 감시하고 그들의 정치활동에 대해 논평할 수 있게 되었다. 또한 뉴미디어로 매스미디어의 오류를 지적하거나 그것의 편향성에 대해 논의하기도 한다. 블로그의 예를 들어 보자. 앞에서 매스미디어를 언급하였는데, 뉴미디어로서 블로그는 매스미디어의 2차 현실을 그 내용으로 한다. 이에 대해 레베카 블러드**Rebecca Blood**가 설명하는 블로그의 특성을 참고할 수 있다.

　일부 사람들이 말하듯이 블로그는 저널리즘의 새로운 종류가 아니다. 오히려 이것은 저널리스트들과 그 외 언론매체가 대량으로 만들어내는 정보를 평가하고 그 주제를 확대하며, 무엇보다도 그것을 필터링함으로써 전통적인 저널리즘을 보완한다. (…중략…) 블로그의 강점은 주류 미디어의 영역 밖에서 차지하는 역할과 본질적으로 관련이 있다. 그 역할은 시사적인 사건과 미디어의 보도를 관찰하고 논평하고 정직하게 반응하는 것이다.[76]

　이러한 사례들은 모두 매스미디어의 2차 현실이 활성화된 결과이며 여기에 뉴미디어가 어떠한 원인이 되었다고 생각할 수도 있다. 발전된 기술은 아울러 애초의 목적을 더 잘 수행하기 위해 활용되기도 하지만 반대로 그 목적을 분산시키고 전혀 다른 목적을 설정하는 경우도 있다.

　〈오마이뉴스〉나 〈프레시안〉과 같이 인터넷 언론이 대안 언론으로서 여러 가지 기능을 수행하지만 그 가운데 주류 언론을 비판하거나 주류 언론의 편향성에 저항하는 역할도 매우 중요하다. 이러한 경우도 새로운 기술적 플랫폼이 매스미디어의 2차 현실에서 작용하는 예라고 생각된다.[77]

---

76) 레베카 블러드, 정명진 역(2003), 『블로그: 1인 미디어 시대』, 전자신문사, 43쪽.
77) 이에 대한 자세한 논의는 다음을 참조할 수 있다. 박선희(2002), 「대안 언론으로서 온라인 저널리즘의 가능성: 운영, 뉴스 생산, 뉴스 메시지 측면에서」, 『언론과학연구』 2(3), 153~184쪽.

4) 인터미디어: 체계의 개방성

루만은 예술 미디어에 대한 고찰에서 체계들 간의 구분이 희석되고 미디어가 형식화되는 일이 본질적이라고 한다. 다시 말해서 예술 미디어에서는 애초에 미디어가 형식화되는 일이 가능성으로만 존재하는 것이 아니다. 다음에서 예술 미디어에 대한 예를 들어보고 그것이 매스미디어와 어떻게 다르게 이해되는지 알아볼 것이다. 다만 필자가 이해하기에 루만의 예술 미디어에 대한 설명은 전통예술보다 현대예술에 더 잘 적용된다. 다시 말해서 재현이나 모방을 표방하는 예술보다는 자기성찰적인 예술에 적합하다.

몇 년 전 국내영화 여러 편이 실제사건을 다루면서 사회적으로 중요한 역할을 한 적이 있었는데, 이에 관하여 〈도가니〉(2011)가 좋은 예이다. 이 영화는 어떤 사건이 발생되었던 당시 매스미디어가 다루지 못하였던 문제들까지 심층적으로 파헤쳐서 매스미디어의 역할을 보완하는 기능을 수행했었다. 이러한 사례는 예술 미디어가 매스미디어로 기능했었던 사례이다. 영화가 당시 충분히 의제화하지 못했던 문제를 다루어서 많은 사람들의 관심을 불러일으켰고 또 나아가서 법제도를 보완하도록 하였기 때문이다. 그런데 영화가 예술이기는 하지만 이렇게 실제로 발생했던 사건을 사실(주의)적으로 다루는 일은 체계 이론적 관점에서 보면 1차 현실에 머문 결과이다. 즉 루만이 설명하려고 했던 체계진화의 사례로서 예술에 해당된다고 보기 어렵다.

물론 〈도가니〉가 보도 및 의제 설정이 아닌 다른 기능을 했다고 생각할 수도 있다. 예를 들어 그 영화를 통해 왜 사건발생 당시의 매스미디어가 하나의 중대한 사회문제를 제대로 다루지 못하였는가 하는

120

의문점도 많은 이들에게 상기시켜 주었다. 이것은 미디어에 대한 자기성찰이 발생하는 상황이며 체계의 진화와 관련된 작동이다. 결국 두 가지 경우, 보완과 비평은 체계 이론으로 보았을 때 각기 다른 작동이라고 할 수 있다. 왜냐하면 매스미디어로서 영화는 사실보도의 체계로 작용하여 사실과 허구, 참과 거짓의 상징일반 미디어에 의해 작동되는 체계를 안정적으로 유지하였는데 또 다른 측면에서 보면 기존의 매스미디어의 의제 설정 기능을 문제 삼은 미디어, 즉 비판적 관찰을 통한 체계의 교란을 유도하였기 때문이다. 후자의 경우는 미디어에 대한 미디어, 성찰적 미디어, 혹은 인터미디어*intermedia*이다. 체계 이론의 관점에서 보면 두 가지 상반된 사례들이 하나의 논리체계로 이해할 수 있다. 체계를 탄력적으로 보았기 때문인데, 다시 말해서 체계는 작동만 하는 것이 아니라 증식도 한다고 설명하기 때문이다. 미디어는 작동을 지원하지만, 또 다른 한편으로 그 미디어가 형식으로 변모하면서 그 작동을 정지시키고 다른 체계로의 전이를 촉진시킨다.

미디어가 형식으로 바뀌는 현상, 즉 체계가 전이되는 현상에 대해 살펴보기 위해 루만이 언급한 예술 미디어, 그러니까 음악의 예를 들어보겠다. 음악은 소리를 인지할 때 사용되는 미디어와 마찬가지로 인지를 위한 미디어를 필요로 한다. 그러나 소리를 인지하는 것과 음악을 감상하는 일이 같을 수 없듯이, 청각적 미디어를 음악 미디어라고 할 수는 없다. 두 가지가 어떻게 다른가?

이에 대해 알아보기 전에 체계 이론의 관점으로 소리가 인지되는 1차 질서의 상황을 정리해보면 다음과 같다. 소리의 인지가 가능한 것은 원래 질적으로 독립적인 소리가 있는데, 그것이 미디어를 통해서 우리의 귀에 인지되는 것이 아니다. 미디어를 이렇게 규정할 경우

미디어와 그것이 전달하는 어떤 것 사이의 모순적인 관계를 설명하기 어렵다. 따라서 다른 관점이 필요하다. 소리는 공기(미디어)가 파장(형식)으로 변형된 결과이며, 또 이렇게 파장이 더 이상 공기가 아닌 다른 것이 될 정도로 공기와 파장의 차이가 발생하였기 때문에 인지가 발생한다. 따라서 우리가 인지하는 것은 소리가 아니라 공기와 파장의 차이이며, 더 자세히 말하자면, 두 가지 형태, 즉 하나의 형태와 그것이 변형된 형태 사이의 차이이다.

그렇다면 음악의 미디어는 무엇인가? 음악의 미디어도 역시 차이와 관련이 있으며, 그것도 인지되는 소리와 그것과는 다른 청각적 음악의 차이이다. 왜냐하면 음악을 단순한 소음으로 듣게 된다면 그러한 상태에서 음악이 성립될 수는 없기 때문이다. 예를 들어 아파트 아랫집에서 들리는 시끄러운 피아노 소리는 음악이 될 수 없고 그것은 여러 가지 형태의 소음 가운데 하나일 뿐이다. 음악을 음악으로 이해하는 사람은 음악소리가 단지 소리뿐만이 아님을 이해한다. 따라서 음악의 성립은 소리와 음악의 차이를 전제조건으로 하며, 이에 소리와 음악 사이의 차이가 음악의 미디어라고 할 수 있다. 그런데 다른 예술도 그러하지만, 이러한 차이는 아무런 조치 없이 주어지는 것은 아니다. 음악은 특정한 장소에서 연주되고 특정한 프로그램에서만 방송된다. 이러한 유형의 그리고 무형의 장치들은 모두 소리와 음악의 차이를 두기 위해서 활용된다. 콘서트홀이나 음악방송이 음악의 미디어라고 한다면, 그것을 통해서 우리가 음악을 감상할 수 있기 때문에 그것이 미디어가 아니라, 음악과 소리의 차이를 만들어 주기 때문이다.

그런데 궁금한 것은 미디어와 형식의 차이가 인지를 가능하게 한다는 인지 미디어에 대한 설명이 여기에도 적용될 수 있는가 하는 점이다. 첫째, 차이 그 자체가 느슨한 연결이 될 수 있는가? 미디어와 형식의 차이 자체가 미디어가 되는 경우, 그것은 미디어의 느슨한 연결을 의미한다. 왜냐하면 차이가 잘 이루어지는 경우에 비로소 우리는 음악 미디어를 의식하지 않고도 음악을 들을 수 있기 때문이다. 차이를 발생하도록 하는 장치, 즉 콘서트홀이나 음악방송 자체를 우리는 음악을 들으면서 의식하지 않게 된다. 그런데 콘서트홀에서 음악을 듣는 사람들에게 그리고 음악방송 프로그램을 청취하는 사람들에게 그러한 구분이나 차이가 작용한다고 생각되지 않는다. 그 이유는 소리의 인지를 위해 필요한 차이가 2차 질서에서 이미 미디어로 작용하고 있지만, 그러한 작용은 미디어가 항상 그러하듯 인지되지 않기 때문이다. 그리고 둘째, 미디어는 항상 형식으로 변화할 수 있다고 하였는데, 음악의 경우, 즉 예술 미디어의 경우도 그러한가? 여기에도 미디어의 형식화 가능성이 그대로 적용된다. 바로 그 예술을 가능하게 하였던 차이가 형식으로 나타날 수 있기 때문이다. 따라서 음악 미디어는

> 보통의 경우에 소음은 조용함과의 차이로서 들린다. 그리고 그것으로 소리에 주의를 기울일 수 있게 되지만, 반대로 음악은 이러한 주의를 이미 전제로 하고, 두 번째의 차이를 관찰하도록 유도한다. 그 차이도 역시 미디어와 형식의 차이이다.[78]

아마도 미술의 경우, 백남준의 미디어 아트*media art*, 음악의 경우 존 케이지*John Cage*의 음악을 예로 들 수 있다. 존 케이지는 1952년

---

78) Niklas Luhmann(1986), "Medium der Kunst", *Delfin*, 4(1), pp. 6~15.

〈4분 33초〉를 작곡한 바 있는데, 사실 이 곡은 음악소리가 전혀 없는 음악이다. 연주자는 음악 감상을 하러 콘서트홀을 방문한 사람들 앞에서 4분 33초 동안 아무런 연주도 하지 않고 있다가 퇴장한다. 일종의 전위음악으로 잘 알려진 이곡은 여러 가지 관점으로 해석될 수 있겠지만, 루만의 체계 이론에 따라 이해해볼 수 있다. 음악을 연주하지 않음으로 인해 감상자들은 음악 미디어(소리와 음악의 차이, 또한 그것을 가능하게 해주는 여러 가지 요소들) 자체를 관찰하게 되는데, 차이들이 여기에서 직접 나타나기 때문에 이러한 2차 질서의 관찰이 가시적으로 드러난다. 그리고 이렇게 가시적으로 나타날 수 있게 된 이유는 일반적인 음악감상의 상황에서는 형태 없이 잠재되어 있던 미디어가 형식으로 변형되었기 때문이다. 혹은 미디어와 형식이 차이가 형식으로 변형되었기 때문이다. 루만은 잠재되었던 것을 '표시되지 않은 공간unmarked space'이라고 한다.

> 예술작품의 창작은 표시되지 않은 공간을 표시되는 공간으로 전이시키는 첫 발걸음으로부터 시작된다. 그리고 그 두 공간을 교차시킴으로써 하나의 경계를 창출하게 된다.[79]

결론적으로 설명해보면, 음악 미디어는 음악과 소리의 차이, 혹은 구분이다. 그런데 그 차이는 미디어로서 또 다시 형식으로 변화할 수 있다. 만약 고전음악을 감상하는 콘서트홀에서 관객은 그 미디어, 즉 차이를 의식하지 않을 것이다. 그러나 특별한 경우에, 즉 존 케이지의

---

79) Niklas Luhmann(1996), *Kunst der Gesellschaft*, Frankfurt/M: Suhrkamp, p. 189.

음악을 감상하는 경우에 비로소 관객은 음악 미디어가 차이임을 의식하게 된다. 다시 말해서 미디어와 형식의 차이는 미디어로서 또 다시 형식화된다.

또 다른 예를 들자면 오이겐 곰링어*Eugen Gomringer*의 구체시*konkrete Poesie*를 생각해볼 수 있다. 그림과도 같은 이 시는 일상적으로 사용되는 문자가 어떠한 차이, 즉 문자의 활자나 종이와 같은 물질과 그것이 내포하는 의미 사이의 차이에 의해 작용될 수 있음을 표현하였다. 그리하여 이 시의 내용은 차이 그 자체이다. 다시 말해서 일상언어에서 나타나는 미디어와 형식의 차이를 형식화한 결과이다(〈영상 6〉).

예술 미디어에 대한 루만의 설명을 중심으로 미디어가 차이를 기반으로 작용하고 있음을 알아보았다. 미디어의 작용으로 이루어지는 1차 질서의 관찰은 그 이후의 질서로 변화하면서 또 다시 관찰될 수 있다. 특정한 질서의 관찰에 머무는 것은 이러한 변화의 가능성을 축소한 결과이고, 반면에 미디어가 형식화되는 가능성을 활성화시키면 항상 그 관찰의 작용이 다른 질서에서 관찰의 대상으로 변화한다. 즉 문제는 어떠한 경우에는 미디어와 형식의 차이가 고정되어 있으며, 또 다른 경우에는 미디어와 형식 사이의 변화가 활성화되어 있다는 점이다. 루만은 이러한 변화의 가능성을 진동*Oszillation*이라고 표현하였다.[80]

루만이 설명하는 예술 미디어는 그것이 단순한 인지와 표현의 단계에 머무는 것이 아니기 때문에 커뮤니케이션의 성격을 띠고 있다. 그리고 이로 인해 예술 미디어는 2차 질서의 미디어라고 할 수 있다.

---

80) *Ibid.*, p. 191.

또한 2차 질서가 항상 1차 질서를 바탕으로 이루어지고 있기 때문에, 예술 미디어는 항상 질서를 증식시키고 확장시키는 특성을 지니고 있다. 즉 인지나 표현의 단계를 관찰하는 단계에 머무는 것이 아니라 그렇게 형성된 질서는 다음에 오게 될 질서에 의해 와해되고 해체되기를 기다린다. 즉 관찰 질서의 안정과 고정이 아닌 해체와 증식이 예술 미디어의 특수성에서 중요하다.

루만에 따르면, 예술의 역사적 변천 과정에서 나타나는 예술의 의미는 새로운 구분과 차이를 만들어내면서 새로운 미디어를 창출하는 방향으로 발전하였다고 한다. 예술은 애초에 일상적인 인지의 관습성과 유사하여 인지 미디어와 큰 차이가 나타나지 않았는데, 과거에 예술의 목적이 사실상 현실을 인지하고 그것을 표현하는 데에 있었기 때문이다. 그리고 이러한 상태에서 예술은 정치나 종교적인 목적으로 활용되었고, 오직 그러한 맥락에 예술 미디어의 특수성이 있었다. 그러나 예술의 역사는 지속적으로 예술에 다른 의미를 부여하였는데, 그것은 새로운 구분과 차이가 나타나면서 2차 질서의 미디어로 예술이 발전된 결과이다. 즉 예술 생산과 수용의 자율성이 부여될 수 있도록 다른 제도적인 장치들이 갖추어지게 되었고(박물관·미술관·콘서트홀 등), 이러한 제도적 장치들은 예술 미디어가 2차 질서의 미디어로 전환된 결과임을 의미한다. 또한 아방가르드와 같은 현대예술이 예술의 제도화를 비판적으로 성찰하게 되는데,[81] 이는 인지 미디어와 다르지 않았던 예술 미디어의 차이가 형식으로 전환되면서 지속적인 새로움이 유지됨을 의미한다. 이렇게 루만이 말하는 예술의 역사적 변

---

81) Peter Bürger(1974), *Theorie der Avantgarde*, Frankfurt/M: Suhrkamp, p. 10.

화란 지속적으로 1차 질서의 구분에서 2차 질서의 구분으로 진화할 수 있는 가능성을 말한다.

루만이 예술 미디어에 대해서 논하면서 미디어와 형식의 관계가 새로운 국면으로 전환되는 경우를 설명하였지만, 상호미디어성*intermediality*, 혹은 인터미디어에 대한 논의에서도 이러한 미디어의 특성이 고려되었다.82) 인터미디어는 매스미디어와는 다른 특성을 지닌다. 매스미디어가 구분을 통하여 체계를 안정시키고 관찰구조를 확정해주는 역할을 한다면 인터미디어는 그와는 반대로 이해된다. 그리고 미디어와 형식의 차이를 미디어로 혹은 형식으로 활용한다. 이에 구분의 경계선을 다시 흐릿하게 하여 체계들의 안정된 작동과 구조를 교란시킨다. 그리고 구분이 모호해짐으로 인해 체계의 중첩이나 혼선이 발생한다. 즉 인터미디어는 특정한 체계의 안정을 도모하는 것이 아니라, 체계의 유동성을 유발시키는 것이다. 물론 원래 체계들은 끊임없이 연결되어 있는 것이기는 하지만 인터미디어는 체계의 경계를 무너뜨려서 체계를 미결정의 상태로 되돌려 놓고 결정될 수 없는 상태를 만든다.

그런데 어떠한 체계의 주변에는 환경이 존재하지만, 바로 그 환경 또한 체계가 될 수 있도록 그 가능성이 열려 있는 상태를 인터미디어라고 한다. 피상적으로 보면 결정되어 있는 것이 아무 것도 없지만

---

82) 인터미디어 개념에 대한 논의의 배경과 유형, 그리고 기초적인 이해를 위해서 다음을 참조할 수 있다. 김무규(2013), 「미디어의 공존과 변형: 상호미디어성의 의미와 유형」, 『영상과 상호미디어성』, 한울, 11~38쪽. 그리고 심화된 이해를 위해서 다음을 참조할 수 있다. Peter V. Zima(1995), "Ästhetik, Wissenschaft und wechselseitige Erhellung der Künste. Einleitung", Peter V. Zima(ed.), *Literatur intermedial: Musik, Malerei, Photographie, Film*, Darmstadt: Wissenschaftliche Buchgesellschaft, pp. 1~28; Joachim Paech(1998), "Intermedialität. Mediales Differenzial und transformative Figurationen", Jörg Helbig(ed.), *Intermedialität: Theorie und Praxis eines interdisziplinären Forschungsgebietes*, Berlin: Erich Schmidt, pp. 14~30.

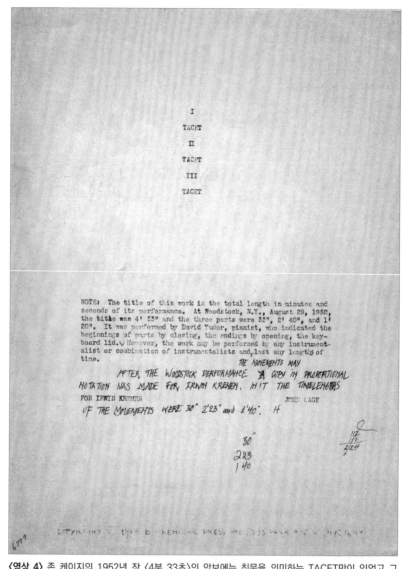

〈영상 4〉 존 케이지의 1952년 작 〈4분 33초〉의 악보에는 침묵을 의미하는 TACET만이 있었고 그 아래의 메모에 "이 작품의 제목은 분과 초로 표시된 전체 연주의 시간이다. (…중략…) 이 작품은 어떠한 연주자나 연주자들의 조합으로 연주되거나 연주 시간이 얼마든지 연장될 수 있다(The title of this work is the total length in minutes and seconds of the performance. (…중략…) [T]he work may be performed by any instrumentalist or combination of instrumentalist and last any length of time)."라고 적혀 있다.

인터미디어는 다른 미디어에 의해 작동되는 체계를 관찰하는 체계로 구성하도록 하고 또 그 2차 체계도 역시 관찰 가능한 것으로 만든다. 그렇게 생성된 다른 체계를 작동하도록 하는 것이 아니라 체계가 다른 체계로 전환되도록 하는 역할을 한다. 이 점이 매스미디어와 인터미디어의 차이점이다. 체계의 미결정으로 인하여 구조가 와해되는 결과를 가져올 것이 분명하다. 인터미디어로 인해 체계가 와해되면, 결국 누가 관찰하는지 무엇이 관찰될 수 있는지 알 수 없으며, 관찰하는 누군가가 관찰될 수도 있다.

인터미디어란 용어는 본디 여러 가지 미디어들의 융합현상을 설명하는 용어 가운데 하나이다. 그런데 인터미디어는 앞서 설명한 특성들로 말미암아 일상적인 융합과는 다른 독특한 형태의 중첩을 가리킨

〈영상 5〉 〈4분 33초〉는 피아니스트가 입장하여 아무런 연주도 하지 않고 4분 33초 후에 퇴장하는 음악이다.

다. 첫째, 그것은 우선 시각 미디어와 청각 미디어 같은 감각기관에 호소하는 개별 미디어가 혼융되어 인간의 지각과 거의 유사한 효과를 불러일으키도록 하는 경우와 다르다. 둘째, 두 가지 다른 미디어, 다른 분야에서 기능하거나 다른 기술 장치가 구사된 미디어가 서로 모여서 시너지 효과를 거두는 형태의 종합도 아니다. 셋째, 하나의 콘텐츠가 여러 가지 다양한 미디어에서 실현될 수 있는 가능성을 말하는 것 또한 아니다. 이러한 여러 가지 경우에 우리는 멀티미디어, 크로스미디어, 컨버전스, 하이브리드, 원소스멀티유즈, 재매개 등의 다채로운 용어를 사용한다. 그러나 인터미디어는 언급한 세 가지의 혼성을 의미하지 않는다. 위의 사례들에서는 루만의 미디어 개념과 관련 없다는

**schweigen schweigen schweigen
schweigen schweigen schweigen
schweigen   schweigen
schweigen schweigen schweigen
schweigen schweigen schweigen**

〈영상 6〉 오이겐 곰링어의 구체시인 「침묵」은 침묵이란 단어 schweigen만을 배열하였는데 그것으로 단어와 종이 그 자체, 즉 미디어의 물질성이 인지되는 효과가 나타난다.

점이 문제인데, 그 말은 혼합된 두 미디어 사이에서 관찰의 관계가 성립되지 않는다는 것을 의미한다. 인터미디어란 두 가지 체계의 사이에 존재하는 미디어를 말하여, 특정한 체계에 치우치거나, 그것의 안정된 작동을 지원하는 미디어가 아니다. 즉 두 가지 미디어의 융합이라기보다는 사이에 끼여 있는 미디어라고 보는 것이 더 적절할 것이다. 그러면서 보기에 따라서 A미디어일 수도 있고 B미디어일 수도 있는 미디어를 말한다. 물론 결정이 되어 있다면 그것은 매스미디어처럼 어떠한 작동을 보장하는 미디어가 될 것이지만 인터미디어는 그러한 결정을 유보한 개방적 형태의 미디어를 말한다. 즉 미디어의 혼성이 커뮤니케이션 상황에서 나타나는 이중의 우연성을 해결하기 위해 이루어지는 것이 아니라, 오히려 그것을 촉진시킨다.

백남준의 비디오 아트를 비롯하여 갤러리에 설치, 전시되는 모든 형식의 미디어 아트는 모두 인터미디어라고 이해할 수 있다. 전시된 작품 자체는 그야말로 아무런 체계가 없고, 관람자가 그 작품을 어떻게든 관찰하거나 손을 대었을 때 비로소 체계가 만들어질 수 있기 때문이다. 작품은 고착을 거부하는 우연성 그 자체이고, 선택을 초대할 뿐이다.

5) 뉴미디어: 체계의 지속적 증식

앞서 루만의 폭넓은 미디어론을 살펴보았는데, 이제 이러한 고찰을 바탕으로 뉴미디어에 대해 알아보도록 하겠다. 어느 쪽이 뉴미디어인가? 지금까지 논의된 바에 근거한다면 뉴미디어를 상징일반 미디어나 혹은 매스미디어가 아닌 인터미디어로 보아야 한다. 왜냐하면 인터미디어는 체계를 안정시키기보다 그것을 와해시켜서 새로운 체계의 구성을 유발시키기 때문이다. 다른 체계와 엄격한 구분을 통해 폐쇄적으로 작용하면 그것은 안정을 의미하지만 그러나 여기에서 새로운 것은 기대하기 어렵다. 반대로 뉴미디어는 상징일반 미디어에 의해 닫친 작용을 하는 체계를 분산시켜서 새로운 체계로 진행하도록 한다. 그리고 새로운 체계는 체계의 작용 그 자체를 다시 관찰하는 체계를 말한다. 그 결과 사실이나 진실과 같이 상징일반 미디어로 작용하는 매스미디어 체계의 작용, 그 자체가 관찰되어 '평가'되며 '보완'된다. 또한 '논평'되기도 한다. 이렇게 뉴미디어는 작동 그 자체에 대한 기억을 상기하는 기능을 행한다.

그러나 뉴미디어가 매스미디어의 2차 현실에 관여하는 특징을 지니고 있다고 해서 그것이 2차 현실에 기반한 체계로 확정되는 것을 의미하지 않는다. 오히려 지속적인 체계분화, 혹은 체계 증식을 유발시키는데, 따라서 모든 체계의 형성은 개방된다. 텍스트는 그 텍스트를 대하는 주체에 의해 의미가 결정되기를 기다리는 것 같으며, 따라서 어떠한 확정은 참여자의 수행에 의해 실행되어야 한다. 그리하여 뉴미디어의 콘텐츠는 미디어와 형식의 구분 이후에 비로소 발생할 수 있는 미디어의 생산물이 아니라 이러한 구분의 행위 그 자체이다. 물론 역설적이기는 하지만 사실 뉴미디어의 사용자들이 대하는 것은 역설성이 제거된 상태의 미디어, 활용의 용도가 이미 결정된 미디어가 아니다. 미디어의 역설성이 사용자에게 주어지며 그들 스스로가 개인적인 성향에 따라 역설을 풀어내고 활용 가능한 것으로 만든다. 따라서 이러한 뉴미디어 현상은 간혹 매스미디어가 갖는 사회적 관습성에 역행하는 모습으로 나타난다. 지금까지 이와 관련해서 언급한 사례들은 주류 언론을 논평하는 블로그나 편향성에 저항하는 대안 언론, 그리고 전위예술 등이 있었다.

앞에서 이 글은 뉴미디어를 지속적인 새로움을 유발시키는 미디어로 간주하였으며, 모더니티의 의미를 살펴보면서 그 의미의 가능성을 생각해보았다. 그리고 집중과 분산의 구분으로, 그리고 양적 확대와 질적 변화의 구분을 통해 뉴미디어 개념을 협소하게 그러나 엄밀하게 구성할 수 있는 가능성을 타진해보았다. 그런데 체계 이론에서 말하는 미디어의 두 가지 유형(간단하게 보면 확산미디어와 성공미디어, 또는 그것을 심화하여 상징일반 미디어와 인터미디어의 두 유형)의 의미와 그 논리적인 연결을 고려해보면 그 가능성이 구체적으로 파악될 수 있다. 그리고 그 맥락을 체계 이론적 관점에서 기술할 수 있다. 집중과 분산은 각각 체계의 폐쇄적 작동과 개방적 기능분화라고 할 수 있으며 그 차이는 1차 질서와 2차 질서의 차이이다. 그리고 집중과 분산은 서로 다르지만 그러면서도 인접해 있는데 체계의 작동과 분화의 관계를 생각해보면 의미가 통한다. 기술의 발전에 의해 촉발된 확산 미디어의 활성화는 애초에 체계의 작용을 강화하기도 하지만 그러한 작용은 자연스럽게 2차 질서로 움직이는 계기를 만들어 준다. 이러한 움직임은 새로움을 유발시킨다. 테크놀로지라고 보기 어려운 문자의 시대에도 이미 메시지의 전달과 보존을 용이하게 하려는 작용은 오히려 그러한 작용을 어렵게 하는 다른 작용을 동반하였다. 문자를 쓰는 사람은 단순히 하고 싶은 말을 쓰는 것이 아니라 나중에 누군가에게 그것이 읽혀질 것이라는 사실을 의식한다. 반대로 읽는 사람은 과거 누군가에 의해 이 글이 써졌음을 의식한다. 두 가지 경우 모두 반성, 혹은 자기지시를 하게 되며 그로 인해 새로운 관찰질서가 성립된다.

[왜냐하면] 이제 전달과 이해 사이에는 시간적 거리가 등장하고, 그러한 거리에 대해 반성해야 하기 때문이다. 전달은 지금이 아니라 나중에 이해 될 것이라는 상황에, 저자 자신의 필치와 같이 움직이면서 이해되는 것이 아니라 훗날의 독서 관심에 따라 이해될 것이라는 상황에 맞추어야 한다. 그리고 이해의 편에서는 또한 반대 방향의 반성이 중요해질 수 있다. 전달 자가 목전에 두었던 미래가 이해하는 자에게는 이미 과거라는 점이 그것 이다.[83]

그리고 그 움직임은 2차 질서에서 멈추지 않고 계속해서 다른 질서 로의 전개될 수도 있는데 인터미디어의 경우가 여기에 해당된다. 즉 정체되지 않고 지속적으로 변화하는 새로움을 말한다. 뉴미디어는 이 러한 지속적 변화의 움직임, 즉 멈추지 않는 체계의 분산과 질서의 이동을 촉발시키는 미디어이다. 그런데 문자가 다른 확산 미디어에 비해 새로운 질서를 성립시키기에 용이한 미디어인지 살펴볼 필요가 있다. 문자와 디지털 기술 가운데 어느 것이 더 강하게 질서의 분산을 일으키는가?

지속적인 체계의 분산이 어떠한 의미를 지니는지 다음에서 살펴볼 것인데 이와 아울러 논의하게 될 문제점은 다음이다. 그것은 체계 이 론으로 바라본 뉴미디어의 새로움에 관한 맥락에서 디지털 기술의 특 성을 어떻게 이해할 수 있는가의 문제이다. 즉 그 기술이 차이를 고정 시키는가 혹은 그 차이를 다른 질서로 이동시키는가 하는 문제를 말 한다. 이것은 기술적인 관점에서 올드미디어와 뉴미디어를 구분할 수

---

83) 니클라스 루만, 장춘익 역(2013), 앞의 책, 308쪽.

있도록 하는 결정적 요인이다. 미리 말하자면 디지털 기술은 미디어와 형식을 또 다른 미디어로 혹은 형식으로 만들기에 유리한 조건을 갖추고 있다. 왜냐하면 디지털 기술은 필기구로 종이의 표면을 긁어서scratch 표시하는 방식도 아니며 감광유제로 코팅된 셀룰로이드 필름에 빛의 흔적을 남기게 하는 방식도 아니기 때문이다. 간단히 말해서 디지털은 정보이며 물리적인 고정성으로부터 매우 자유롭다. 그 때문에 디지털 기술은 질서의 이동에 매우 민감한 인터미디어로서 단순한 확산미디어와 다르며 따라서 디지털 미디어는 확산미디어로 인해 나타나는 결과 그 이상의 의미가 있다.

예를 들어 생각해보기 위해 영상 기술의 역사적 발전을 돌이켜 볼 필요가 있다. 영화의 탄생과 더불어 시작된 영상 기술은 초기 영화 시대 이후 질서의 고정과 안정을 지향하는 방향으로 발전하였다.[84] 영화는 환영미학에 따라 내용을 구성하였고, 그 효과로서 관객의 몰입을 유도하였다. 다시 말해서 주류 영화의 발전을 통해 관객에게 집중이 유도되었고, 분산, 혹은 성찰이 억제되었다. 영화 제도화의 발전 역사는 바로 이러한 변화를 의미한다. 그러나 디지털 기술이 도입되면서 관객은 더 이상 편안히 영화관에 앉아 있을 수 없고, 어떻게 영화를 만들어야 하는지 고민하게 되었다. 왜냐하면 셀룰로이드 필름에 고정되어 있던 영상은 액체처럼 용해되어 미세한 점들, 혹은 코드의 덩어리가 되었고 그것들이 흩어지기 시작했기 때문이다. 이러한 상태에서 관객은 특정한 현실의 대상을 인지하듯 영상을 감상할 수 없고,

---

84) 이에 관해 필자의 다음 글을 참조할 수 있다. 김무규(2012), 『서사적 영상에서 성찰적 형상으로: 영화 미디어론』, 한울, 52~72쪽.

무엇인가를 보려면 그 덩어리를 형태로 만들어야 한다. 디크 벡커**Dirk Baecker**의 표현에 따르면, "컴퓨터의 스크린은 영화관과 텔레비전의 그것과 다른데, 왜냐하면 컴퓨터 사용자는 그가 하는 행위에 대한 통제를 다시 획득하였기 때문이다".85) 그리고 통제의 획득은 사용자의 자유로운 선택을 의미하게 된다. 응축되어 있던 영상 콘텐츠 형식은 또 다시 느슨한 연결의 미디어로 변화하고, 또 이러한 변화는 지속적으로 반복되었다.

이 부분에 대해 혹자는 디지털 영화가 컴퓨터 그래픽을 통해 환상적인 것을 사실적으로 표현하는 특징이 있는데, 여기에서 어떻게 관객이 행위자가 되어서 통제를 하거나 선택을 할 수 있는가 하는 의문을 가질 수도 있을 것이다. 이와 관련된 디지털 영화의 유형과 그 의미에 대해서는 제4장에서 자세히 살펴볼 것이다. 영화가 뉴미디어로서 행위자에 의한 질서의 선택이 가능한 것으로 변화하였다면 그것은 디지털 기술, 혹은 컴퓨터의 덕택이다. 루만은 컴퓨터에 대해 다음과 같이 설명한 바 있다.

컴퓨터 프로그램은 그 매체를 커뮤니케이션 스스로가 어떻게 형식들로 응축할지를 결정하지 않는다. 그를 위해서는 정보의 입력과 호출이라는 사건들이 일어나야 하기 때문이다. 하지만 컴퓨터 프로그램은 과거에 언어의 문법규칙이 그러했듯이, 엄격한 결합의 가능성을 제한하고, 그렇게 함으로써 그 가능성들을 가늠할 수 없을 정도로 확장할 수 있는 형식이다.86)

---

85) Dirk Baecker(2007), "Communication with Computers, or How Next Society calls for an Understanding of Temporal Form", *Soziale Systeme*, 13(1/2), p. 411.
86) 니클라스 루만, 장춘익 역(2013), 앞의 책, 366쪽(필자 고딕 강조).

컴퓨터의 프로그램에 의해 처리되는 과정에서 미디어는 형식으로 응축시키셔 어떤 모양으로 만들기 용이하지 않다. 무한한 가능성만이 존재할 뿐이다. 마찬가지로 뉴미디어가 지니는 올드미디어와의 차별성도 여기에서 발견된다. 노르베르트 볼쯔*Norbert Bolz*는 뉴미디어의 이해를 위하여 루만의 미디어론이 지니는 의미를 다음과 같이 정리하였다.

> 자유는 선택의 자유이다. 선택의 자유는 통제의 문제로 나타난다. 통제는 결정이다. 그리고 결정은 계산으로 자동화된다. (…중략…) 이것은 오늘날 컴퓨터 사용의 일상이다. 여기에는 오직 하나의 커뮤니케이션 이론이 발전될 수 있는데, 그것은 더 이상 대화문화론이나 해석학을 지향하는 것이 아니라 재귀적 기능들과 알고리즘을 지향한다.87)

볼쯔는 이렇게 응축되지 않는 특성이 창의성으로 발전할 수 있다고 하였는데 이 논제는 앞의 인용문으로 끝나지 않고 계속 논의될 것이다. 뉴미디어에 대한 특성을 포괄적으로 설명하려는 여러 이론적인 연구가 있었지만, 체계 이론을 바탕으로 하여 그러한 시도를 수행한 경우는 찾아보기 어렵다. 체계 이론적 '뉴'미디어론이 낯설게 느껴지는 데에는 그만한 이유가 있다고 생각된다. 루만은 체계 이론을 정립한 이후, 그 이론의 관점에서 사회의 여러 분야들을 종합적으로 설명하는 거대한 작업을 시도하였다. 그리고 그의 작업에서 미디어가 지니는 의미는 매우 크다. 그럼에도 불구하고 그의 미디어 고찰에서 뉴

---

87) Norbert Bolz(1993), *Am Ende der Gutenberg Galaxy*, München: Fink, p. 37.

미디어의 이해에서 중요한 기술적 원리의 관점은 큰 의미를 지니지 않는다.

그의 방대한 이론 설계의 최종 목적은 사회체계의 분화 및 진화에 대한 고찰에 있었다. 따라서 그는 이와 관련된 상징일반 미디어 개념에 많은 관심을 두었다. 루만은 그의 저서 『사회의 사회*Die Gesellschaft der Gesellschaft*』에서 부분적으로 컴퓨터와 같은 뉴미디어를 다루고 있다.[88] 그리고 이 부분은 상징일반 미디어가 전자 미디어에 의해 복잡해지는 사회체계를 정돈하는 역할을 한다는 설명을 하기 위해 언급하고 있다. 아마도 루만은 그 때문에 뉴미디어에 대한 깊이 있는 고찰을 하지 않았던 것 같다. 루만이 지적한 뉴미디어에 대해 간략한 언급을 인용하면 다음과 같다.

새로운 세기의 뉴미디어는 전세계적으로 커뮤니케이션의 가능성을 다시 한 번 확대시켰다. 이로써 뉴미디어는 가능한 커뮤니케이션과 실제로 발생한 커뮤니케이션 사이의 불일치를 더욱 첨예하게 하였다. 그것으로 선택의 문제는 더욱 첨예하게 되었는데, 이에 대해 사회는 조직화로 대응하였고, 다른 한 편으로 선택의 개별화로 대응하였다. (…중략…) 그리고 이것으로 미디어와 형식의 차이에 더욱 큰 의미가 부여되었다.[89]

루만은 뉴미디어의 특수성에 대해 생각하기보다 사회체계 이론가답게 그것으로 말미암아 발생한 복잡성과 우연성의 확대를 축소하기

---

88) Dirk Baecker(2007), *Op. cit.*, pp. 407~418; Dirk Baecker(2006), "Niklas Luhmann in the Society of the Computer", *Cybernetics and Human Knowing*, 13(2), pp. 25~40.
89) 니클라스 루만, 장춘익 역(2013), 앞의 책, 311쪽.

위해 사회체계는 어떻게 대응하였는가의 문제에 대해 더 많은 관심을 기울였다.

루만은 문자, 서적인쇄, 전자 미디어와 같은 확산미디어의 기술적 발전은 체계의 고정성을 침해하는 요인으로 작용한다고 하였다. 같은 맥락에서 벡커는 디지털 미디어가 안정된 사회체계의 구성과 작동을 위해 필수적인 미디어의 기능, 주로 상징일반 미디어의 기능을 교란시키는 특징을 강조하였다. 그리고 그것으로 말미암아 나타난 복잡성에 대해 역사는 체계의 구성, 다시 말해서 상징일반 미디어를 활성화시킴으로써 대응하였다고 했다. 만약에 디지털 방식이 미디어와 형식의 차이를 규정하기 곤란하게 만드는 기술이라면, 다시 말해서 뉴미디어의 분산작용으로 말미암아 체계의 폐쇄적 작용이 계속해서 교란된다면 상징일반 미디어로 작용하였던 기존의 체계들이 뉴미디어 시대에는 어떻게 될 것인가? 이러한 벡커의 문제제기에 대해 정성훈은 경제체계의 상징일반 미디어인 화폐에 대해 그리고 "디지털 속도와 글로벌화를 쫓아가지 못하고 있는 법의 지배"의 예를 들어 이 문제를 논하였다.90) 필자는 이에 대해 답할 수 없다. 이후에도 필자는 영화의 경우를 분석하면서 뉴미디어화되는 영화를 체계 이론의 관점에서 분석할 것이지만 경제체계나 법체계와 같은 사회체계가 어떠한 체계를 구성하여 또 어떠한 상징일반 미디어로 그것에 대응할지의 문제는 다루지 않을 것이다. 예술의 분야로 그리고 영화의 분야로 연구의 대상을 좁히면 이러한 문제는 살펴볼 필요가 없겠지만 그래도 이 점이 이

---

90) 정성훈(2016), 「디지털 시대: 확산매체와 성공매체 사이의 긴장」, 『인문학연구』 51, 34~39쪽.

책의 미진한 점이라고 생각된다.91)

다만 루만의 저작에서 컴퓨터에 대한 논평들을 해석한 벡커는 컴퓨터에 의한 복잡성의 생성에 초점을 맞춘 데 반해, 이러한 상황이 또 다른 창의성으로 작용할 수 있다는 점을 부각시키고자 한다. 나중에 다시 살펴보겠지만 루만의 체계 이론을 참고하여 뉴미디어의 의미를 고려한 볼쯔의 입장이 그것이다. 볼쯔에 의하면 디지털 기술에서 창의성을 발견할 수 있기 때문에 디지털 미디어는 단순한 기술이 아니라 뉴미디어라고 할 수 있다. 복잡성의 확산뿐만 아니라 창의적 수행성으로 연결될 수 있는 가능성이 있다는 점을 부각시켰기 때문에 그러한 입장이 가능하였다. 그렇다면 뉴미디어가 기반하고 있는 디지털 기술이 어떻게 단순한 확산이 아닌 창의성으로 연결되는지 알아보아야 한다. 디지털의 원리에 대해 보다 심도 있는 이해가 필요하며, 이와 관련된 사례분석이 필요하다. 이에 대해서는 다음 장에서 알아보도록 하겠다.

---

91) 그렇지 않은 입장도 있지만 인터미디어는 예술 미디어의 뉴미디어 및 융합의 문제를 다루는 이론이라는 견해가 있다. Juha Herkman(2012), "Introduction: Intermediality as a Theory and Methodology", Juha Herkman and Taisto Hujanen and Paavo Oinonen(eds.), *Intermediality and Media Change*, Tampere: Tampere University Press, pp. 10~28.

제3장 뉴미디어의 우연한 수행

1. 구조의 역설과 수행의 사건성

1) 뉴미디어 현상과 개념의 역설

뉴미디어에 관한 현상들을 이해하기 위해 사용되는 개념들이 그 의미와 논리에 있어서 모순적인 경우가 간혹 있다. 다양한 개념들 가운데 생비자*prosumer* 그리고 UCC*user created content*, 혹은 UGC*user generated content* 등이 그것이다. UCC는 뉴미디어 콘텐츠의 특성을 표현하는 용어들 가운데 가장 대표적인 것으로 뉴미디어에 의해 제작된 결과물을 의미한다. 그리고 생산과 소비를 동시에 한다는 의미를 지닌 생비자는 그러한 결과물의 산출 주체를 의미하는 용어이다. 그 용어들이 뉴미디어 환경 변화에 따라 나타나는 콘텐츠를 이해하기 위해 활용되고 있다는 점은 주지의 사실이다. 그러나 이러한 용어들을 통하여 올드미디어에 의해 이루어지는 제작(예술적인 창작이나 대중적인 문화적 생산물을 포괄하여)이 뉴미디어에 의해 이루어지는 콘텐츠의 창출과 어떻게 다른가 하는 문제는 이해할 수 있지만 뉴미디어 환경에서 이루어지는 작업들의 본질적인 면모를 표현하기에는 부족하다.

그래서 그 차이를 고찰하면서 보다 심층적인 뉴미디어의 특성을 살펴보고 또 그것으로부터 다른 개념이 제시될 필요가 있다. 길고 긴 올드미디어 시대에 그것의 핵심을 파악하기 위해서 실로 많고 다양한 용어들과 개념들이 비판적으로 고찰되었다는 점을 생각해보면, 뉴미디어 시대에도 이러한 고찰이 이루어져야 함을 당연하다. 아울러 뉴미디어의 본래적 특성을 제대로 이해할 수 있도록 내적인 논리를 갖춘 개념들이 제시되어야 한다. 이러한 인식적 관심*epistemological interest* 때문에 앞에서 체계 이론을 다루었고 이제 그 결과를 구체화하고자 한다. 물론 언급된 개념이 적절하지 않다고 판단하거나 그 개념을 활용하는 연구자들을 비판하려는 의도는 없다. 왜냐하면 다른 것과의 차이가 먼저 인지되어야 비로소 새로운 것이 무엇인지를 이해할 수 있다는 데에서도 알 수 있듯이, 다양한 용어가 충분히 논의되고 그 차이가 파악될 경우에만 체계적인 개념이 구성될 수 있기 때문이다.

여기에서는 대안적인 개념을 제안하고자 한다. 그렇기 하기 위해서 앞에서 뉴미디어의 개념을 매우 협소하고 체계적으로 파악하였는데, 다음에서 우연성*Kontingenz, contingency*과 수행성*performativity*의 의미를 통하여 더 구체적으로 고찰해보겠다. 본격적으로 논의하기에 앞서 간략히 이 개념의 의미를 소개하면, 우연성이란 결정되지 않은 상태에서 무엇인가를 선택할 수 있는 상황을 말한다. 그리고 이러한 상태에서 어떠한 결정을 행하는 일종의 사건*event*을 수행이라고 한다. 반면에 특정한 목적에 따라 어떠한 것이 발생되거나 진행되는 경우, 그리고 진행될 일들이 구조화되어서 이미 정해져 있는 대로 행하는 것도 수행이라고 할 수도 있으나 그것은 전자에 비해 수행의 의미가 미약하다. 우연성과 수행성은 필연성과 합목적성과는 다른 문맥에서 이해된다.

다시 말해서 우연성과 수행성은 미완성의 상태, 즉 구조적으로 완결되지 않은 상태에서 발생하는 것, 그리고 반드시 그렇게 되어야 할 필연성이 없는 것과 관련되어 있다. 이 글은 두 개념이 뉴미디어의 본질적인 특성을 잘 드러내주는 용어가 될 수 있음을 주장하고자 한다. 물론 간단히 언급한 바와 같은 의미론적*semantic*인 함의만을 가지고 그러한 제안을 하려는 것은 아니다. 두 개념은 과거부터 많은 이론적 고찰로 논의되던 개념이며 아울러 최근의 지적, 문화적인 변화, 예를 들어 현대성과 관련된 개념으로 알려져 있다. 그리고 이러한 논의의 전후관계를 파악하여 수행성을 뉴미디어 콘텐츠에 대한 이해에 도움이 되는 개념으로 발전시키려고 한다. 그리고 그것을 디지털 수행, 혹은 디지털 퍼포먼스라고 칭하는 것이 적절할 것이다.

생비자라고 번역되는 프로슈머 개념은 정보를 전달하면서 동시에 수용하고, 또는 콘텐츠를 생산하면서 동시에 그것을 소비하는 상황에 처한 뉴미디어의 사용자, 혹은 그 주체를 말한다. 프로슈머의 개념을 최초로 언급한 학자는 앨빈 토플러*Alvin Toffler*로 알려져 있으며,[1] 액셀

---

1) Alvin Toffler(1980), *The Third Wave*, New York: Bantam Books.

브런스*Axel Bruns*는 그의 저서에서 프로듀시지*produsage*라는 개념을 중심으로 여러 뉴미디어 현상들을 설명하였다.2) 그런데 이 개념도 프로슈머처럼 모순된 의미를 지니고 있다. 왜냐하면 과연 정보의 전달과 수용이, 콘텐츠의 생산과 소비가 동시에 발생할 수 있는가 하는 질문을 진지하게 던져보면 그러한 상황이 쉽게 발생되지 않을 것이라고 생각되기 때문이다. 그리고 창작은 창작자가 하는 것인데 UCC의 경우 그것을 사용자가 한다니 역설적이지 않을 수 없다.3)

프로슈머, 프로듀시지, UCC, UGC와 같은 용어들은 뉴미디어 환경에 놓여 있는 주체와 객체의 새로운 관계나 역할을 규정한다. 특히

---

2) Axel Bruns(2008), *Blogs, Wikipedia, Second Life, and Beyond: From Production to Produsage*, New York: Peter Lang.

3) 뉴미디어 현상의 모순적인 특성은 쉽게 발견된다. 예를 들어 블로그나 SNS와 같은 뉴미디어는 사실 1인 미디어라고 할 수 있을 만큼 상당히 개인적이고 사적이다. 그러나 이렇게 개인적이고 사적인 정보가 상당한 신뢰성을 지니거나 무시할 수 없는 사회적 효과를 가져 온다는 사실은 실증적 연구에서 잘 나타난다. 사적인 이야기(narrative)와 공적인 정보(information), 혹은 개인성과 사회성은 서로 상반되는 의미를 지니고 있는데, 그럼에도 불구하고 뉴미디어로 환경에서 그것들이 혼재하는 현상은 오히려 자연스럽다. 그리고 그 때문에 뉴미디어에 대한 특성을 거시적으로 규정하는 개념들 안에서도 역시 역설적이고 모순적인 의미가 동시에 존재하는 것 같다. 필자가 보기에 뉴미디어 현상을 둘러싼 역설은 다음의 네 가지 측면에서 발생한다.

  (1) 사용주체가 생산자와 수용자의 특성과 역할을 모두 하는 경우.

  (2) 활용되는 미디어가 뉴미디어이지만 올드미디어와 융합되어 사용되는 경우(Henry Jenkins(2006), *Convergence Culture: Where Old and New Media Collide*, New York: New York University Press).

  (3) 생산된 정보가 의미를 전달하거나 대상을 관찰하는 것뿐만 아니라 미디어나 사용자 스스로를 노출하여 자기표현의 기능을 수행(self-presentation)하는 경우(김유정(2008), 「웹 개인미디어에서의 사이버 자기표현」, 『한국언론학보』 52(6), 78~99쪽; Astrid Schütz et al.(2005), "Self-Presentation on the Internet: Analysing the Usage of Personal Websites", Astrid Schütz et al.(eds.), *New Media in Everyday Life: Findings from the Fields of Work, Learning and Leisure*, Lengerich: Papst, pp. 257~274.

  (4) 효과의 측면에서 사적이고 주관적인 이야기가 더욱 공적이며 객관적으로 이해되는 경우가 그것이다.

프로슈머나 프로듀시지는 주체가 그들이 다루는 콘텐츠와 어떠한 관계에 놓여 있는지, 그리고 그것이 올드미디어의 경우와 어떻게 다른가를 고려하여 만들어진 용어라고 생각된다. 그런데 그 용어들은 올드미디어의 경우와 뉴미디어 환경이 서로 다르다는 점은 함의하고 있지만, 뉴미디어의 특성을 적극적으로 반영한 결과는 아니다.4) 다르다는 사실이 인지된 것도 이제 상당히 오래전이고, 뉴미디어 현상들이 특별하고 진기한 일이라기보다 문화적인 주류로 자리 잡고 있는 점을 감안한다면5) 뉴미디어의 주체나 객체에 대한 의미의 본격적 이해가 반영된 개념이 필요하다. 그리고 그것은 모순적인 개념이 유발될 수밖에 없는 현상에 대한 엄격한 이해를 통해서 가능하다. 많은 뉴미디어 연구자들 가운데 세르쥬 프루 등Serge Proulx et al.은 뉴미디어 현상이 지니는 역설적인 측면, 그것이 결국 개념의 체계성을 결여시킨다는 점에 대해 인지하고 있는 것 같다. 프루는 브런스가 제안한 프로듀시지 개념을 받아들이고 그것이 여러 뉴미디어 현상들 가운데 특히 위키피디아와 같은 집단지성을 이해하는 데 중요한 역할을 한다고 생각한다.

프루는 브런스처럼 주로 인터넷 사용자, 특히 그들이 어떠한 지식을 창출하고 사회적인 체계를 구성하는 뉴미디어 사례에 대해 관심을

---

4) 브런스가 규정한 프로듀시지 개념의 의미는 다음의 네 가지 방향으로 이해할 수 있다. (1) 개방적 참여와 공동 평가(open participation, communal evaluation), (2) 유동적 헤테라키와 즉각적 능력주의(fluid heterarchy, ad hoc meritocracy) (3) 미완성의 생산물과 지속적 과정(unfinished artifacts, continuing process), (4) 공동소유물과 개별적 보상(common property, individual rewards).
   Axel Bruns and Jan-Hinrik Schmidt(2011), "Produsage: A Closer look at Continuing Developments", *New Review of Hypermedia and Multimedia*, 17(1), pp. 3~7.

5) Leah A. Lievrouw(2004), "What's changed about New Media?: Introduction to the fifth Anniversary Issue of New Media and Society", *New Media and Society*, 6(1), pp. 9~15.

갖는다. 그런데 그가 바라보는 현상의 주된 특성은 역설이다. 집단적인 방식을 통해 지식 형성을 수행하는 자는 프로슈머, 그들의 활동을 프로듀시지라고 할 수 있는데, 그들의 행위는 두 가지 상반된 결과로 나타난다고 한다. 즉 한편으로 그들은 기존의 (경제적) 체계를 영속화시키기도 하며 동시에 "주체의 자유를 위한 가능성을 열어준다. (…중략…) 다시 말해서 프로듀시지의 행위는 소외시키는*alienating* 특성과 동시에 해방시키는 특성을 동시에 지니고 있기 때문에 역설적이라고 할 수 있다".6) 우리는 웹 환경하에서 자본주의적인 경제체계가 강화되고 또는 관행적 정치행위가 지속되는 현상을 관찰할 수 있으며 아울러 웹 환경에서의 활동이 주류 경제, 정치체계에 대해 비판적이며 그것이 일종의 해방적*emancipatory*인 기능으로 이어지는 것 또한 목격한다. 이러한 상반되는 결과가 발생하는 것은 프로슈머나 프로듀시지 개념이 지니고 있는 의미와 같은 맥락이라고 할 수 있다. 왜냐하면 피동적인 수용자는 기존의 어떠한 것을 지속시키려고 할 것이며 적극적인 생산자는 그것을 다르게 변화시키려고 할 것이기 때문이다. 그리고 프로슈머가 수용자임과 동시에 생산자이기 때문에 그들의 활동은 체계에 의한 종속과 동시에 해방의 결과로 나타난다.

프루가 지적한 역설은, 그리고 그의 지적이 아니더라도 쉽게 알 수 있는 역설의 현상은 뉴미디어에 대한 깊은 이해를 요구한다. 필자는 뉴미디어의 특성을 설명하기 위해 가장 자주 사용되는 상호작용성*interactivity*이라는 용어도 이러한 역설에서 자유롭지 못하다고 생각한

---

6) Serge Proulx et al.(2011), "Paradoxical Empowerment of Produsers in the Context of Informational Capitalism", *New Review of Hypermedia and Multimedia*, 17(1), p. 10.

다. 단순히 상호작용성을 뉴미디어의 현상적인 (더 정확히 말하자면 피상적인) 특성을 묘사하고자 할 때는 사용될 수 있을지 몰라도 그것을 뉴미디어의 체계적인 의미가 담겨 있는 개념으로 제시하려면 이러한 역설적인 측면에 대한 해명이 있어야 할 것이다. 권상희에 따르면 상호작용성 개념을 명확하게 정의하기 어려운데 그것은 미디어 장르가 다양하고 또한 그 미디어를 사용하는 사용자의 인식이 제각기 다르기 때문이다. 그래서 다양한 미디어별 상호작용성의 의미를 구분하여 정리하였다. 이러한 연구는 상호작용성 개념의 모호함을 극복하기 위하여 다양한 사례에 적합한 상호작용성 개념이 지니는 의미의 차이를 지적하고 그것을 세분화하였다는 데에 의의가 있다.[7]

그런데 한편 모호한 개념을 유형화하고 구별하여 해결하지 않고 그 개념의 의미를 더욱 심화하여 다양한 사례에 공통적으로 적용할만한 진보된 개념, 혹은 아예 다른 개념을 제시하는 경우도 있다. 이러한 경우는 분명히 적용의 가능성이 큰 체계적인 개념을 유지하여 문제를 해결하는 방향이다. 프루가 의식한 점이 그것이다. 그는 프로듀시지 개념으로 뉴미디어 현상의 역설적인 특성을 표현할 수는 있겠지만 그 이면에 존재하고 있는 근본적인 특성, 즉 역설적인 특성이 발생하는 인과관계나 논리적 체계를 이해하기 위해서는 보다 심층적인 개념적 논의가 필요하다고 하였다. 즉 그는 "[역설적인 현상들의] 다양함의 이면에는 통일성이 있으며 이러한 협동적 실행은 어떠한 공통적 성향을 공유한다"고 주장한다.[8]

---

7) 권상희(2007), 「인터넷 미디어의 상호작용성(Interactivity) 차원 연구: 미디어양식별 이용자의 인식특성에 따른 차이분석 중심으로」, 『한국방송학보』 21(2), 46~97쪽.
8) Serge Proulx et al.(2011), *Op. cit.*, p. 12.

직접적으로 상호작용성을 겨냥한 비판적인 고찰은 아니지만 프루의 연구는 뉴미디어 현상과 설명에 나타나는 문제를 해결하기 위해 다음과 같은 해결책을 제시한다. 즉 역설적인 상황에 대해 프루의 해결책은 결국 개념을 자세히 살펴보는 것이며, 권력 강화*empowerment* 개념을 그 예로 든다. 간략히 말하여 권력의 강화 작용은 수동적이며 잠재적인 권력의 작용과 적극적이고 해방적인 작용의 상반된 두 가지 요소를 모두 지니고 있는데, 그 두 요소는 서로 상반되는 것처럼 보이지만 사실 하나에서 다른 하나로의 이행이 이루어지는 과정으로 이해한다면 서로 상충되지 않는 것으로 파악될 수 있다. 즉 중요한 것은 상반된 두 결과들이 아니라 하나에서 다른 하나로의 이행 과정이다. 프루의 고찰 방식은 권력 강화라는 하나의 개념에 집중하고 있기 때문에 그것이 포괄적인 설명이라고 생각되지는 않는다. 그러나 그가 어떠한 현상을 표현하는 데에 있어서 그것의 정체적 특성보다는 역동적이며 진행적 과정의 개념을 활용하였다는 점은 시사하는 바가 크다. 그리고 여기에서 다루게 될 뉴미디어의 역설적 특성에 대한 고찰의 맥락과 크게 다르지 않다고 생각한다.

프루의 착안은 흥미로우며 그의 고찰이 지닌 문맥에서 참고할 수 있는 점은 다음이다. 역설적인 상황은 특정한 용어로 표기만할 것이 아니라 그것의 수사적인 효과에만 만족하지 말고 그것의 원인과 구조가 설명되어야 한다. 용어로 표현함을 통해 현상이 지니는 새롭고 관심을 끄는 점에 주의를 환기시킬 수도 있지만 그러한 현상이 왜 발생하였고, 또 비슷한 상황에서 그것이 어떻게 작동될 것인가를 예측하기 위해서는 보다 심도 있는 고찰이 필요하다. 예를 들어 프로슈머나 생비자, 혹은 UGC, UCC와 같은 개념은 그 용어가 갖는 매력이나 호

소력에 비해 논리적 체계성이 취약하다. 그리고 그러한 설명이 추가되었을 때 어떠한 용어는 체계적인 개념으로 발전하게 되고, 그러한 개념에서 우리는 현상의 본질을 보다 더 깊이 이해할 수 있다. 아울러 그러한 이해를 바탕으로 현상의 범주와 차별성 등을 파악할 수 있다.

2) 지속적 수행의 과정

뉴미디어 환경, 특히 웹 2.0 환경에서 사용자들의 활동은 콘텐츠를 생산하고 소비하기보다 그러한 행위를 지속적으로 행하는 데 더 큰 의미가 있다. 두 가지 예를 들 수 있는데, 첫째로 인터넷 환경에서 창출되는 경제적인 가치를 생각해보면, 공장에서 어떠한 생산품이 생산되어 그 제품이 거래되는 것과 달리 어떠한 제품을 제작할 수 있는 가능성이 거래된다. 예전에 사이월드가 많은 이들에게 관심을 끌었었고 또 최근에 페이스북이나 트위터와 같은 SNS가 커다란 경제적 가치를 창출하는데, 여기에서 소비자에게 제공되는 것은 제작된 결과물이 아닌 그러한 결과물을 누구나 제작할 수 있는 폭넓은 가능성이다. 즉 행위의 가능성이 제공되는 것이지 소비될 수 있는 제품이 제공되지 않는다.

또한 경제적인 차원과는 관계없는 위키피디아와 같은 집단지성의 경우를 생각해보아도 이러한 현상을 확인할 수 있다. 왜 인터넷 유저는 특정한 이해 관계 없이 자발적으로 집단지성의 형성에 참여하게 되는가? 이러한 질문의 답변에서 콘텐츠의 결과물보다 그것을 만들어가는 과정의 수행이 더 큰 의미를 지닌다는 점을 알 수 있다. 몇몇 연구들은 집단지성의 참여자들이 경제적인 이익이나 정치적 이해 관계보다 그저 단순히 참여할 수 있다는 가능성에 흥미를 느끼고, 그러한 흥미가 참여를 유발시킨다는 사실을 주장하였다. 즉 중요한 것은 지식을 생산하고 소비하는, 즉 전달하고 수용하는 유통이 아니라, 일종의 행동유도성*affordance*이나 우연한 발견에서 느끼는 즐거움*serendipity*이다.9) 물론 집단지성의 성립은 그것이 지니는 지식 창출과 확산의 동기가 작용한 결과이기도 하지만 많은 인터넷 유저들이 서로에 대해 잘 모르는 상태에서 이루어지는 참여의 동기를 설명하기 위해 이러한 참여 그 자체, 혹은 수행 그 자체에 주목하지 않을 수 없다. 다시 말해서 어떠한 지식을 다른 이에게 전달한다는 데에 그리고 그 지식을 습득한다는 점 때문에 집단지성이 성립될 수 있는 것이 아니라, 행위의 가능성이 있기 때문에 성립된다고 할 수 있다.

이러한 관점에서 주형일의 연구는 흥미롭다. 주형일은 집단지성의 활성화에서 중요한 것은 지식생산의 새로운 방식이 만들어진다는 점뿐만 아니라 집단지성의 형성 자체가 지식권력에 대한 반발을 의미한다고 설명했다. 다시 말해서 지식 형성의 대중적 참여를 통해 전문가에게 위임되었던 지식창출과는 다른 방법이 특히 뉴미디어 환경을 통해 이루어졌다는 점은 주지의 사실이지만, 정작 중요한 점은 다른 데에 있다고 한다. 오히려 집단지성과 "권력이 어떻게 분배되고 행사되느냐하는 것이 훨씬 더 밀접히 관련돼 있다".10) 그렇게 본다면 집단지성은 그 지식 형성의 과정에 큰 의미가 있다. 왜냐하면 어떠한 지식이

9) Nicolas Auray(2007), "Folksonomy: A New Way to Serendipity", *Communications and Strategies*, 65, pp. 67~91.
10) 주형일(2012), 「집단지성과 지적 해방에 대한 고찰: 디지털 미디어는 집단지성을 만드는가?」, 『열린정신 인문학연구』 13(2), 23~24쪽.

결과로서 산출되는가에 대한 문제보다도 여러 사람들의 참여를 통하여 권력구조가 재편되는 그 과정의 특징이 집단지성의 가치를 더욱 잘 나타내주기 때문이다. 결국 중요한 점은 결과물을 산출하기 위한 행위가 아니라 단지 행위를 지속적으로 수행하는 순간이며 이것으로 발생하는 변화는 개선이나 수정을 목적으로 하는 것이 아니라 단지 변화하는 상태에 놓여 있다는 데에 의미가 있다. 단일한 주체는 지식을 확정하지만 다양한 집단은 지식을 교환하고 변화시키기 때문이다.

따라서 생비자, 혹은 UCC와 같은 개념들처럼 결과에 치중된 의미를 지닌 개념, 다른 말로 표현하여 전통적인 인식론적 틀에 기반을 둔 개념들과는 다른 관점이 도입되어야 한다. 정보의 유통은 설명하기 어려운 주체의 관념에 의존하고 있으며, 전달될 수 있는 어떠한 것이 존재한다는 존재론적 관념을 전제로 하고 있다. 그 때문에 단일하게 생각되어야 할 주체가 생산과 소비를 동시에 행한다는 논리적인 모순에 직면할 수밖에 없다. 마찬가지로 UCC도 전통적인 작품 개념, 즉 어떠한 대상이 존재하고 콘텐츠란 그것을 반영한다는 사고 방식에 비롯하여 이율배반적인 용어가 만들어지게 되었다. 어떠한 주체를 중심으로 이미 존재하는 정보나 콘텐츠가 유통된다는 인식이 아니라, 오히려 반대로 정보나 콘텐츠의 흐름과 움직임이 존재를 규정한다는 새로운 인식론적인 사유 방식이 필요하다. 따라서 뉴미디어와 관련된 개념을 구성할 때, 결정되어 있는 것, 존재하고 있는 것, 또 그러한 것들을 통제하고 작용을 촉발시키는 주체 등을 의식하면 좋은 결과가 나타나지 않을 것이다. 오히려 변화하는 상태, 움직임이나 흐름, 혹은 과정성의 함의를 지니도록 하면 효과적인 개념이 구성될 수 있을 것이며, 아울러 앞서 언급되었던 역설을 피할 수 있을 것이다.

앞에서 검토한 루만의 체계 이론의 관점에서 이러한 상황을 이해할수 있다. 뉴미디어 환경의 상황은 생산과 소비, 전달과 수용, 교육과이해와 같은 1차 질서에서 이루어지는 것들이 아니라 그러한 질서를관찰하는 질서, 즉 2차 질서의 상황에서 이루어진다. 위에서 언급한두 가지 사례를 중심으로 살펴보자면, 뉴미디어 환경은 경제적 가치가 공급되고 소비되는 일반적 경제체계와 달리, 그러한 경제적 활동이 발생하는 배경이나 가능성, 혹은 그러한 체계의 움직임을 그 내용으로 하고 있다. 즉 경제체계 작동의 환경이 바로 뉴미디어 환경의체계로 작동하게 되어 하나의 질서가 다른 질서로 이동하고 있음을알 수 있다. 마찬가지로 집단지성의 경우도 뉴미디어 '환경'에서는 어떠한 확정적 지식의 존재나 그것의 이해가 중요한 것이 아니라 그러한 지식이 유동적으로 변화할 수 있는 가능성이 더 큰 의미를 지닌다.간단히 말하여 집단지성의 체계에서는 그 지식이 옳고 그르다는 판단보다는 누군가(인터넷 유저)에 의해서 지식이 발굴되고 또 수정될 수있는 지속적인 수행의 가능성이 있는가 하는 점이 더 중요하다. 그때문에 전문가에 의한 올바른 지식보다 비전문가일지라도 그들이 지식창출에 참여할 수 있는지가 관건일 수밖에 없다. 이렇게 체계를 구분하여 설명함으로써 알 수 있듯이, 뉴미디어 환경에서는 생산과 소비, 즉 생비자에서 말하는 생비 혹은 사용과 창작, 즉 UCC에서 말하는창작*creation*과 사용*usage* 어느 쪽도 중요한 요인이 될 수 없다. 중요하지 않은 것을 고려하여 개념을 설정한다면 그것은 역설적일 수밖에없다. 즉 구조적인 관점으로는 역설을 피할 수 없다. 더욱 중요한 것,즉 지속적인 변화의 가능성이 고려되어 개념이 구성되어야 한다. 이러한 문제에 접근하기 위해 다음에서 미결정의 우연성과 지속적 수행이 무엇인지 좀 더 자세히 알아보겠다.

3) 선택의 우연성과 디지털 원리

뉴미디어는 집중적인 발전과 분산적인 발전을 유발시킨다는 점은 앞에서도 언급했었는데, 페터 슈팡엔베르크*Peter M. Spangenberg*도 19세기 후반부터 나타난 테크놀로지의 비약적인 발전은 상반되며 모순적인 두 방향으로 전개된다고 하였다. 한편으로는 테크놀로지가 자연을 지배하는 용도로 활용되어 '기능화시키는 단순화*funktionierende Simplifikation*'의 수단으로 발전한 반면에, 영화의 발명으로부터 시작되는 또 다른 발전의 방향도 있다고 지적하였다. 이러한 다른 방향이란 개인적인 행위와 인지의 조건을 변화시키는 쪽으로 발전을 말한다.11) 후자의 방향은 추상적이지만 슈팡엔베르크는 그것을 '우연성의 체험 가능성' 이라는 함축적 의미로 파악한다. 다시 말해서 기술은 지각이나 생성의 조건들의 결정을 유보시킬 수 있다고 하였는데, 그러한 미결정의 상태에서 우연성이 직접 체험될 수 있다고 보았다. 우연성을 경험한다는 것은 재현의 연속성, 혹은 (기호 등을 통한) 표현의 연속성을 유지하는 것이 아니라 그것이 단절된 불연속적 상태에서 연속성 자체를 다루는 경험을 말한다. 그리고 벤야민은 기술복제론에서 기술이 우연성의 경험을 가능하도록 할 것이라고 설명한 데 반해, 슈팡엔베르크는 디지털

---

11) Peter M. Spangenberg(2001), "Produktive Irritationen. Zum Verhältnis von Medienkunst, Medientheorie und gesellschaftlichem Wandel", Peter Gendolla et al.(eds.), *Formen interaktiver Medienkunst: Geschichte, Tendenzen, Utopien*, Frankfurt/M: Suhrkamp, pp. 95~139.

기술로 말미암아 그러한 가능성은 실현되었다고 주장한다. 다시 말해서 그것은 기계적인 기술에 의한 분산적 지각의 가능성이 디지털 기술로 인해 현실적으로 나타난다는 설명이다. 다시 말해서 분산의 가능성은 영화에 풍부하게 존재하였다고 하더라도 그것이 문화적으로 발전하지 못했고 다만 잠재적 가능성으로만 머물렀다. 그러나 디지털 기술이 우리의 생활 곳곳에 침투하고 있는 21세기의 환경을 살펴보면, 서사적 선형의 형식이 아닌 비선형적, 혹은 상호작용적 형식의 예술·문화·환경 등이 확대되고 있음을 이해할 수 있다.

슈팡엔베르크가 말한 대로 기술의 발전이 인간에게 새로운 체험의 기회를 제공한다고 간주하려면 몇 가지를 자세히 살펴보아야 한다. 즉 기술의 발전과 인간의 새로운 지각, 혹은 행위의 가능성 사이의 관련성을 이해하기 위해서는 우선 우연성의 의미에 대해서 살펴보아야 하는데, 특히 상호작용성과 같이 익숙한 개념을 사용하지 않고 우연성을 강조하려는 합당한 이유를 생각해볼 것이다. 아울러 어떻게 기계적 기술이 아닌 디지털 기술이 그러한 우연성을 확대하는데 기여하는지 그 근거도 파악되어야 한다. 이 문제는 우연성의 뜻과 그 개념이 지니는 장점이 설명된 연후에 살펴보겠다.

우연성이란 "필연적이지도 않으면서 불가능하지도 않은 모든 것"을 말한다.12) 그리하여 "체계적으로 모순적이며 역사적으로 가변적인" 상태를 의미한다.13) 우연성은 선택의 기로에 놓여 있는 상태를

---

12) Niklas Luhmann(1992), "Kontingenz als Eigenwert der modernen Gesellschaft", *Beobachtungen der Moderne*, Opladen: Westdeutscher Verlag, p. 96.
13) Michael Makropoulos(1998), "Kontingenz: Zur Bestimmung einer moderner Zentralkategorie", Peter Zimmermann(ed.), *Eigentlich könnte alles auch anders sein*, Köln: König, p. 13.

말하지만 또한 어떠한 것을 선택하더라도 그것이 큰 문제가 없는 경우를 말한다. 그래서 애초에 우연성에 대한 발상은 명백한 진실이나 확정적인 현실이 있을 것이라는 점을 전제로 하지도 않을뿐더러 그것을 고려한 결과가 아니다. 왜냐하면 선택에는 정답이 없고 어떠한 길로 가더라도 그것이 반드시 올바르거나 필연적인 것은 아니라고 보기 때문이다. 그래서 우연성이란 올바른 선택이 존재하고 그것을 찾아가는 과정이 아니라 단지 여러 가지 가능성들을 계속해서 시뮬레이션하는 것을 말한다. 그리하여 우연한 세계에는 하나의 현실이 아닌 가능한 다양한 현실들이 잠재해 있다. 그리고 그 다양한 현실을 변화하도록 유도하며 혹은 변화를 부추기는 상태를 뜻한다. 그런데 이렇게 하나의 현실보다는 다양한 현실, 그래서 의미의 확정이 취약해지는 우연성의 순간에는 바로 그 순간에 큰 의미가 부여된다. 선택으로 나타나는 결과들이 별 차이가 없을 때 사람들은 망설이게 되며 최종적인 결정은 시간이 걸리게 마련인데, 그리하여 결정을 하는 그 행위(이후에 행위를 수행이라고 표현하는 것이 적절하다는 점을 설명할 것이다)가 중요하게 된다. 그래서 슈팡엔베르크는 우연성의 '공간'이라는 표현을 한 것 같다. 그리하여 선택이 된 이후의 결과와 그러한 선택을 하는 행위, 그리고 선택된 공간과 선택을 하는 공간의 차이와 구별이 커질 수밖에 없다. 이것은 체계 이론의 표현을 빌자면 1차 현실과 2차 현실, 혹은 1차 질서와 2차 질서의 차이라고 할 수 있다. 체계 이론으로 우연성이 잘 파악된다는 데에서도 알 수 있듯이 체계 이론가나 구성주의자들에게 우연성은 매우 중요하게 인지되어 간혹 그것은 현대*modernity*라는 시대를 표현하는 핵심적인 개념으로 간주되기도 한다.14)

예를 들어 게르하르트 슐체Gerhard Schulze는 (포스트)모던한 사회를 체험사회Erlebnisgesellschaft로 규정한 바 있다. 그는 더 이상 사회의 생산조건과 소비조건이 완결된 서사나 (예술적 범주에서) 효율적 소비가 가능한 제품을 (경제적 범주에서) 지향하지 않고 오히려 이렇게 서사와 소비의 가능성을 제공하는 시장, 즉 체험시장으로 변모하고 있다고 설명한다. 시장은 경제체계가 아니라, 경제체계를 포괄하며 그러한 경제 행위를 가능하게 해주는 2차적 질서에 위치하는 체계이다.15) 이러한 사회문화적 변화에 발맞추어 미디어는 직접적 결과물보다는 결과물의 조건을 간접적으로 생산하는 방향으로 발전하고 있다. 체험사회에서 제공되는 것은 우연성의 시간, 혹은 공간이다. 어떠한 결과가 더 우월하기 때문에 무엇인가를 미리 결정을 하고 그 결과를 제공하지 않는다.

또한 한스 울리히 굼브레히트Hans Ulrich Gumbrecht는 우연성이란 현재의 시대적인 성향에 어울리는 경향이라고 보았다. 굼브레히트에 의하면 현재적 시점이라는 것은 체계 구성이 종결된 시점이 아니라 그러한 선택, 작동, 관찰의 체계 구성 과정 자체가 나타나는 시점이다. 역시 우연성이 활성화된 시점을 말한다.

현재는, 루만의 이론에 의하면, '선택'(그것을 둘러싼 환경의 복합성으로부터 도출되는 체계에 따른 선택), '작동'(어떠한 자기성찰의 구성요소 없

---

14) Michael Makropoulos(1998), "Modernität als Kontingenzkultur", Gerhart von Graevenitz and Odo Marquard and Matthias Christen(eds.), *Poetik und Hermeneutik 17: Kontingenz*, München: Fink, pp. 55~79.

15) Gerhard Schulze(1992), *Die Erlebnisgesellschaft: Kultursoziologie der Gegenwart*, Frankfurt/M and New York: Campus.

이, 체계의 내부에서 하나의 상태/하나의 선택으로부터 다른 상태/다른 선택으로의 전환), '관찰'(자기 성찰과 함께 발생하는, 동일한 체계 내재적 전환)이 실제로 발생하는 시간의 차원이다. (…중략…) 현대 사회를 관찰하는 데 있어서 중요한 생각은 우연성이 오히려 현대 사회의 고유한 가치를 지니고 있다는 것이다. 그것은 현대 사회의 모든 차원들에 스며들며, 모든 것을 흡수하게 되며 그리고 모든 곳에 존재하게 되는 우연성을 말한다.16)

우연성의 의미와 그 의미가 갖는 중요함에 대해 알아보았는데, 이제 우연성이 수행성과 연결되어 있는 맥락에 대해 파악해보겠다. 두 개념과 그 관련성에 대한 고찰은 어떠한 개념이 지니는 체계성을 살펴보고 그것을 모델화하려는 의도에서 비롯된다. 그리고 이후에 뉴미디어 개념을 그 모델에 적용하고자 한다. 그리고 이러한 개념화 작업을 통해 앞서 언급되었던 생비자 혹은 UCC와 같은 여러 개념들의 모순을 극복하고자 한다.

미하엘 마크로폴로스*Michael Makropoulos*에 의하면 우연성의 상태는 단지 필연성이 부재하거나 혹은 선택의 기로에 놓여 있다는 점만을 의미하는 것이 아니다. 이러한 상태에서는 정체된 구조의 반복이나 고정된 의미의 전달이 이루어지는 것이 아니라 어떠한 사건이 촉발되는데, 따라서 우연성은 변화에 매우 탄력적이며 또한 유동적이고 유연한 상태를 의미한다. 그리고 그 사건이란 우발적인, 우연적인 수행을 말한다. 따라서 우연성과 사건으로서의 수행은 구조주의적, 혹은

---

16) Hans Ulrich Gumbrecht(2001), "How is Our Future Contingent? Reading Luhmann against Luhmann", *Theory, Culture and Society*, 18(1), pp. 53~56.

의미론적인 이해 방식을 극복하고 그것의 논리적, 결정론적인 난점들을 해소하는 데 자주 언급된다.

우연성 개념은 우선 불특정성의 논리적-존재적으로 이율배반적인 영역을 의미한다. 그 영역에서 행위와 우연함이 실현된다. 우연성은 그리하여 조작할 수 있는 모든 것, 그리고 행위의 대상으로 활용 가능하게 될 수 있는 모든 것을 말한다. (…중략…) 왜냐하면 행위를 의미 있게 규정하고자 한다면 그것은 서로 간에 대립적이고 배제되는 가능성들 가운데 결정하는 것이며, 그 가능성들로부터의 선택이기 때문이다. 그리고 그것은 상이한 실제적 가능성들을 전제로 한다. 행위는 그 때문에 단지 어떠한 것이 다른 것이 될 수도 있는 상황에서만, 그리고 행동이 있을 때에서만 지속될 수 있는 상황에서 실현된다. (…중략…) 그 때문에 실행된 행위 자체를 통해서 현실로 인도된 어떠한 행위 가능성에 대한 결정은 개방적인 가능성들의 활동 공간을 전제로 한다.17)

우연성의 상태에서 반복되는 것은 없으며 그것은 구조가 변화됨을 의미한다. 그리고 우연성은 단지 결정이 유보되어 있다는 것만을 의미하지 않는다. 그러한 상태가 확보되면 여기에 관여하고 있는 주체들의 행위, 혹은 더 정확히 말하자면 수행이 유발된다. 따라서 우연성은 단절을 의미하는 것이 아니라 수행으로 연결될 수 있는 어떠한 공간이 마련되었음을 의미한다. 그리고 수행은 특정한 목적을 달성하기 위한 구조적인 움직임, 즉 체계의 폐쇄성을 강화하는 행위가 아니라

---

17) Michael Makropoulos(1998), *Op. cit.*, p. 14(필자 고딕 강조).

다양한 잠재적 가능성을 시도해보는 행위를 말한다. 그래서 수행은 체계의 외부에 위치하며 체계를 와해시키고 또 다른 체계를 구성한다. 그리고 그 수행은 종결되지 않고 지속된다. 우연적인 상황에서는 행위*action*, 혹은 수행*performance*이 요구된다. 정해져 있지 않은 빈 공간을 채우려면, 갈림길에 서있는 사람이 무엇인가를 선택하려면 그는 무엇인가를 수용하거나 이해하는 데에서 벗어나 선택하는 행위를 해야 하기 때문이다. 행위는 우연성으로부터 유발되며, 행위를 통해 우연성은 이루어진다.

우연성에 대한 논의에 앞서서 이 글은 뉴미디어를 파악할 수 있는 몇 가지 단초들을 검토했었다. 뉴미디어를 역사적으로 새로운 미디어가 아니라 항상 새로울 수 있는 잠재성을 지닌 미디어로 생각해보았다. 또한 루만의 체계 이론으로 미디어가 체계의 작동을 지원할 수도 있지만 반면에 체계를 전혀 다른 차원으로 변화시킬 수도 있고 그러한 변화와 관련된 미디어는 상징일반 미디어와 전혀 다른 관점에서 파악하였다. 이 경우에 뉴미디어는 체계 구성이 종결된 것을 지칭하지 않고 체계 구성이 진행 중인 또 다른 체계와 관계되어 있다. 루만도 여러 가지 체계가 미디어와 형식의 구분으로 결정되어 있지 않고 그 구분이 풀려져서 지속적으로 변화하는 상황을 현대의 특징으로 간주하였다. 앞서 예술 미디어에서 존 케이지의 음악을 언급하면서 이러한 상황에 대한 예를 들어보았는데, 루만은 음악과 같은 예술 미디어 이외에도 많은 사회적 체계들이 우연성을 촉발시키는 사례들을 고찰하였다. 그렇다면 뉴미디어의 활성화를 통해 더 커지는 것은 수용자가 체험하는 우연성이며 그러한 우연성의 상황에서 그의 수행이 필연적으로 요구된다. 이러한 생각을 바탕으로 디지털 기술의 원리를 차용하는 뉴미디어의 생태가 우연성과 수행성으로 이어지는 논리적 흐름과 연관되어 설명될 것이다.

마크로폴로스의 표현에 따라 생각해보면 어떻게 미디어가 "개방적인 가능성들의 [수행]의 공간"이 될 수 있을 것인가에 대해 설명되어야 한다. 그 말은 미디어가 특정한 목적이 결정되지 않은 상태에서 작용하거나 어떠한 의미의 확정을 축소할 수 있는 가능성을 말한다. 그리하여 사용자로 하여금 우연성을 체험하게 하고 또 수행을 불러일으킬 수 있는 가능성을 말한다. 또 그렇게 하려면 미디어는 "대립적으로 배제되는 가능성들"도 아울러 제공해야 한다. 그리하여 선택을 할 수 있도록 유도해야 한다.

우리가 어떠한 대상을 인지할 때 그러한 인지가 발생되기 위해 어떠한 조건을 마련해야 하는데, 인지가 체계의 작동으로 이루어진다면, 그러한 조건은 환경이라고 할 수 있다.

그런데 인지의 조건으로서 환경은 항상 미리 주어지는 것이 아니며 인지를 위해서 그때마다 형성되어야만 한다. 따라서 우리는 인지의 작용과 환경의 형성 두 가지를 엄밀하게 구분해야 비로소 무엇인가를 인지할 수 있다. 그런데 보통의 상황에서 이러한 구분은 이미 이루어져 있고 우리는 이러한 구분에 순응한다. 말을 하거나 글을 쓸 때 우리는 문자를 다루거나 음성을 활용하는데, 이러한 활용은 매우 관습적으로 이미 구성되어 있다. 그래서 여러 가지 다양한 소리들 가운데 말의 음성을 구분해내고, 또한 여러 가지 그림들 가운데 문자를 구분해낸다. 이러한 구분은 관습화, 즉 코드화되어 있으며, 이러한 코드의 일종을 문법이라고 할 수도 있다.

그런데 항상 이러한 구분이 이미 코드화되어 있다고 전제할 수 없으며, 관습을 따르지 않는 경우에 더욱 그러하다. 따라서 글을 쓸 때를 생각해본다면, 우리는 어떠한 그림이나 낙서들을 글로 생각할지, 혹은 그것을 그림이나 낙서 그 자체로 보아야 할지를 결정해야만 하는 갈림길에 놓여 있다. 즉 무엇을 체계로 무엇을 환경으로, 혹은 무엇을 인지 가능한 형식으로 또 무엇을 그 형식의 환경이 되는 미디어로 간주할 것인지 결정해야 한다. 이러한 결정의 순간, 결정되어 있지 않아서 무엇인가 선택해야 하는 순간을 우연성이라고 한다. 우연성에 대한 인식을 달리 표현하면 우리의 인지가 외부대상을 인지할 수도 있고 또 그것을 인지하는 자기 스스로를 인지할 수 있다는 두 가지 가능성 그 자체를 인식하는 것이다.

벤야민이 분산적 지각에 대해 언급하였을 때, 지각이란 이렇게 인지하는 자기 스스로를 인지하는 지각을 말한다. 그리고 영화와 같은 기술적 재현, 혹은 기술적 복제를 수행하는 경우에 그러한 자기 지시 *Selbstreferenz*가 더 용이하게 발생할 것이라고 설명하였다. 결국 이러한 이해는 기술적 복제가 지니는 의미를 우연성 개념, 즉 체계 이론적 개념을 통해 다시 설명한 것이다. 그런데 우리가 확실하게 이해할 수 있는 것은 기술을 통한 구분은 말이나 글을 쓸 때의 구분보다 더욱 탄력적이고 미결정적일 수 있다는 점이다. 따라서 영화라는 기술적인 장치는 구분이 느슨한 미디어이다. 루만이 미디어와 형식을 개념화하였을 때 요소들의 느슨한 연결을 미디어라고 하였고 촘촘한 연결을 형식이라고 하였는데, 결국 벤야민이 이해한 영화는 다른 전통적인 미디어에 비해 더욱 미디어성*mediality*이 강하다고 할 수 있다. 왜냐하면 느슨하게 연결되어 우연성을 더욱 강하게 촉발시키기 때문이다.

4) 뉴미디어의 상호작용성과 우연성

뉴미디어 콘텐츠가 전통적인 콘텐츠와 다르다는 점을 지적하기 위해 흔히 상호작용성 개념이 활용된다. 상호작용성의 의미를 이해할 때, 그것을 생산자와 수용자의 역할 변화, 혹은 일방향적 커뮤니케이션이 아닌 쌍방향적 커뮤니케이션, 또는 콘텐츠의 형성에 수용자가 참여하게 되는 상황 등이 언급된다. 이러한 이해는 뉴미디어를 활용하면서 나타나는 현상에 대한 피상적인 특징을 염두에 둔 결과이다. 사실상 생산자나 수용자, 혹은 콘텐츠, 그리고 정보나 콘텐츠의 전달과 유통 등과 같은 개념들은 매우 전통적인 사유 방식에 기초하고 있다. 어떤 이가 그가 알고 있는 것을 콘텐츠로 만들어서 그것을 잘 모르는 이에게 전달하는 것이 예술의 생산과 수용이며 또한 소통이라고 간주한다는 생각을 기반으로 뉴미디어 환경에서 벌어지는 일들을 바라본다면 이러한 상호작용성의 의미가 통한다. 그러나 주체나 대상, 작품이나 정보의 전달과 같은 전통적 인식론에 기초하는 개념들의 틀에서 벗어나 이러한 현상이 유발되는 근본적 원인을 파악하고 또 그것에 대한 진단이 필요하다.

상호작용성에 대해 몰두한 많은 연구자들이 지적한 대로 이 개념은 상당히 폭넓은 의미를 지니고 있으며, 그 유형은 미디어나 사용자의 의도, 혹은 활용의 목적에 따라 제각기 다르다.18) 이 책은 디지털 기

---

18) 앞에서 언급한 권상희의 연구를 비롯하여 상호작용성을 정의하는 스파이로 키우시스 (Spiro Kiousis)와 다니엘스의 연구도 유형분류를 통해 그 의미가 다양함을 설명하였다. Spiro Kiousis(2002), "Interactivity: A Concept Explication", *New Media and Society*, 4(3), pp. 355~383; Dieter Daniels(2008), "Strategies of Interactivity", Rudolf Frieling and Dieter Daniels(eds.), *Media Art Interaction: The 1980's and 1990's in Germany*, Vienna: Springer.

술에 의해 변화를 두 가지 방향, 즉 집중과 분산의 방향으로 나누어 살펴보고 있다. 그렇기 때문에 이렇게 두 가지 방향을 구분하기에 적합할 뿐만 아니라 상호작용성보다 구체적인 의미를 지닌 용어를 선택하려고 하는데, 그것은 바로 우연성*contingency*과 수행성*perfomativity*이다. 이렇게 단순히 콘텐츠의 유통을 둘러싼 두 주체, 즉 생산자와 수용자가 서로 어떠한 영향을 주고받는다는 의미로 만족하는 것보다 더욱 심화된 함의가 포착될 필요가 있다. 다시 말해서 첫째로 미결정된 상태에서 어떠한 결정이 이루어지더라도 그것이 필연적이지 않은 경우, 둘째로 결정 이후에도 다른 것으로 또 다시 변화할 수 있는 준비가 되어 있는 경우가 개념의 함의에 포함되어야 한다. 따라서 이러한 상태를 단순히 상호작용적이거나 미결정적이라고 단정하기보다 우연성의 의미를 함께 고려하는 것이 더 좋다. 왜냐하면 상호작용적이라는 말은 어떠한 교환이 발생할 수 있는 상황이 고려된다고 하더라도 주체와 객체, 혹은 생산자와 소비자의 존재를 이미 의식한 결과이기 때문이다. 아울러 미결정이라는 말도 무엇인가 결정될 수 있다는 점을 전제로 하기 때문이다. 우연성은 선택을 요구하지만 올바르고 결정적인 것, 상대적으로 더 우월한 것을 선택하라고 요구하는 것은 아니다. 수행성도 결말이나 종결을 위한 행동이 아닌 끝없이 지속적인 과정을 의미한다.

그런데 우연성의 상태가 기술적인 차원에서 게다가 디지털 기술로 인해 효과적으로 확보될 수 있는가? 에드몽 쿠쇼*Edmond Couchot*는 뉴미디어에 단순한 상호작용성을 넘어선 가능성이 있다고 지적한다. 쿠쇼는 뉴미디어 환경 하에서 이루어지는 일들은 전달을 의미하는 커뮤니케이션이 아니라 커뮤테이션*commutation*이라고 하였다. 쿠쇼에 따르면 커뮤

테이션에서

의미는 더 이상 전달이나 수취의 지속적 교환을 통해서 생성되는 것이
아니라 작가, 기계나 네트워크에 의해 촉진된 테마, 그리고 수용자 사이의
혼성의 결과이다. 이러한 의미생성 방식은 그것이 인간과 기계의 대화에
서 복잡한 상호작용적, 다중양식적 과정이 더욱 강하게 개입될수록 더욱
명백해진다.[19]

커뮤테이션은 교환이 아니라 혼성을 말한다. 커뮤니케이션 주체들
사이에 전달자와 수용자 사이에 어떠한 차이는 없다. 그리고 이러한
특징은 기계와의 대화를 통해 더욱 강화된다고 하였다. 이에 대해서
다음과 같이 설명한다.

상호작용적 디스포지티프*dispositif*에 투입된 전체 소재는 근본적으로 수
數이다. 이 소재로 실행되는 작동은 마찬가지로 잠재적*virtual*이다. 왜냐하
면 그 소재는 데이터를 처리하는 프로그램에 의해 조정되기 때문이다. 이
프로그램은 그러나—이 부분에서 상호작용적 기술은 전통적인 형상적 기
술과 극명한 차이를 보이는데—형식적 언어로 써져 있다. 이 언어로 항상
머리를 짜내서 만들어야 하는 시뮬레이션 모델들이 만들어진다.[20]

---

19) Edmond Couchot(1999), "Medien und neue Medien: Von der Kommunikation zur
    Kommutation", Yvonne Spielmann and Gundolf Winter(eds.), *Bild, Medien, Kunst*, München:
    Fink, p. 78.
20) *Ibid.*, p. 81. 디스포지티프에 대해서 이 책의 3장 2절에 설명하였다.

어떠한 선택에 의한 진행이 다른 선택에 의한 진행보다 더 좋은 것이라고 단정할 수 없는 상태는 시뮬레이션의 특징인데, 쿠쇼에 따르면 바로 이렇게 우연한 시뮬레이션을 가능케 하는 것은 수로 이루어진 소재와 그것을 처리하는 프로그램이다. 이러한 상태에서는 실시간적인 실현과 변형이 가능하며 아울러 폐기의 반복적인 수행도 용이하다. 쿠쇼가 말한 두 가지 사항, 즉 수와 프로그램은 사실상 디지털 코드와 컴퓨터의 원리를 가리키는 말이며 따라서 쿠쇼가 고려한 것은 기계적인 기술이 아니라 디지털 기술이다. 영화로 예를 들면 필름에 무엇인가를 촬영하거나 혹은 그것을 영사할 때 사용되는 기계장치를 말하는 것이 아니라 메모리에 저장되어 있는 디지털 파일이나 그것을 재생하고 또 편집할 때 사용되는 디지털 기술을 말한다. 수와 계산기로 집약되는 디지털 기술에 대해서 그리고 그것이 우연성을 확장시킬 수 있다는 점에 대해서 다음 장에서 본격적으로 논의할 것이다.

그런데 그전에 이러한 논리적인 틀을 확인하기 위해 몇 가지 살펴볼 것이 있다. 우연성의 확장에 대해 비판적인 의견도 있다. 요세프 베너*Josef Wehner*도 우연성의 확장이 뉴미디어의 특징이라고 간주하였다.[21] 왜냐하면 뉴미디어는 1차 질서의 미디어가 아니라 2차 질서의 미디어이기 때문이다. 그러나 우연성의 확장으로 말미암아 소통의 참여자에 의해 정보가 선택되고 이해되는 가능성들이 오히려 취약해졌다고 주장하였다. 다시 말해서 매스미디어가 아닌 뉴미디어를 활용하게 되면 우연성이 확산되어 개연성은 더욱 축소된다고 보았다. 이러

---

21) Josef Wehner(1997), "Interaktive Medien: Ende der Massenkommunikation?", *Zeitschrift für Soziologie*, 26(2), pp. 96~114.

한 축소가 발생하는 이유로, 첫째, 뉴미디어가 프로그램에 의존하기 때문에, 여기에서 전달자와 수용자 사이의 거리가 발생되는 점을 들었다. 아울러 둘째로 전달된 정보가 네트워크에 의해 더욱 확산되기 때문에 양자 간에 공통된 테마를 구성하기 어렵다는 점도 언급하였고, 셋째로 디지털 미디어의 변화 가능성은 확정적인 현실을 고려하기 어렵게 한다는 점도 언급하였다. 이 세 가지가 뉴미디어의 소통 가능성을 취약하게 만든다.

> 매스커뮤니케이션에 특징적인 대상의 준거는 [뉴미디어의 경우에] 일상적이지 않은 뉴미디어의 형성 가능성을 활용하도록 하고 미디어의 전시 의례를 실험하며 파열된 주체와 객체, 존재와 가상, 현실과 픽션과 같은 구분관계들이 유희를 위해 물러서게 된다.22)

베너의 입장에서 상징일반 미디어로서의 매스미디어와 뉴미디어로서의 매스미디어가 각기 다르다는 점을 확인할 수 있다. 그리고 그의 비판은 정보전달과 현실(혹은 합의된 소통의 대상)을 커뮤니케이션의 목표로 간주한다면 충분히 이해할 수 있다. 그런데 그것은 매스미디어의 기능이나 작용 방식을 먼저 생각한 결과이다. 다시 말해서 두 가지를 엄격히 구분하고 한 가지가 다른 한 가지의 기능을 할 수 없다고 설명한다면 베너의 비판은 당연하다. 다만 여기에서 뉴미디어가 매스미디어의 기능을 수행해야 하는가 하는 의문이 남는다. 물론 뉴미디어가 매스미디어를 포함한 전통적 미디어의 기능을 수행하고 또

---

22) *Ibid.*, p. 110.

대체로 그 기능의 목적을 더욱 효과적으로 달성하는지 혹은 그렇지 못한지 고려해볼 수 있다. 그러나 뉴미디어를 반드시 매스미디어의 관점에서만 고찰할 필요는 없다. 그 때문에 이 책의 서두에서 알파고와 라디오(혹은 영화) 그리고 집중과 분산의 두 방향을 구분하여 보았다. 베너의 판단은 한 가지만을 염두에 둔 결과라고 생각된다.

두 가지 방향의 차이를 기술적인 차원에서 확인해보기 위해 몇 가지를 살펴보겠다. 이탈리아의 사회학자인 에레나 에스포지토*Elena Esposito*는 테크놀로지를 바라보는 두 가지의 학문적 방향이 있다고 하였다. 첫째는 그것을 기계*machine*로 간주하는 경우이며, 둘째는 미디어 *media*로 생각하는 경우이다. 기계는 주로 작업을 수행하며 재료를 생성하고 변형하는 기능을 한다. 반대로 미디어(미디어는 여기에서 루만이 말하는 확산의 기능을 담당하는 미디어를 말한다)는 정보나 재료의 보존을 통한 전달을 목적으로 한다. 따라서 기계에서 인풋과 아웃풋은 서로 다르며 인풋은 변형된다. 그러나 미디어에서 인풋과 아웃풋은 동일하며 만약 인풋이 변형되었다면 그것은 좋은 미디어라고 생각할 수 없을 것이다. 하인츠 폰 푀르스터*Heinz von Foerster*는 통속적 기계*trivial machine*와 비통속적 기계를 구분하였다. 비통속적 기계란 앞에서 에스포지토가 말한 '기계'인데, 같은 인풋임에도 불구하고 그것에 대해 때에 따라 다르게 반응하는 것을 말한다.[23]

비통속적 기계는 (…중략…) 같은 인풋에 대해서 다른 순간들 마다 다르

23) Heinz von Foerster(1985), "Entdecken oder Erfinden: Wie lässt sich Verstehen verstehen?", Heinz Gumin and Armin Mohler(eds.), *Einführung in den Konstruktivismus*, München: Oldenbourg, pp. 27~68.

게 반응한다. 왜냐하면 그것의 내부 상태를 지향하고 있기 때문이며 따라서 예측불가하며 혹은 창의적이라고 여겨진다.[24]

이러한 구분은 플루서의 주요 저서인 『코무니콜로기*Kommunikologie*』에서 더욱 자세히 설명된다. 플루서는 커뮤니케이션과 미디어의 활용의 여러 가지 유형을 구분하면서 담론형과 대화형 커뮤니케이션으로 그 유형을 크게 구분하였다. 간단히 말해서 담론형 커뮤니케이션은 정보의 보존과 전달을, 대화형 커뮤니케이션은 정보의 생성과 창출의 기능을 지니고 있다. 플루서의 구분에서도 알 수 있듯이 기계나 도구, 혹은 미디어의 유형은 단순히 기능에 따라 분류될 뿐만 아니라 창의적 생성을 가능케 하는가에 따라 분류될 수 있다. 베너의 비판은 이해가 될 법하지만 그는 기술적인 차원에서 에스포지토나 폰 푀르스터가 말한 비통속적 기계를 고려하지 않았고 아울러 플루서가 말한 대화형 커뮤니케이션을 위한 미디어를 고려하지 않았다고 생각된다. 이러한 유형의 기술과 미디어는 예측 불가능하며 창의적이고 또한 생산적이다.

이제 컴퓨터, 즉 디지털 미디어를 생각해볼 차례이다. 에스포지토는 컴퓨터가 다양한 기능을 행하며 그녀의 정의에 따라 기계로서 혹은 미디어로서 동시에 규정할 수 있을 만큼 다양한 기능을 지니고 있지만, 그래도 중요한 것은 다음이다.

컴퓨터는 데이터를 변화시키고 처리하고 조작한다. 그리하여 출구에서

---

24) Elena Esposito(1993), "Der Computer als Medium und Maschine", *Zeitschrift für Soziologie*, 22(5), pp. 339~340.

168

생성된 결과물은 투입된 것과 일치하지 않는다. (…중략…) 텍스트가 지닌 의미동일성의 전제는 사라진다. 그것은 중계의 장애가 있어서 그러한 것이 아니라 기계가 가공의 목적으로 사용되기 때문이다.25)

컴퓨터는 에스포지토의 말에 따르면 기계이며 구체적으로 말하여 인풋과 아웃풋이 다른 비통속적 기계인데, 그 때문에 컴퓨터의 작용은 콘텐츠의 확정성을 취약하게 한다. 그리고 그것을 에스포지토는 의미동일성Sinnidentität이 사라진다고 표현하였다. 에스포지토는 이러한 컴퓨터의 특성이 커뮤니케이션의 과정에서 어떠한 의미를 지니는지 해석하였다. 그것은 첫째, 컴퓨터는 의미 확정을 유보하거나 변경의 가능성을 확대하여 새로운 선택의 가능성을 사용자에게 제공하는데, 이것으로 의미가 확정된 정보를 제공하여 이루어지는 커뮤니케이션보다 더욱 복잡한 선택의 가능성이 확보된다. 이러한 선택의 가능성을 에스포지토는 잠재적 우연성virtuelle Kontingenz이라고 하였다. 둘째, 컴퓨터가 "체계의 자기관찰을 더욱 섬세하게 구조화die Selbstbeobachtung des Systems viel raffinierter zu strukturieren"한다는 점이다. 그리고 이러한 자기관찰의 활성화는 체계의 생성을 촉진시킨다.26) 체계의 작동은 자기관찰을 의미하며 그것은 곧 다른 체계의 발생 및 진화를 유발시킨다.

상당히 추상적으로 들리는 설명에 대해 에스포지토가 예로 들은 하이퍼텍스트hypertext를 살펴보도록 하겠다. 하이퍼텍스트는 일반적인 텍스트가 지니는 선형성을 갖추지 않은 비선형적 텍스트로서 사용자

---

25) *Ibid.*, p. 345.
26) *Ibid.*, p. 348.

의 선택에 따라 텍스트의 구조가 결정되고 또 변경되는 형식을 지니고 있다. 따라서 특정한 텍스트의 저자나 화자의 관점이나 의도, 혹은 그가 형성한 구조적 텍스트는 보존될 수 없고, 또 그러한 것이 있다고 하더라도 사용자에 의해 변형될 수밖에 없다. 결국 하이퍼텍스트의 수용자, 혹은 사용자는 그것이 지닌 정보가 본인에게 필요한지 그렇지 않은지를 선택하는 것이 아니라(우연성), 그러한 정보를 구조화시킬 수 있는 가능성들 가운데 하나를 선택하는 것이다(잠재적 우연성). 따라서 텍스트는 디지털 미디어에 입력되는 순간 유지되었던 구조와 의미를 지속하지 않으며, 항상 다른 출력물을 창출하게 된다. 에스포지토에 따르면 "텍스트가 의미하는 것은 누군가가 생각했던 것과 일치하지 않는다. 전통적인 텍스트에 비하여 항상 더 큰 처리와 가공의 자유가 보장된다. 하이퍼텍스트는 다차원적 텍스트이다".27)

그녀가 컴퓨터의 기계적 속성에 대해 논하면서 그것의 전달이나 확산과 같은 뜨거운*hot* 속성보다는 사용자의 선택의 폭을 확대한다는 우연성의 측면을 부각시키는데 이와 같은 논의의 흐름은 분명히 집중보다는 분산의 방향을 강조한 결과이다. 아울러 컴퓨터를 어떠한 관점에서 뉴미디어라고 간주할 수 있는지에 대해서도 명확하게 밝히고 있다. 엘리히는 이러한 고찰의 방향에서 그녀가 루만의 체계 이론적 미디어론을 고찰의 근거로 삼고 있는 점은 적절하다고 평가한다. 다만 미디어, 테크놀로지, 기계와 같은 개념의 도입이 너무 추상적이라는 비판을 하는데, 이 같은 비판은 충분히 설득력이 있다. 특히 기계와 미디어를 구분하는 에스포지토의 태도에 대해 개념적인 문제점이 있

---

27) *Ibid.*, p. 354.

다고 지적한다.[28]

물론 엘리히도 개념적인 대안을 명확하게 제시하고 있지 못하였다. 그러나 중요한 것은 디지털 기술에 대해 보다 심도 있는 이해가 결국 개념적인 문제를 해결해줄 것이라는 점이며 따라서 어떻게 디지털 미디어가 우리가 생각할 수 있는 기계들 가운데 가장 예측 불가하여 극단적인 비통속성을 지닌 기계라고 할 수 있는지, 그리고 다른 미디어들과 어떠한 기계의 원리적 차이 때문에 그렇게 극단적인 비통속성을 지니는지에 대해 구체적으로 알아볼 필요가 있다. 디지털 미디어에 대해서는 이후에 자세히 알아볼 것이지만 그것이 뉴미디어로 규정되려면 우연성이 얼마나 확보될 수 있는가 하는 문제를 먼저 생각해보아야 한다. 그리고 그러한 우연성의 상황이 실제로 다양하고 상이한 아웃풋을 생성할 수 있는가를 생각해보아야 한다.

5) 문화학과 언어학적 수행의 의미

다음에서 수행의 의미에 대해 알아보겠다. 사실 수행성은 우연성에 의해 마련된 환경에서 발생하는 사건과 같은 것인데, 이러한 두 가지의 요소에 대한 설명은 지속적인 변화나 움직임의 과정으로 뉴미디어를 개념화하기 위해 필요하다. 수행성에 대한 이해를 위해 문화학이나 언어학에서 말하는 수행적 전회*performative turn*에 대해 논의하고자 한다. 아울러 미디어학에서 최근에 언급되었던 수행성 개념도 참조할

---

28) Lutz Ellrich(1997), "Neues über das 'Neue Medium' Computer: Ein Literaturbericht", *Technik und Gesellschaft*, 9, pp. 207~209.

것이다. 이러한 논의를 통해 결과와 과정, 정체와 지속이 지니는 대립적인 의미와 그러한 의미들이 고려되는 학문적인 배경을 설명하고자 한다.

우선 문화학의 경우를 살펴보도록 한다. 문화학에서 문화 현상을 하나의 텍스트와 유사한 것으로 간주하는 경향이 있었다.[29] 그런데 수행의 의미가 부각되면서 문화학의 학문적 관점은 다른 방향으로 전환되었다.[30] 문화가 텍스트와 유사하다는 점에는 여러 의미가 있다. 문화는 텍스트와 같이 과거의 역사를 기록하고 전승하는 것으로 이해되기도 하고, 혹은 우리가 맞추어서 살아가고 있는 생활양식, 스테레오타입*stereotype*, 관습 등으로 이해된다. 이 경우에 문화는 반복되는 하나의 구조를 말한다. 즉 문화는 기록이거나 혹은 구조이기 때문에 그것을 텍스트의 원리와 유사하다고 볼 수 있다. 그런데 이러한 문화 개념이 다른 의미, 즉 역동적인 의미를 지닌 것으로 재고되었는데 이를 문화학에서 말하는 수행적 전환*performative turn*이라고 한다. 여기서 말하는 역동성이라는 것은 고정되고 결정된 것이라는 의미보다는 지속적으로 변화하는 과정을 뜻한다. 다시 말해서 "수행적 전환이란 하나의 또 다른 방향 설정이다. 그런데 그 방향은 구조라는 주요 개념으로부터 거리를 두며 사회적 과정이라는 관념으로 지향하는 것을 의미한다".[31]

---

29) Doris Bachmann-Medick(2006), "Performative Turn", *Cutural Turns: Neuorientierungen in den Kulturwissenschaften*, Hamburg: Rowolt, pp. 105~143.
30) 이 맥락에 대해 다음의 입문서를 참조할 수 있다. Marvin Carlson(1996), *Performance: A Critical Introduction*, New York: Routledge; Henry Bial(2004), *Performance Studies Reader*, New York: Routledge.
31) Doris Bachmann-Medick(2006), *Op. cit.*, p. 104.

텍스트는 구조적이며 수행은 역동적이라고 하였는데, 구체적으로 그 의미는 무엇인가? 수행성 관점의 문화학은 실제로 연극 이론에서 많은 것을 가져왔는데, 연극의 경우를 생각해보면 그 차이를 이해할 수 있다. 연극은 대본과 공연, 이 두 가지로 이루어져 있는데, 그것들은 분명히 다르다. 하나는 텍스트이고 또 다른 하나는 수행이기 때문이다. 수행은 기록된 것을 실재하는 것으로, 즉 하나의 사건으로 변화시킨다. 영어로도 performance라고 같은 단어를 쓰듯이, 공연은 수행이라고 볼 수 있다. 그러나 모든 공연을 수행이라고 할 수는 없다. 만약 공연이 대본에 적혀 있는 것을 그대로 구현한다면 그 공연은 아무래도 이미 기록된 대본에 많은 영향을 받은 결과일 것이다. 그렇다면 그 공연은 수행이기는 하지만 진정한 의미의 수행이라고 하기는 어렵다. 대본과는 다른 우발적인 사건이 벌어지는 경우, 그 공연의 수행성은 더욱 강해진다. 실재로 모든 공연이 대본을 그대로 따라한다고 하더라도 다 똑같을 수 없다는 데에서도 알 수 있듯이 수행은 텍스트를 조금이라도 변화시키며, 따라서 공연의 수행성은 반드시 존재한다. 혹은 대본에 적혀 있는 것을 변형하여 공연을 한다거나 혹은 아예 대본을 무시하고 즉흥적으로 공연을 할 수도 있을 것이다. 현대 예술의 해프닝*happening*이나 행위 예술*performance*은 바로 이렇게 반복되거나 일치할 수 없는 즉흥성이나 사건성을 그 내용으로 한다. 이것은 공연에서 수행성이 강화된 결과이다. 악보가 없는 전위음악, 혹은 랩*rap*이나 힙합*hiphop* 같은 대중음악도 반복성이나 동일성을 거부하는 음악형식인데 따라서 악보에 따라 연주하거나 혹은 작곡자의 뜻을 해석하여 연주하는 음악과는 전혀 다른 분야라고 할 수 있다.[32]

이러한 예들에서 말하는 수행은 텍스트와 분명히 다르다. 텍스트는 문맥과 그 쓰임새, 혹은 시공간과 관계없이 동일한 의미를 지닐 수 있도록 조치한 결과물을 말하지만 수행은 반대로 어느 경우라도 일치될 수 없도록, 반복될 수 없도록 하는 행위를 말한다. 문화는 구조가 아니라 수행이라는 관점이 확보되면서, 문화현상은 고정되어 있는 것이 시대적으로 지역적으로 보존되고 또는 전달되는 것이 아니라 변화되는 하나의 과정으로 생각되기 시작하였다. 그리고 문화적 사건은 상징이나 의식*ceremony*이 아닌 드라마나 제식*ritual*과 같은 것으로 규정되었다. 제식이란 문화의 반복을 의미하는 것이 아니라 변화되는 사건을 의미하기 때문이다.

필자가 생각하기에 이러한 문화학적 논의의 흐름은 뉴미디어의 특성을 이해하는 데 큰 도움이 된다. 브렌다 로렐*Brenda Laurel*은 컴퓨터를 연극에 비유하는 방법으로, 즉 연극 메타퍼*metaphor*로 컴퓨터의 특성을 파악하려 시도한 바 있다.[33] 물론 그녀의 접근 방식이 문화학적이었다고 하기는 어렵지만, 컴퓨터의 인터페이스의 특성을 연극적으로 설명한 근거는 흥미롭다. 컴퓨터의 인터페이스는 연극처럼 다중의 주체*multiple agents*가 재현의 활동*representing action*을 수행한다는 특징에 주목하여 이러한 메타퍼가 가능하다는 주장을 하였다. 컴퓨터가 확정되지 않은 여러 주체들이 지속적인 활동을 하는 공간이라는 인식에서 비롯하여 이러한 판단을 하였다. 즉 컴퓨터는 정보나 작품의 경우와 같이 단일한 주체가 완결된 결과물을 생산하는 것이 아니라는 생각 때문에 컴퓨터를 연극과 비유할 수 있었다.

---

32) 라이너 빈터, 문화학연구회 역(2008), 「글로벌 포스트모던의 문화적 실천으로서 힙합: 문화 연구의 문화사회학적 관점」, 『문화이론과 문학연구』, 연세대학교 출판부, 313~335쪽.
33) Brenda Laurel(2004), *Computers as Theatre*, Reading: Addision-Wesley Publishing.

이기중과 김명준의 독창적인 문화학 연구에서 그 수행과 뉴미디어의 관련성을 살펴볼 수 있다. 이기중과 김명준은 퍼포먼스, 즉 수행 개념이 "UCC와 같은 사이버 공간에서의 인간행위와 문화의 생산양식, 즉 개인들의 자기표현 방식의 창작적 문화생산 활동을 설명하는 데 매우 유용하다"[34]고 보았다. 아울러 연구자들은 UCC 퍼포먼스에는 세 가지 종류가 있음을 설명하였다. 그 세 가지는 '행동하기', '보여주기' 그리고 '참여하기'이다. 각각의 행위 유형에 적합한 UCC가 분류될 수 있다는 설명도 아울러 함으로써 다양한 UCC의 활용이 행위 개념의 관점에서 파악될 수 있음을 논증하였다. 결과적으로 UCC에서 중요한 것은 그것이 제작의 결과로서 어떠한 내용이나 정보를 담고 있는가 하는 것이 아니라 오히려 그것이 제작의 과정에서 어떠한 효과를 불러일으켰는가 하는 것이다. 그리고 그러한 과정에서 수반되는 것이 수행이다.

실제로 UCC는 콘텐츠임에도 불구하고 그것이 텍스트처럼 확정된 의미를 지니고 있거나, 또는 그 의미가 전달될 수도 있지만, 더욱 두드러지게 나타나는 점은 행동 혹은 참여와 같은 수행적인 요소이다. 즉 UCC가 수행을 유발시키며, 또한 수행을 통해 변화될 수 있는 것이라면, 그것이 어떠한 서사구조를 지니며 문법구조를 지니고 있는가 하는 문제점은 부차적이 된다. 그리고 콘텐츠 내부의 구조보다는 그것의 외적 요인들의 의미에 더 큰 관심을 두게 된다. 두 연구자들은 UCC에서 나타나는 특성이 수행과 연관되어 있음을 밝혔으며, UCC

---

34) 이기중·김명준(2007), 「'참여적 모델'로서의 '퍼포먼스(Performance)학(學)' 시각으로 본 UCC(User Created Contents)」, 『한국방송학보』 21(4), 220쪽.

연구의 새로운 방향을 제시하였다. 그리고 디지털 기술을 주로 활용하는 뉴미디어로서 UCC가 어떻게 수행성과 연관되는지에 대한 설명, 즉 기술과 수행의 연관성에 대한 설명이 필요하다는 또 다른 문제제기를 한다. 이러한 문제에 대한 답변을 통해 수행성이 뉴미디어 콘텐츠의 중심적인 특성을 반영한 개념으로 파악될 수 있을 것이다. 이에 대해 본격적으로 논의하기에 앞서 수행의 의미에 대해 좀 더 알아보려고 한다.

문화학의 문맥에서 말하는 수행적 전환은 언어학적 수행 개념으로부터 착안되었다고 한다. 일반적으로 단어는 사전적으로 어떠한 의미를 지니고 있다고 생각되며 그 단어들이 문법에 따라 배열되어 문장을 형성한다. 이러한 의미론*semantics*과 문장론*syntax*의 관점은 어떠한 전환점을 맞이하게 된다. 그 전환에 따라 언어를 바라보는 새로운 관점, 즉 화용론*pragmatics*적인 관점이 성립되었다. 화용론이란 언어가 본래의 뜻과 다르게 사용되거나 혹은 그 뜻을 결정할 수 있는 여러 맥락과 그 조건에 대해 연구하는 언어학의 한 분야이다.35) 화용론적인 관점으로 언어의 의미는 그 언어가 발화되고 수용되는 상황, 혹은 인간의 행동에 따라 달라질 수 있다고 생각되기 시작하였다. 그런데 이러한 가능성들 가운데 대표적인 것이 언어행위*speech act*이다.36) 언어행위론의 관점에서 보자면 언어의 의미는 바로 그 언어를 실현시키는 행위와 특정한 조건에 따라 결정되는 경우가 있다. 그리고 그러한 행위를 특히 발화수반 행위, 혹은 언표 내적 행위*illocutionary act*라고 한다. 예를

---

35) 필자가 화용론에 대해 참고한 입문서는 다음이다. Stephen C. Levinson(1983), *Pragmatics*, Cambridge University Press.
36) John L. Austin(1955), *How to do Things with Words*, Oxford University Press.

들어 "날씨가 춥다"라는 언어가 있으면 그것은 말 그대로 추운 날씨를 의미하겠지만 경우에 따라 누군가 그렇게 말을 하면 열려 있는 창문을 닫으라는 말로 이해될 수도 있다. 그리고 그 사람이 한 말의 진정한 의미는 추운 날씨가 아니라 문을 닫으라는 '명령'이 될 것이다. 문을 닫으라는 말의 언어행위론적인 의미는 사실 그 효과가 강한 행위로 나타나기에 좀 더 정확히 말하면 언표내적 행위들 가운데에서도 특히 발화효과 행위*perlocution*이다. 그러나 그 유형이 무엇이든지 간에, 그 말이 이루어진, 즉 발화된 행위는 큰 의미를 지니는데, 사실 일상생활에서 이러한 일들이 말을 있는 그대로 이해하는 경우보다 더 많다. 다른 말로 표현하자면 그것은 "발화상황에 적용되는 언어로서의 언어행위*sprachliches Handeln als eine Anwendung von Sprache in Äußerungssituation*"이다.37) 이렇게 발화수반 행위가, 혹은 효과의 행위가 있다는 점이 주장되면서 의미를 간직하고 있는 언어와 현재 바로 여기에 존재하는 행위 사이에는 차이점이 존재함을 인지하게 되었다. 그리고 그러한 차이의 인지에서 비로소 언어는 행위를 감안하게 되었다. 이렇게 화용론적으로 변화하게 되는 것을 한편 언어학에서 말하는 수행적 전환이라고 한다.

그런데 언어행위론에서 말하는 행위*act*는 미디어를 설명하기 위한 수행*performance*과 좀 다르다. 사실 행위와 수행이라는 두 말은 잘 구별되지 않는데 다음에서 그것을 명확하게 해보겠다. 앞에서 연극의 예를 들면서 언급되었던 문제이다. 언어행위론에서 말하는 행위는 어떠

---

37) Hartmut Winkler(2004), "How to do Things with Words, Signs, Machines: Performativität, Medien, Praxen, Computer", Sybille Krämer(ed.), *Performativität und Medialität*, München: Fink, p. 98.

한 말의 의미를 보완하거나 확정하는 것, 예를 들어 "문을 닫으시오"와 같은 의미로 결정을 하는 데 도움을 준다. 그런데 이렇게 언어 의미 결정에 도움이 되거나 언어로 환원되는 행위가 있는 반면에 그것과는 별개로 존재하는 행위, 즉 수행이 있다. 이러한 수행의 존재는 후기구조주의자들이 행위를 언어로 축소했을 때 발생하는 문제점들을 비판할 때 주로 언급하였다. 예를 들어 푸코는 언표*énoncé, assertment*라는 것이 언어의 주변에 존재하는데 그것은 언어의 의미 확정을 도와주지 않고 오히려 의미로 환원되지 않는 묘한 특성을 지니고 있다고 하였다.38) 푸코가 『지식의 고고학*L'archéologie du savoir*』에서 언급한 타자치기의 예를 들면, 타자를 치는 행위로 인해 어떠한 알파벳이 종이에 흔적을 남기고, 종이가 눌려서 무엇인가가 표시되어 있다면 그것은 언표라고 할 수 있다. 그 타자기에 찍힌 자국은 나중에 어떠한 문맥에서 의미를 지닌 글자로 읽혀질 수 있겠지만, 그 자국 자체는 아무런 의미도 없고, 단지 타자를 치는 행위가 있었음을 암시한다. 그것은 언표와 언어의 차이이다. 그리고 의미론으로도 화용론으로도, 즉 언어행위론으로도 언표의 본질은 파악될 수 없다. 언표는 타자기가 종이에 남긴 흔적처럼 그 어떠한 언어를 발화하는 데 꼭 필요하지만 그렇다고 그 흔적이 언어의 의미를 결정하는 데 어떠한 역할을 하지는 않는다. 오히려 타자기로 친 흔적을 자세히 들여다보면 볼수록 언어의 의미를 잘 이해할 수 없게 된다. 흔적으로 남아 있는 행위는 언어행위와는 달리 언어의 의미를 결정하는 데 도움이 되는 것이 아니라, 그 의미를 발생하도록 한 행위이다. 그리고 그 행위를 언어로 환원되는

---

38) 미셸 푸코, 이정우 역(2000), 『지식의 고고학』, 민음사.

행위와 구분하기 위해 수행이라고 할 수 있다. UCC의 경우로 보면, UCC의 모호한 의미를 명확하게 해주는 행위가 아니라 그 UCC를 만드는 행위, 혹은 그것을 보는 행위를 말한다. UCC의 경우, 흔들리는 프레임이나 좋지 않은 화질 등이 잘 나타나는데 그것으로 그 영상을 만드는 수행이 있었음을 알 수 있다. 그러나 그것이 UCC의 주제를 이해하는 데 도움을 주지는 않는다.

푸코가 언표의 영역이 언어에 존재함을 주장한 이유는 좀 거창하다. 푸코는 애초에 우리가 사용하는 말은 단순히 의미를 전달하는 것뿐만 아니라 권력을 행사하는 기능도 아울러 지니고 있다고 주장하였고, 그는 그렇게 권력에 점철된 언어를 담론*discourse*이라고 하였다. 그런데 그 담론의 형성과 발생은 말에 있는 것이 아니라 애초에 말이 이루어지는 행위나 상황, 다시 말해서 특정한 장소나 시간에 있다고 하였다. 그 때문에 그는 언어에 깃든 권력을 파헤치기 위해서 언어학인 아닌 담론 이론이 필요했고 권력의 분석은 수행의 흔적인 언표의 분석을 의미한다. 즉 그는 언어의 생성과 수용의 상황에 존재하는 수행에 큰 의미를 부여했다. 푸코는 언어활동과 정신활동에 잠재되어 있는 미시적인 관력관계를 파악하기 위해 언표라는 말을 사용하였지만, 다른 이론가들, 예를 들어 메르쉬는 의미언어와는 다르게 존재하는 행위를 정립定立, *Setzung*이라고 하며39) 또 크레머*Sybille Krämer*는 지각회*Aisthesierung*라는 용어를 사용하였다.40) 푸코와 달리 두 독일의 이론

---

39) Dieter Mersch(2004), "Performativität und Ereignis: Überlegungen zur Revision des Performanz -Konzeptes der Sprache", Jürgen Fohrmann(ed.), *Rhetorik: Figuration und Performanz*, Stuttgart: Metzler, pp. 502~535.

40) Sybille Krämer(2002), "Sprache Stimme Schrift: Sieben Gedanken über Performativität als Medialität", Uwe Wirth(ed.), *Performanz: Zwischen Sprachphilosophie und Kulturwissenschaften*,

가들이 미디어나 뉴미디어를 파악하는 개념에 접근하기 위해서 언어 행위론에서 말하는 행위와 실재의 자리, 혹은 지각될 수 있는 수행을 구분하였다. 앞서 UCC가 인간의 행동이나 참여와 관련이 있다는 점을 검토해보았는데, 그것은 언표나 정립, 혹은 지각화와 같은 독립적 수행, 즉 의미와 관계없는 수행을 뜻한다. 다음에 독립적 수행의 의미를 자세히 알아보겠다.

6) 의미와 목적에 독립적인 수행

다시 한 번 수행이 행위가 아님을 설명하겠다. 타자기의 자국이나 흔적은 행위가 있었음을 암시하는 것인데, 그렇다면 그것은 기호학에서 말하는 지표*index*라고도 볼 수 있지 않을까? 흔적의 의미를 기호와 대비하여 알아보기 위해서 퍼스의 기호학에서 제시되는 지표의 의미를 알아보도록 한다. 많은 저술에서 그리고 영상 관련 교과서에서도 영상을 기호학적 관점으로 이해하기 위해 자주 언급되는 개념은 퍼스 **Charles S. Peirce**의 도상*icon*, 지표, 상징*symbol*이다. 영화의 영상을 퍼스의 개념으로 설명하려는 시도는 대체로 두 가지 의미로 이해될 수 있는데, 첫째, 영상이 텍스트와 같지 않음에도 불구하고 그것이 텍스트처럼 대상을 지시하고 또 그것을 의미화*signification*하여 전달할 수 있다는 점을 입증하기 위한 목적이다. 또한 둘째로 퍼스의 개념을 사용하면 영상의 유형이 분류되고 또 그럼으로써 어떠한 구조를 지니고 있다는 점이 설명될 수도 있다.

Frankfurt/M: Suhrkamp, pp. 323~346.

우선 도상이란 증명사진처럼 기표와 기의가 닮아 있는 경우를 말하는데, 상징은 반대로 기표와 기의 사이에 유사함과 같은 특정한 관련성이 없는 경우를 말한다. 소쉬르가 기표와 기의의 관계가 자의적 *arbitrary*이라고 하였는데 그것은 퍼스가 말하는 상징으로서의 기호가 지니는 특성을 말한다. 관련성이 없음에도 불구하고 우리는 단어가 그 대상을 지시한다는 사실에 틀림이 없다고 믿는데 그것은 반복적인 사용을 통해 관습적으로 그 관계가 굳어졌기 때문이다. 즉 상징적 기호의 활용을 보장해주는 것은 수행의 잉여*surplus*라고 할 수 있다. 상징의 사용은 기표와 기의가 서로 다르기 때문에 불안하지만 그것이 반복적으로 자주 사용될수록 불안함은 사라지고 상징성은 강화된다.

흥미로운 것은 지표인데, 지표란 본디 기의와 물리적인 연관성을 지니고 있는 기호를 의미한다. 그런데 여기서 말하는 물리적 연관성은 또 두 가지로 나뉜다. 첫 번째는 진정한*genuine* 지표로서 그것은 기표와 기의가 물리적인 인과관계를 지니고 있는 경우, 혹은 기표가 기의의 일부분인 경우를 말한다. 그리고 두 번째는 퇴화된*degenerate* 지표로서 그것은 기표와 기의가 물리적인 인접성을 지니고 있는 경우를 말한다. 따라서 퇴화된 지표는 진정한 지표에 비해서 사실상 물리적인 연관성이 그렇게 긴밀하지는 않다. 예를 들어 발자국은 사람이 땅에 흔적을 직접 남긴 것인데, 발자국이 어떤 사람이 다녀갔다는 의미로 이해되면 발자국은 기표로 작용할 수 있게 된다. 그리고 여기에서 발자국은 그 사람의 발이 원인이기 때문에 물리적인 인과관계가 있다고 볼 수 있다. 따라서 이때 발자국은 지표, 더 정확히 말해서 진정한 지표가 된다. 반대로 손가락으로 어떠한 것을 가리켰다면 여기에서 손가락의 모양은 그 대상과 물리적인 관계에 있기는 하지만, 그렇다고 그것이 발자국의 경우처럼 직접적 인과관계가 있는 것은 아니다. 따라서 손가락의 지적을(또는 대명사와 같은 지시어*deixis*) 퇴화된 지표라고 할 수 있다.[41]

그런데 두 가지 지표는 쉽게 구분되지 않는다. 그것은 퇴화된 지표가 지니는 의미의 특별함 때문이다. 즉 지표는 단순하게 기의의 실체적 일부분이 아니며 물리적 작용에 의한 결과를 기표로 간주할 수만은 없다. 지표가 지니는 물리적 연관성은 이렇게 인과관계만으로 파악할 수는 없기 때문이다. 기호의 유형들은 명확하게 구분될 수도 있지만 그것이 서로 중첩되거나 간섭*interference*되는 현상 또한 나타난다. 그리하여 엄밀하게 보면 발자국은 진정한 지표일수도 있고 때에 따라서는 퇴화된 지표일 수도 있다. 그리고 진정한 지표에서 퇴화된 지표로 변모해가면서 기호의 특성이 더욱 강해진다. 아울러 퇴화된 지표는 어느 정도 관습화되고 상징화된 기호의 특성을 지니게 되며 그러한 특성에서 지표와 상징이 서로 간섭할 수도 있다. 이것은 분명히 기호의 사용이 반복적으로 그리고 잉여적으로 되었을 때 나타나는 변화이다. 지표는 행위나 사건과 같은 일시적인 현상으로부터 출발하여 그러한 현상에서 나타난 물리적 인과관계, 혹은 동기화*motivated*된 관계는 기호로 변모하게 된다. 그리고 이러한 변화는 결국 관습이나 문화와 같은 환경을 통해 반복적으로 이루어질수록 더욱 강화된다. 즉 언어행위는 반복되면 언어의 기호적인 관계를 더욱 확실하게 할

---

41) 퍼스의 기호 개념을 바탕으로 이루어진 연구는 다음의 예를 들 수 있다. 이윤희(2013), 「장소를 매개로 한 상상력과 내레이션: 다큐멘터리 영화 〈Saroyanland〉를 중심으로」, 『영상문화』 23, 117~151쪽; 강미정(2013), 「디지털 사진의 존재론: 찰스 S. 퍼스와 질 들뢰즈의 실재 개념을 중심으로」, 『기호학연구』 35, 179~204쪽.

수 있다. 그런데 모든 행위가 관계를 분명하게 해주는 것은 아니다. 그 행위가 (여기서 수행을 말하는데) 구조적인 관계를 더욱 약화시킬 수도 있다. 앞서 예를 들은 해프닝 연극이나 랩뮤직, 혹은 제식과 같은 문화 현상의 경우가 그러하다.

다시 말해서 행위나 사건의 물리적 현상이 기호로 변화하지 않게 되는 경우도 있을 수 있는데, 바로 이러한 점에 집중하여 기호와는 다른 차원에 존재하는 기호, 즉 어떠한 순수한 물리적인 흔적 그 자체의 의미를 부각시키려는 시도도 있었다. 그 시도는 주로 데리다*Jacques Derrida*에 의해 이루어졌다. 데리다는 관습을 통한 기호의 변화, 혹은 기호로의 변화를 이식*greffe*이라고 하였다. 프랑스말로 greffe는 이식利殖 이라는 뜻도 있지만 기록보관소의 뜻도 있다고 한다. 데리다의 개념은 중의적인 표현으로 의미를 제시하는 경우가 많은데, greffe라는 말도 기록을 보관하여 다른 시간과 장소에서도 그 의미를 보존하려면 이식의 현상이 뒤따른다는 점을 설명하기 위한 것으로 이해할 수 있다.

데리다에 따르면 물리적 변화의 사건이 지표화되어 결국 상징으로 자리 잡게 되는 현상은 마치 나무의 가지를 다른 나무에 이식하는 것과도 같다고 한다. 왜냐하면 기호는 어떠한 나무에도 이식되는 가지와도 같이 여러 가지 상황에서도 동일한 의미, 관습적으로 굳어진 의미를 유지하기 때문이다. 그리하여 기호를 어떠한 상황에 이식하여 그 기호의 고유한 의미를 유지하려고 하면 그것으로 인해 상황에 따라 달라지는 문맥이 파괴되는 결과를 가져온다. 그 결과로 말미암아 애초에 어떠한 기호가 생성되었을 때의 물리적 사건은 사라지게 된다. 즉 기호의 반복적인 사용 가능성*iterability*은 그 기호가 생성되었을 당시, 그리고 그 기호가 수용되는 당시의 환경을 무의미한 것으로 만든다. 왜냐하면 기호는 사용자들에게 어떠한 곳에서도 어떠한 때에도 동일한 의미로 파악하도록 강요하기 때문이다. 이렇게 데리다가 기호로서 기능하는 문자에 대해 부정적인 설명을 하였는데, 생성과 수용의 물리적 사건이 변화되지 않고 남아 있게 되는 가능성이 문자가 기호화됨으로써 삭제된 결과를 가져왔다는 점을 강조하기 위해서 그렇게 하였다. 그런데 그 가능성은 삭제되지 않고 흔적*trace*으로 남아 있다고 하였다. 따라서 흔적이란 사실상 발생의 원인은 엇비슷하지만 지표와는 다른 의미로 이해되며, 지표와는 다른 흔적에서 어떠한 행위에 의한 물리적인 사건은 기호로 발전, 혹은 축소되지 않을 수 있음을 이해할 수 있다. 기호로 환원되지 않는 지표, 혹은 퇴화된 지표나 상징으로 변화되지 않는 지표는 흔적이라고 할 수 있으며, 흔적은 어떠한 기호가 누군가에 의해서 생성되었고 또 수용될 수 있는 행위의 사건이 의미에 의해 삭제되지 않고 남아 있는 경우를 말한다. 이에 관하여 데리다가 언급한 서명*signature*만큼 좋은 예는 없는 것 같다.

우리가 다양한 형태의 활자로 글을 쓰고, 또 컴퓨터로 글을 쓰는 일이 점점 많아져서 이제는 아예 연필로 글을 쓰는 일이 거의 없다. 그럼에도 불구하고 가끔 우리는 글을 써야만 하는 경우가 있는데 그것은 카드로 음식값을 지불하고 서명을 할 때이다. 서명으로 우리는 우리 이름을 쓰지만 그것은 우리의 이름을 통해 나를 표시하기 위해서가 아니다. 즉 그 문자는 나를 의미하는 기호가 아니라, 내가 여기에서 지금 음식 값을 지불했다는 일종의 증명이다. 다시 말해서 우리는 문자를 기호로 사용하여 나를 지시하도록 하는 것이 아니라 내가 여기 지금 실제로 존재했었으며 글자를 쓰는 행위를 했다는 사실을 증명한다. 그리고 그 서명이 활자와 거리가 있는 그림처럼, 즉 그래픽처

럼 되어 있는데 그것에도 이유가 있다. 서명이 그림처럼 되어 있을수
록 다른 사람에 의해 위조될 수 없기 때문이다. 다시 말해서 기호로
사용되지 않기 위해 서명이 그림으로 되어 있다. 서명이 그림으로 되
어 있으면 역시 그것은 이식된 것이라고 볼 수 없다. 그래서 우리는
서명을 휘갈겨 쓰며 그것을 정서로 쓰지는 않는다.

써진 서명은 분명히 서명자의 실제적 혹은 경험적 비존재를 암시한다.
그러나 서명은 또한 지나간 지금 혹은 지나간 현존에서 존재했었음을 표
시하며 그것을 간직하고 있다. 그것은 또한 미래의 지금과 현존으로 남아
있고 그리하여 보편적인 현재로 그리고 시간을 초월하는 현존성의 형식으
로 남아 있다고 할 수 있다. 어떤 의미로는 보편적 현재가 쓰였으며 서명
형식의 항상 분명하고 유일한*singular* 현재의 지점에서 정확히 표시되어
있는 것이다. 그러한 것이 바로 서명의 획이 지닌 신비로움이다. 발생하는
근원에 묶어두기 위해서 간직되어야 하는 것은 서명-사건과 서명-형식의
절대적 단일성이다. 순수한 사건의 순수한 재생산 가능성을 말한다. 그러
한 것이 있는가? 사건과 같은 서명의 절대적 유일성은 발생하는가? 물론
그렇다. 항상 그러하다.42)

서명이 반복 가능할 수 없다는 사실이 또한 중요하다. 그리고 그것
이 기호와의 차이점이다. 기호는 언제 어디서나 그것을 사용하더라도
똑같은 의미를 지니고 있어야 하는데, 반드시 그래야만 시공간을 넘

---

42) Jacques Derrida(1988), "Signature, Event, Context", *Limited Inc.*, Northwestern University
   Press, p. 20.

어서서 전달될 수 있다. 그리하여 반복적으로 사용될 수 있지만, 반대로 서명은 그렇지 않다. 서명의 존재와 기능에서 우리는 문자와 수행이 서로 연관되어 있음을 알 수 있다. 문자로 무엇인가 쓴다고 하더라도 그것이 문자를 쓰는 행위, 즉 행위를 내포할 수도 있다.

이러한 데리다의 서명 모델은 뉴미디어 콘텐츠가 콘텐츠임에도 불구하고 수행으로서 파악될 수 있음을 보여준다. 이기중과 김명준은 UCC가 일종의 수행이라고 하였는데, 그렇다면 그것은 콘텐츠이기는 하지만 이름을 기록한 서명과 유사하다. 왜냐하면 내가 UCC를 만들었다는 점을 나타내기 위해 UCC를 만들었을 것이며, 또 UCC를 보는 사람에게는 누가 그것을 언제 어떻게 만들었는가가 중요하지 그 내용이 무엇인지는 중요하지 않기 때문이다. 만약 UCC로부터 어떠한 지식이나 정보를 이해하려고 한다면 그것은 좋은 생각이 아닐 것이다. UCC의 '무의미한' 그리고 불안정한 의미 확정성으로 말미암아 그것을 구조적이고 문법적인 텍스트로 생각하기 어려울 것이 분명하다.

앞에서 수행의 의미를 다각도로 살펴보았다. 수행 개념이 부각되면서 문화학과 언어학에서 새로운 문제가 제기되는 결과가 나타났다. 또한 그것은 재현과 정신의 구조적인 이해를 극복하려했던 후기구조주의자들이 중요시했던 개념이다. 두 가지가 각기 다른 문맥이기는 하지만 그러나 공통적인 것은 독립적인 수행의 함의이다. 즉 언어나 텍스트처럼 확정적인 의미를 지니고 있는 것, 구조주의 기호학의 관점에서 말하면 동위체*isotopy*라고 할 수 있는 어떠한 것에 종속되지 않는 수행이 존재한다는 사실이다. 그리하여 수행은 의미를, 혹은 구조를 변화시키는 일종의 사건의 역할을 한다. 그리고 이러한 수행의 개념으로부터 뉴미디어를 이해할 수 있는 개념이 형성될 수 있다. 왜냐하면 뉴미디어를 활용하는 자의 수행은 의미에 독립적인 것이며, 또한 그가 만든 콘텐츠는 데리다의 서명모델에서 알 수 있듯이 그러한 독립적 수행을 암시하는 것이기 때문이다.

누구나 동의하는 뉴미디어의 특성은 정보나 콘텐츠의 생산에 있어서 특정한 제작자나 수용자가 정해져 있지 않고 그들이 사용자가 되어서 누구나 생산에 참여할 수 있다는 점이다. 아울러 유통의 관점에서도 이러한 상황은 마찬가지로 나타나는데, 특히 인터넷 환경처럼 네트워크화된 상황에서는 특정한 전달자와 수용자가 존재하지 않는다. 이렇게 뉴미디어를 다루는 주체 안에는 여러 기능을 행하는 개별적인 존재가 혼재되어 있으며, 또한 그 때문에 콘텐츠의 의미나 구조는 정해져 있지 않고 지속적인 변화를 겪게 된다. UCC나 생비자와 같은 용어가 지니는 역설을 앞에서 지적한 바 있다. 그런데 포스터는 미결정성이라는 개념으로 뉴미디어의 특성을 제시하였는데 그것으로 역설의 문제를 어느 정도 해결한 것 같다. 포스터가 말하는 미결정성은 근거가 없는 상황을 말하지만 중층결정과 반대로 원인들을 찾아보기 어려우며 따라서 무엇인가 원인이 될 만한 일들이 발생되어야 하는 상황을 말한다. 뉴미디어는 이러한 미결정의 상황, 즉 무엇인가가 부가되어야 비로소 인과관계를 갖출 수 있는 상황에 놓여 있다. 미결정성을 말한 포스터에게는 주체가 구성될 수 있는 가능성이 중요하였지만, 콘텐츠의 관점에서는 수행의 개입 가능성이 더 중요하다.

그리하여 콘텐츠를 접하는 생비자는 항상 어떠한 방향으로 그것을 제작할 것인지 선택의 상황에 놓이게 된다. 게임을 하든, 혹은 디지털 편집을 하든, 혹은 웹상에서 집단지성에 참여하든 그는 항상 이러한 선택의 갈림길에 서있게 된다. 이러한 선택의 상황은 한 마디로 우연성이라고 표현할 수 있다. 왜냐하면 미결정이란 단순히 결정이 되어 있지 않은 상태만을 의미하는 것이 아니라 무엇인가 보완되어야 하는 상황, 즉 선택의 가능성들이 제시되어 있고 그것이 사건으로 발생될 수 있는 잠재성을 의미하기 때문이다. 그 때문에 포스터는 미결정의 상태에서 구성의 가능성이 비로소 열리게 된다고 하였다. 그리고 이러한 선택, 즉 우연성의 순간에 필연적으로 뒤따르는 것은 수행이다.

2. 디지털 퍼포먼스

1) 디지털의 원리와 컴퓨터의 기능: 수와 계산

여기에서는 앞에서 제기된 문제, 즉 디지털 기술이 어떻게 뉴미디어의 기반이 될 수 있는지에 대해 알아보겠다. 우선 모든 디지털 기술의 활용이 그렇지는 않다는 점을 지적하고자 한다. 서론에서 브레히트와 튜링을 대조시킨 다니엘스를 인용하였는데, 사실 이러한 대조를 위해서는 몇 가지 설명이 필요하다. 튜링은 컴퓨터의 원리를 고안했던 학자로 알려져 있다. 반면에 브레히트나 벤야민이 염두에 두었던 미디어는 라디오나 영화였는데, 지금 그것을 뉴미디어라고 간주하기에 어색하다. 따라서 그들의 생각을 뉴미디어의 이해에 직접 적용하기 위해서는 상당한 설명이 있어야 한다. 즉 브레히트와 같은 학자들의 착안이 디지털 기술과도 관련이 있을지, 나아가서 이 책이 주목하고자 하는 분산의 의미가 디지털 미디어에 의해 실현될 수 있을지에 대해 생각해 보아야 한다. 그리고 앞에서 분산의 방향으로 뉴미디어의 특성을 규정하여 보고 이에 대한 이론적 숙고가 있었는데, 그것이 어떻게 디지털이라는 기술적 맥락에서 이해될 수 있는지도 알아보아야 한다. 우선 디지털 기술에 대한 이해가 필요하다.

　존재하는 대상이나 어떠한 의미를 재현하는 일은 인간에게 중요하다. 혹자는 재현하고 모방하는 일이 인간에게 매우 큰 흥미를 불러일으킨다고 한다. 그런데 재현의 방법을 어떤 관점에서 두 가지로 나누어볼 수 있다. 대상과 비슷하게 재현하는 방식과 대상과 다르게 재현하는 방식이 그것이다. 그림을 그리거나 사진을 찍으면, 그 그림과 사진은 대상과 비슷하다. 그러나 그것을 말이나 글로 표현하면 대상과 재현의 결과물은 그 형태가 서로 달라진다. 비슷하게 재현하는 것을 아날로그*analog* 방식이라고 한다. 물론 이것은 매우 초보적인 이해이지만 생각해 볼만 하다. 아날로그 방식은 좋은 점도 있지만 단점도 있는데, 예를 들어 효율적이지 못하다는 문제가 있다. 빠르고 간편한 재현과 전달을 위해서는 의미만 통한다면 반드시 대상과 재현결과를 비슷하게 할 필요는 없다. 다만 대상과 형태가 다른 말이나 글로 표현하려면 말하는 사람과 듣는 사람 사이에 말과 글의 문법과 의미가 서로 약속되어 있어야 한다. 다시 말해서 코드가 공유되어야 한다. 이것은 언어의 문법을 공부해야 하는 이유이다. 물론 그림이나 영상도 코드처럼 활용된다고 생각하는 사람들이 있는데, 그 주장도 고려해볼 만하다. 예를 들어 영화에서 시계를 크게 하여 촬영한 영상을 보면 대체로 그것은 시계를 의미하는 영상이 아니라 지금 몇 시임을 의미하는 영상이라고 생각된다. 이러한 생각도 서로 미리 약속을 해둔 코드에 근거하여 이루어진다. 이러한 문제를 다루는 학문분야를 영상기호학이라고 한다. 영상이 특히 영화영상이 코드인가 아닌가의 문제에 대해서는 프랑스의 영화학자인 크리스티앙 메츠*Christian Metz*가 상당히 공을 들여 연구하였다. 그리고 그의 의견에 찬동하는 학자도 있고 또 반대하는 학자도 있다.

그리고 언어로 표현하고 전달하려면 그 언어는 어떠한 요소들로 이루어져야 한다. 보통 언어에서 그 요소는 자음과 모음과 같은 것이다. 우리말의 기본 자음과 모음은 각각 14개와 10개인데, 그것들이 서로 규칙에 맞게 조합되어 효율적으로 의미가 표현되고 또 소통이 이루어진다. 아무리 복잡한 의미나 파악하기 어려운 대상이라고 하더라도 말을 사용하는 사람들 사이에 그것의 의미와 배열 방식에 대한 약속이 잘 지켜지면 우리는 그것을 소통할 수 있다. 또한 물리량을 표시할 때 우리는 10개의 숫자가 사용되는데, 그래서 수는 10진법이다. 그런데 그 요소를 최소화한다면 결국 그것은 0 혹은 1, O 혹은 X, 예 혹은 아니오 이 단 두 가지 요소가 될 것이다. 그것은 2진법이며 디지털 방식의 근본적인 바탕이다. 니콜라스 네그로폰테*Nicholas Negroponte*는 이에 대해 다음과 같이 설명하였다.

비트는 색깔도 크기도 무게도 없으며 광속으로 여행할 수도 있다. 그것은 정보 DNA의 가장 작은 원자 요소다. 그것은 하나의 존재 방식으로서, 켜짐 또는 꺼짐, 참 또는 거짓, 위 또는 아래, 안 또는 밖, 검은 색 또는 흰색을 갖는다. 실제적 목적에서 우리는 한 비트가 1 또는 0이라고 간주한다.[43]

만약 요소가 두 개뿐이라면 사용하기에 매우 간편하겠지만 한편 약

---

43) 니콜라스 네그로폰테, 백욱인 역(2007), 『디지털이다』, 커뮤니케이션북스, 14쪽.

속해두어야 하는 부분이 많을 수밖에 없다. 기호가 기호로 활용되려면 전달자와 수용자 모두 코드를 이해해야 한다. 수용자가 코드를 모르면 그 기호는 암호가 될 것이며 그것을 풀기 위해서 코드를 찾아내야 한다. 그런데 어떠한 대상을 재현할 때, 그것을 단 두 가지의 요소로 표현한다면 그것은 마치 암호와 같을 것이다. 그만큼 복잡한 코드를 이해해야 할 터인데, 사실 그 어려운 일을 해주는 것이 계산기, 즉 컴퓨터이다. 컴퓨터의 도움 없이 우리는 장점이 많은 2진법적인 재현방식을 사용할 수 없다. 어떠한 대상을 코드화하여 재현하는 경우는 말과 글을 포함하여 여러 가지가 있겠지만 0과 1만을 사용하는 방식이야말로 진정한 디지털 방식이라고 할 수 있을 것이다.

컴퓨터는 상상을 초월하는 계산능력과 복잡한 프로그램으로 디지털 방식의 장점을 살리고 단점을 최소화시켜 주는 기능을 한다. 그리고 사용자의 입장에서 보았을 때, 컴퓨터를 사용하면 코드를 몰라도 디지털 방식을 활용할 수 있다. 컴퓨터의 계산 방식은 사실 단순한 기계적 작용의 무한한 반복적 수행으로 이루어져 있고 복잡한 문법이나 골치 아픈 수학공식을 필요로 하지 않는다. 어떠한 형태의 디지털 데이터라고 하더라도 그것의 단위는 동일한 모듈이며 그것의 작용은 계산이라는 점에서 간단하다고 할 수 있다. 다만 그러한 계산의 속도와 양이 인간이 직접 행한다는 것을 상상하기 어려울 정도로 빠르고 크다. 이에 대해 플루서는 다음과 같이 설명한다.

숫자들을 질서화했던 그렇게 단순한 십진법 체계는 아직 걸음마 단계인 이진법 체계를 위해서 포기되어진다. 숫자세계의 이와 같은 단순화는 더 이상 인간의 지능이 아니라 인공지능들이 계산하고 있다는 사실로 환원된다. 인공지능들은 점점 더 우둔해질수록, 그 대신에 더 빨라진다. 인공지능들은 우리가 수백 년 동안 가공해 왔던 세련된 수학적 조작들을 수행할 수 없다. 그러나 그것들은 그렇게 할 필요가 전혀 없다. (…중략…) 인공지능들은 거의 빛의 속도에 근접하는 속도로 덧셈을 수행[하기 때문이다].44)

바둑을 둘 때 사람들은 바둑의 격언이라고 하는 말들을 떠올리는데, 예를 들어 "적의 급소가 나의 급소다", 혹은 "피차간에 한 칸 뛰는 자리가 급소다"와 같은 말들이 있다. 물론 위기십결圍棋+訣이라고 하는 열 가지 사자성어도 이에 해당한다. 이렇게 격언은 마치 공식과 같이 반복적인 계산을 피하고 정수를 빨리 찾기 위해 필요하다. 그런데 알파고에게 그런 격언이나 공식과 같은 것은 의미가 없을 것이다. 알파고의 작동은 빠른 계산으로 이루어지는데 그 능력은 미리 정해둔 어떠한 것, 즉 공식이나 법칙, 혹은 코드와 같은 것의 효과를 압도하기 때문이다. 플루서가 인공지능이 "점점 더 우둔해질수록, 그 대신 더 빨라진다"라고 말한 것은 이러한 의미로 이해된다. 인간이 사용하는 공식이나 법칙을 모르지만 그럼에도 불구하고 그 결과는 더 좋기 때문이다. 즉 알파고는 위기십결을 몰라도 바둑에선 항상 승리한다.

빠른 셈과 조합의 능력으로 디지털 기술은 인간에게는 불가능한 계산을 수행하고 또 그 계산을 통해 우리가 만들 수 없는 것들을 자유롭게 만들었다가 또 그것을 다른 것으로 바꿀 수 있게 해준다. 이러한 셈과 조합의 작동은 인간의 의식과 지각으로는 파악할 수도 그리고

---

44) 빌렘 플루서, 윤종석 역(1998), 『디지털 시대의 글쓰기: 글쓰기에 미래는 있는가』, 문예출판사, 57~58쪽(필자 고딕 강조).

인지할 수도 없다. 따라서 인간은 어떠한 과제수행의 명령만을 내리고 프로그램에 의해 만들어진 결과물만을 취하게 된다.

2) 디지털 기술의 활용: 표면정확성과 가변성

문자, 영화, 텔레비전의 기술적인 발전을 코드의 관점에서 보자면, 그 구성요소가 점차로 미세화되는 경향이 나타난다. 영화는 엄밀하게 보면 아날로그와 디지털 방식이 혼합된 것이며 컴퓨터는 단 두 가지의 요소만을 사용한다. 그렇기 때문에 어찌 보면 요소는 간략해지고 코드는 커지는 과정이 재현 방식의 기술적 발전역사이다. 그런데 이에 대해 여러 가지 해석이 가능하다. 컴퓨터에 의해 처리되는 요소, 즉 비트나 모듈은 아날로그 방식과는 달리 불연속적*discontinuous*이기는 하지만 막대한 양과 빠른 처리속도로 말미암아 그것이 만들어내는 콘텐츠는 인간에게 현실처럼 연속적인 것으로 느껴진다. 아날로그 미디어가 재현 대상과 그 결과를 서로 유사하게 모사하는 방식을 지니고 있지만 그럼에도 불구하고 디지털 미디어의 재현결과물은 더욱 현실인 것처럼 받아들여진다. 왜냐하면 연속적인 대상을 개별적인 단위로 나눌 때 발생하는 여백을 메워주는 작동이 섬세하고 빠르게 이루어지기 때문이다. 모듈들 사이의 차이는 거의 인지되지 않고 그 때문에 현실과 구분이 잘 되지 않을 수도 있다. 1초를 24부분으로 나누어 배열하였던 영화에서도 불연속성은 연속적인 것으로 인지되지만, 이러한 특성은 컴퓨터에 의해 더욱 첨단화되었다. 그리하여 달리가 언급한 표면정확성*surface accuracy*은 거의 완성 단계에 이르렀다. 이러한 표면정확성은 가상현실*virtual reality*이 구현되도록 한다.

완벽한 현실의 재현, 혹은 매개가 되었다는 사실조차도 인지되지 못할 정도의 비매개적 재현도 디지털 방식을 제대로 운영하는 컴퓨터에 의해 성립된다. 아울러 이러한 상황에서 수용자에게 몰입과 집중은 더 잘 이루어진다. 컴퓨터는 0과 1로 되어 있는 데이터들을 우리가 일반적으로 사용하는 언어나 그림과 같은 것으로 번역하여 보여주는데, 그렇게 변형시키는 방식 또한 매우 빠르고 자동화되어 있다. 피상적으로 보면 우리가 사용하는 컴퓨터가 디지털인지 아날로그인지 알 수 없지만, 사실 컴퓨터는 디지털과 아날로그 방식을 오가면서 복잡하고 많은 작업을 처리한다. 그것을 각각 인코딩*encoding*과 디코딩*decoding*이라고 한다.

그런데 이러한 디지털 기술의 특성은 사실 기존에 여러 미디어들이 목표로 하였던 것을 더욱 효과적으로 그리고 더욱 완벽하게 구현하도록 한다. 가상현실을 구현하는 디지털 기술의 역량은 물론 혁신적인 것이다. 이에 대해서는 이후에 영화의 경우를 살펴보면서 좀 더 알아보도록 하겠다. 그러나 앞서 뉴미디어에 대한 논의에서 짚어보았듯이, 이렇게 방법만 새롭고 목표는 동일한 경우를 뉴미디어라고 하기에 미흡하다. 왜냐하면 표면정확성은 양적인 확대에 의해 나타난 결과이며, 또 재현이 애초에 목적하였던 바를 유지한 결과이기 때문이다. 두 가지 요소만을 사용하고 그것의 코드 처리를 컴퓨터에게 맡기는 디지털 기술에서 과거에 생각할 수 없었던 전혀 새로운 기능을 수행한다고 볼 수는 없는가? 디지털 기술이 뉴미디어로 이해되거나, 혹은 뉴미디어의 기술적 기반이라고 보려면 양적인 확장으로 나타나는 것과는 다른 특성을 고려해보아야 한다.

잠시 영화와 텔레비전의 경우를 살펴보자. 영화는 기술적으로 사진에 기반하고 있으며, 그것을 배열한 결과이다. 그런데 그렇게 사진을 이용하다 보니, 섬세한 영상을 확보할 수 있게 되었고 또한 사진의 배열을 조절하면서 하나의 이야기를 엮어갈 수 있었다. 영화를 서사예술로 발전시킨 초기 영화인들 가운데 에드윈 포터*Edwin Porter*가 편집기술자였다는 사실만으로도 서사예술과 편집기술 사이의 맥락을 이해할 수 있다. 영화의 발전에 여러 가지 요인들이 작용하였지만 그 가운데 기술적 요인을 빼놓을 수 없다. 영화는 서사적인 콘텐츠를 구현하기에 용이한 기술적인 바탕을 지니고 있다. 사진의 섬세함은 영상이 기호로 사용되도록 하는 데 도움이 되었으며 또 많은 사진들은 그 순서가 조절되어 이야기가 될 수 있었기 때문이다.

텔레비전은 어떠한가? 텔레비전의 원리를 최초로 구현하였다고 알려진 닙코프의 원판*Nipkow's disk*을 생각해보면 텔레비전이 서사영상보다 보도영상을 창출하는 데 유리한 기술장치임을 이해할 수 있다. 원리만을 생각해보면, 텔레비전은 영화와 비슷한 시기에 발명되었다. 그런데 텔레비전은 영화와 달리 대상의 형태를 전기신호로 변환시켜서 영상을 창출하는 방식을 활용하였다. 그 결과 전기신호의 전송을 통하여 정보를 신속히 그리고 멀리 전달할 수 있는 가능성을 지니게 되었다. 이것은 영화의 기술적인 원리와 매우 다른 점이다. 그리하여 텔레비전은 영화와 달리 보도영상을 만들 수 있었다. 영화와 텔레비전은 영상을 기술적으로 창출하는 공통점을 지니고 있었지만, 제각기 자신만의 독특한 특성을 활용하여 발전하였다. 그 결과 서사영상, 보도영상 등 미디어마다 제각기 독특한 콘텐츠가 만들어질 수 있었다. 텔레비전으로 영화를 볼 수도 있지만, 뉴스를 볼 때 텔레비전은 더욱 유용하다.

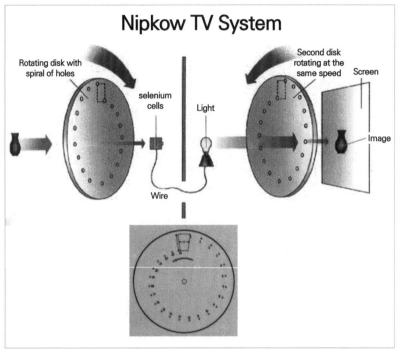

Nipkow TV System

Rotating disk with spiral of holes

selenium cells

Light

Wire

Second disk rotating at the same speed

Screen

Image

〈영상 7〉 닙코프 원판의 원리: 원판의 스캔을 통하여 간헐적으로 나타나는 빛이 셀레늄에 접촉하면 그 빛은 전기신호로 전환되는데, 닙코프는 이러한 원리를 통하여 영상이 생성되며 또 전송될 수 있는 장치를 발명하였고 그것이 기계식 텔레비전의 원리이다.

지금까지 언급한 것들은 매우 피상적인 영상기술의 역사이지만, 이러한 사실만으로도 기술적 원리가 다르면 그것으로부터 만들어지는 콘텐츠의 성격도 다르다는 점을 알 수 있다. 그렇다면 디지털 방식은 영화와 텔레비전과는 또 다른 특성의 콘텐츠를 만들어낼 수 있을 것이라고 예상하기에 충분하다. 그리고 컴퓨터를 단순히 영화나 텔레비전이 추구하였던 콘텐츠의 목적을 더욱 효과적으로 달성하는 기술장치로만 간주할 수 없다. 점차 텔레비전으로 영화를 보는 일이 많아지지만 그렇다고 해서 텔레비전을 영화 미디어라고 하지 않는다. 그것이 아니라면 디지털 방식의 차별화된 특성은 무엇이고 그것을 통해 어떠한 새로운 효과를 기대할 수 있을까? 많은 이들이 컴퓨터로 영화를 감상하고 방송을 시청하며, 간혹 그것이 더 효과적인 수용을 가능하게 하지만, 그러한 양적 확대를 디지털 방식의 본질이라고 볼 수 없다. 즉 뉴미디어로서 디지털 기술의 본질적 기능은 다른 데에 있다고 예상할 수 있다.

디지털 기술의 특성들 가운데 정작 새로운 것은 한마디로 사용자가 콘텐츠를 쉽게 변화시킬 수 있다는 점이다. 이러한 기능은 디지털 방식이 단 두 가지의 요소로 이루어져 있기 때문에, 그리고 그러한 모듈이 항상 자동적으로 계산될 수 있기 때문에 가능하다. 다시 말해서 어떠한 형태로 이루어지든 그것은 결국 같은 단위로 이루어져 있는데, 이러한 상태에서는 데이터의 재배열을 통해 쉽게 다른 것으로 바뀔 수 있다. 아울러 그러한 작용이 자동적으로 이루어진다는 점을 생각하면, 디지털 콘텐츠가 변형되기 매우 쉽다는 것을 이해할 수 있다. 그렇게 쉽기 때문에 디지털 콘텐츠는 변화에 강하고 확정에 약하다. 항상 미결정되어 있고 최종적인 형태 없이 중간적인 상태에 놓여 있다. 마노비치는 이러한 특성을 가변성*variablity*이라고 하였다.45) 그리고 홀츠먼*Holzman*은 이러한 특성을 재미있게도 카멜레온에 비유하였고 또한 그것을 0과 1의 조각*sculpture*이라고도 하였다.46) 마노비치의

---

45) 이하는 필자의 졸고 가운데 일부분을 수정하여 수록하였다. 김무규(2014), 「디지털 영상의 기술적 원리와 구성주의적 특성: 빌렘 플루서의 기술적 형상 개념을 중심으로」, 『한국방송학보』 2(85), 7~45쪽. 그리고 마노비치가 설명한 가변성의 의미는 다음을 참조하였다. 레프 마노비치, 서정신 역(2014), 『뉴미디어의 언어』, 커뮤니케이션북스, 48~60쪽.

46) 스티븐 홀츠먼, 이재현 역(2002), 『디지털 모자이크: 인간은 디지털로 어떻게 생각하고 말할 수 있는가?』, 커뮤니케이션북스, 162~176쪽.

가변성 개념이나 홀츠먼의 비유에서 이해할 수 있는 것은 디지털 기술에 의해 만들어진 콘텐츠는 마치 하나의 생명체처럼 변화를 지속한다는 점이다. 그것은 물리학적이라기보다 생물학적인데, 그러한 이유에서 미첼은 디지털 영상을 설명할 때, 생명의 인공지능, 즉 바이오사이버네틱스*biocybernetics*라는 개념을 사용하였다.47) 이들이 제시하는 디지털 기술의 역량은 영화나 텔레비전으로 해낼 수 없는 것이다.

마노비치는 뉴미디어에 대한 체계적 개념화를 시도하면서 이 점을 의식한 것 같다. 특히 그는 『뉴미디어의 언어』라는 저서의 "이런 것은 뉴미디어가 아니다*What new media is not*"라는 제목의 챕터에서 부정적인 방식으로 뉴미디어 개념에 접근한다.48) 여기에서 그는 디지털 미디어의 특성이라고 우리가 일반적으로 알고 있는 것들에 대해 문제점을 지적하였다. 보통 뉴미디어는 아날로그 미디어가 디지털화된 것, 컴퓨터라는 하나의 기계에 통합될 수 있는 것, 무작위로 접근 가능한 것, 혹은 상호작용적인 것 등으로 알려져 있다. 그런데 이러한 통념을 반박한다. 그의 반박은 매우 간략하지만 그 논리를 따라가면, 당연하다고 생각되는 개념들인 재매개, 멀티미디어, 하이퍼미디어, 상호작용성 등의 용어로 뉴미디어를 체계적으로 개념화할 수 없다는 점을 받아들여야 한다. 필자가 보기에 마노비치의 비판적 설명은 매우 의미 있다.

아울러 마노비치는 모듈성과 가변성을 비롯한 여러 용어들을 통해 가장 표준적으로 디지털 기술을 설명하였다. 그는 주로 화학적*chemical*,

---

47) Mitchell, W. J. T.(2003), "The Work of Art in the Age of Biocybernetic Reproduction", *Modernism/Modernity*, 10(3), pp. 481~500.
48) 레프 마노비치, 서정신 역(2014), 앞의 책, 65~83쪽.

기계적*mechanic* 영화와 디지털 영화를 비교하면서 이러한 설명을 구체화하였다. 근본적으로 디지털 영상은 마치 문자처럼 원래의 대상의 모습과는 다른 형태의 정보로 되어 있기 때문에 대상의 흔적이 영상에 남아 있지 않게 된다. 그리하여 그것을 지표성*indexicality*이 없는 영상이라고 한다. 마노비치는 이러한 디지털 방식의 특징에 근거하여 디지털 영화는 실재를 기록한 결과가 아닌 애니메이션과 같이 실재를 창작한 결과라고 주장한다. 그리고 이러한 특성은 다른 모든 디지털 콘텐츠에도 해당된다.

마우스를 클릭할 때마다 새로운 루프가 보이면서 관객은 편집자가 된다. 하지만 결코 전통적인 의미에서는 아니다. 하나의 서사 시퀀스를 만들고 쓰이지 않은 재료를 버리기보다는, 여기서의 관객은 한꺼번에 일어나는 것처럼 보이는 행위들의 여러 겹의 루프, 또 서로 분리되어 있지만 공존하는 여러 개의 시간성을 하나씩 앞으로 가져온다. 관객은 잘라내지 않고 다시 섞기를 하는 것이다.49)

마노비치가 말하는 다시 섞기, 즉 리셔플링*re-shuffling* 작업은 컴퓨터의 놀라운 계산능력으로 이루어진다. 코드를 (재)배열하는 작업은 필름 영화를 편집하듯이 일일이 수작업을 통해서 하는 것이 아니고 알고리즘을 통해 이루어지기 때문에 자동화되어 있다. 그리하여 재료는 "서로 분리되어 있지만 공존"하게 되며 그러한 공존의 상태에서 또다른 변화를 유도할 수 있다. 디지털 편집을 해본 경험이 있는 사람이

---

49) 위의 책, 435쪽.

라면 편집이란 잘라서 버리는 것이 아니라 또 다른 배열을 위해 순서를 바꾸는 것임을 느껴보았을 것이다.

예를 들어보자. 우리가 디지털 카메라로 무엇인가를 촬영하여 만들어지는 결과물은 필름이나 테이프가 아니라 파일이다. 파일 안에는 그림이 아닌 문자와 같은 정보가 담겨 있고 그 정보는 0 혹은 1 두 가지 중에 하나로 구성되어 있다. 그 정보들을 우리는 영상으로 볼 수도 있고 또 어떠한 작업을 수행하여 또 다른 것으로 바꿀 수도 있다. 왜냐하면 촬영된 미디어 결과물이 모두 균일한 모듈로 이루어져 있기 때문이다. 이러한 상태는 자루 속에 담겨 있는 곡식이나 해변에 쌓여 있는 모래에 비유할 수 있다. 하나하나 작지만 무수히 많고 그렇게 모여져 있어도 특별히 정해진 형태는 없다. 그리고 그렇게 불안정하게 되어 있기 때문에 너무나 손쉽게 형태가 변한다. 마치 누군가에 의해 변화되기를 기다리는 것 같다. 모듈성과 가변성으로 말미암아 디지털 정보는 원하는 대로 그 모습을 바꿀 수도 있으며 오히려 최종적인 결과물을 만들어서 더 이상 변화시킬 수 없도록 만들기가 어렵다. 사진이나 영상의 디지털 편집을 하면서 우리는 한 가지 쉬운 점과 또 한 가지 어려운 점이 있음을 이해할 수 있다. 쉬운 것은 바꾸는 것이고 쉽지 않은 것은 바뀔 수 없도록 고정시키는 것이다. 게다가 코드의 흐름이 시공간 제약 없이 자유로워진 네트워크 환경에서 이러한 유동성은 더욱 커진다.

누군가가 디지털 카메라로 영상을 촬영하여 파일형태로 하드디스크에 보관해두었다면, 컴퓨터에서 그 파일을 열어보는 사람은 그것을 완성된 작품이라고 보기는 어려울 것이다. 아마도 지금은 작업을 하는 도중이기 때문에 그 작품은 아직 미완성된 것이라고 생각할 것이다. 결국 디지털 영상은 항상 결과를 향해 가는 과정의 어느 중간정도에 위치하고 있다. 그러나 미완성되어 있다는 말은 그렇게 긍정적으로 들리지 않는다. 우리는 항상 완성된 무엇인가를 감상하고 싶기 때문이다. 그리고 다른 누군가에 의해 정돈된 의미, 파악된 사실을 알고 싶어 한다. 결정된 것으로부터 비로소 우리는 정보를 얻거나 감동을 느낄 수 있기 때문이다. 그러나 다른 관점에서 생각해보면, 미결정적인 디지털 영상에 다른 장점이 있음을 알 수 있다. 누구나 손쉽게 무엇인가를 만들 수 있는 가능성이 그것이다. 전문가가 아니더라도 약간의 활용 방식을 배우면 누구나 영화 한 편을 만들 수 있다. 그런데 이러한 상태에서는 작품을 만드는 사람과 그것을 수용하는 사람이 누구인지 모호해진다. 만듦과 동시에 수용이 가능하고 수용한다는 것은 수정한다는 것을 의미하기 때문이다. 따라서 전문적인 예술가나 엘리트와 그것을 피동적으로 받아들여야 하는 일반대중들 사이의 경계는 사라지며, 그것을 구분하는 일은 디지털 뉴미디어를 다루는 사람에게 큰 의미가 없다.

오래전에 이미 플루서는 디지털 기술의 이러한 특성, 즉 미결정의 상태에서 창의성이 발휘될 수 있는 가능성을 강조한 바 있다. 그리고 그것을 '기술적 상상'이라는 말로 개념화하였다. 과거의 미디어에서부터 천천히 살펴보는 그의 고찰은 사진이나 영화와 같은 부분적인 디지털 방식에서도 이미 사용자, 혹은 수용자가 창의적인 활용을 수행할 수 있는 가능성이 확보되기 시작하였다고 주장한다. 다음에서 이에 대해 좀 더 자세히 살펴볼 것이다.

3) 플루서의 기술적 형상론

앞에서 디지털의 원리와 그것의 기술적인 작용으로 나타나는 몇 가지 특성에 대해 알아보았는데 이러한 설명은 사실 전통적인 재현관으로 비추어보아 납득하기 어려울 수도 있다. 예를 들어 디지털 기술의 작용은 무엇인가를 작품이나 텍스트로서, 즉 콘텐츠로서 완성하기보다 그것을 지속적으로 변형시키는 특징이 있으며, 그렇기 때문에 제작이나 수용이란 없고, 단지 끝없는 수행의 과정만을 의미한다면 그것을 쉽게 이해하기 어렵다. 이 책은 디지털 기술의 작용에서 나타나는 이러한 특성에 근거하여 그것이 뉴미디어의 기술이 될 수 있다는 입장을 견지하고 있다. 미학적인 관점에서 말하면 이러한 특성들은 작품이 이미 존재하는 대상이나 주체에 의해 정리된 어떠한 의미를 재현한다는 생각, 즉 전통적 작품론이나 작가론과 거리가 멀다. 아울러 그러한 작품이나 작가를 어떠한 메커니즘에 의해 산출된 구조라고 보는 구조주의적 사고 방식과도 일치하지 않는다. 플루서의 미디어론은 이러한 의문스러운 디지털 기술의 특성들에 대해 이해할 수 있는 근거를 이론적으로 설명하였다. 그리고 디지털성과 뉴미디어의 연관성에 대한 논리적인 설명도 분명히 하였다.

첫째, 전체적으로 보면 플루서는 존재나 구조가 아닌 구성의 인식론을 부각시킴으로써 미디어가 지니는 유동적이고 수행적인 특성에 대해 설명한다. 지금까지 뉴미디어의 의미에 대해 다루면서 그것의 활용이란 어떠한 대상을 재현하는 것으로 이해되거나 또는 그와 반대로 대상을 만드는 것으로 생각되었다. 그런데 이 두 관점은 미학적 논의에서 서로 뒤섞일 수 없을 정도로 대립된다. 세상이 인간에 의해 만들어지는 것이라면 애초에 인간이 관여할 수 없는 대상이 존재한다고 생각되기 어렵기 때문이다. 아마도 그것은 사실주의와 구성주의적인 사고 방식의 대립이라고도 할 수 있다. 그리고 극단적인 구성주의적인 관점을 취한다면 재현이란 있을 수 없으며 (미디어를 활용한) 모든 작업은 창작이다.

플루서는 전체적으로 보았을 때 구성주의적인 관점을 취하고 있는데, 그의 주장에서 흥미로운 점은 사진으로부터 시작되어 디지털 기술로 발전되는 일련의 역사적인 과정의 결과로 대상이 창조될 수 있다는 구성주의적 인식론이 실현될 수 있었다는 점이다. 창작의 작업은 상상하는 데에, 혹은 모델을 창출하는 데에 그치지 않고 그 결과물은 우리가 경험할 수 있는 현실이 되었다는 설명을 말한다. 이러한 문맥에서 하르트무트 빈클러*Hartmut Winkler*는 "컴퓨터는 상징적-구성적 모델 형성과 실제적-경험적 논증의 연계*eine Kette zwischen einer symbolisch-konstruktiven Modellbildung und zweitens einer praktisch-empirischen Verifizierung*를 창출한다"라고 하였다.[50] 다시 말해서 구성을 하려는 인간의 의도는 이제 컴퓨터의 도움으로 단지 상상에만 머무는 것이 아니라 실재로 경험할 수 있게 되었으며 그것은 단지 시뮬레이션이 아닌 현실 그 자체가 되었다. 플루서는 이러한 뉴미디어의 역량을 '디지털 분산*digitale Streuung*' 혹은 '촘촘한 분산*dichte Streuung*'의 방법이라고 하였다.[51]

---

50) Hartmut Winkler(2004), "How to do Things with Words, Signs, Machines: Performativität, Medien, Praxen, Computer", Sybille Krämer(ed.), *Performativität und Medialität*, München: Fink. pp. 108~109.

51) 빌렘 플루서, 김성재 역(2004), 「디지털 가상」, 『피상성 예찬: 매체 현상학을 위하여』, 커뮤니케이션북스, 300쪽.

신시대의 인식론적 노력들 중 큰 부분은 (…중략…) 숫자코드를 세계에 적합하게 만들고 점점 더 정교하고 세련된 수학적 방법들을 만들어내는 것을 목표로 했다. 빠른 계산기는 이러한 작업을 불필요하게 만들었다. 이 계산기는 1과 0을 더하는 것으로 '디지털화하라'는 명령으로, 충분하며 그럼으로써 모든 수학적인 세련화를 포기할 수 있을 정도로 매우 빠르게 계산한다. (…중략…) 컴퓨터는 알고리즘으로부터, 곧 계산적인 사고의 상징들로부터 투영되고 우리를 둘러싸고 있는 환경과 똑같이 구체적일 수 있는 대안적인 세계들을 종합할 수 있다. 이러한 투영된 세계들 속에서 수학적으로 고안될 수 있는 모든 것은 실제로 만들어질 수 있다.[52]

둘째, 플루서에 따르면 구조주의 인식론이 도입된 이후에서부터, 세계를 구성의 결과물로 이해하려 했던 사람들이 사용했던 표현이나 제작 방식은 선형적 문자가 아닌 숫자였다. 그들은 존재하는 세계를 파악하고 그것을 표현하기 위해 개념의 언어를 사용했던 것이 아니라 무엇인가를 만들기 위해 숫자를 사용했다. 그런데 왜 숫자를 사용해야 무엇인가를 만들 수 있는가? 문자언어의 개념은 추상적이기 때문에 세밀하고 정확하지 않더라도 사용되어야 하고, 그것의 개념이 함의하는 의미가 명확할 것이라는 가정이 전제되어야만 했다. 그런데 모호한 개념에 의존하는 문자로 새로운 것을 만들 수는 없다. 그러나 숫자는 정확하고 오류가 없다. 숫자의 사용과 그것의 계산으로 "주어진 것에 대한 모사를 창조한 것이 아니라, 아직 실현되지 않은 것에 설계를 완성했던 것이다".[53] 존재하지 않는 대상을 가시적으로 만들

---

52) 위의 글, 297~299쪽.

어 내는 것은 문자로는 불가능한 일이었고 문자를 통한 설명은 상상하는 일에 불과하기 때문이다. 문자에서 숫자로의 변화는 인식론적, 혹은 방법론적인 변화를 의미한다. 그리하여 존재론적인 인식론과 그와 연관된 선형적 문자 코드의 활용은 구성구의적인 인식론과 분석적인 숫자 코드로 변화하게 되었다.

디지털 기술을 설명하는 플루서 이론에서 핵심적인 사항은 바로 이러한 인식론적, 방법론적 변화가 기술의 발전과 특정 기구의 활용으로 실현될 수 있다는 주장이다. 그런데 그 기술과 기구는 수를 다루는 작동을 한다. 다만 새로운 것을 만들 수 있을 정도로 숫자가 활용되려면 방대한 양의 계산이 신속하게 이루어져야 한다. 그러나 숫자의 구성 가능성을 예상하였던 초기 구조주의자나 구성주의자들에게 그러한 계산능력은 없었다. 즉 계산능력 없이는 숫자의 구성 가능성은 이론상으로만 성립하며 그것의 활용은 불가능하다. 그런데 대상을 구성된 팍툼*faktum*으로 간주하려는 생각은 인간이 수를 다루는 기술을 사용하기 시작하면서 구체적으로 실현되며, 그 힘을 빌려 인간은 구성의 의도를 가시적으로 실현하게 되었다. 그렇게 본다면 디지털 기술로 구현되는 가상현실의 시뮬레이션은 현실이 기획되어 구성된 결과이며, 원래 존재하는 현실과 대립되는 허구가 아니다. 애초에 그것을 사실주의적으로 이해할 수 없기 때문이다. 마찬가지로 현실은 인간의 외부에 존재하는 대상으로서 현실이 아니라 만들어지는 것이 되었고, 그 때문에 더 이상 모방되는 것이 아니었다. 결국 플루서에 따르면, 사실주의에 대립하는 구성주의적 사고 방식은 기술과 기구의 도움으

---

53) 위의 글, 292~293쪽.

로 활성화되었고 컴퓨터와 같은 디지털 기술의 도입으로 인간은 외부 세계의 속박으로부터 해방되었다.

세 번째로 또 다른 문제는 구성 작업을 수행하는 인간을 어떻게 이해해야 하는가에 관한 것이다. 플루서는 디지털 영상이 코드를 통해 창출될 경우에 인간과 기구가 서로 대립되는 요소가 아니라 통합된 하나의 요소로 간주한다. 플루서에게 기구를 다루는 사람의 문제는 매우 중요하며, 이 문제를 바탕으로 그는 객관성과 주관성의 이분법적 사유, 혹은 자연을 개발하며 극복하는 노동의 의미 등 다양한 철학적 논제들을 비판적으로 다루었다.

우리는 자율적 주체이며 우리가 관찰하는 대상과 다른 특별한 지위를 가졌다고 생각한다면 그것은 사실주의적 재현론에 근거한 주체론이라고 할 수 있다. 그리하여 대상은 주체의 통제 하에 놓여 있고 주체를 통하여 대상은 반영된다. 그리고 그 주체에게 미디어란 도구에 지나지 않는다. 그러나 디지털 기술에 의해 기획된 모든 것은 구성의 결과물이기 때문에 고정된 객체는 존재하지 않는다. 주체는 대상을 반영하고 그것을 다른 주체에게 전달하는 것이 아니라, 모듈 덩어리들의 움직임에 어떠한 자극을 줄 수 있고 그러한 움직임에 참여하는 존재이다. 그것을 플루서는 '기구-작동자*Apparat-Operator*'로 개념화하였다.[54]

---

54) 이에 대해 다음 문헌을 참조할 수 있다. 빌렘 플루서, 김성재 역(2001), 『코무니콜로기: 코드를 통해 본 커뮤니케이션의 역사와 이론 및 철학』, 커뮤니케이션북스, 161~182쪽; 김성재(2005), 「탈문자 시대의 매체현상학: 기술적 형상의 탄생에 대하여」, 『한국방송학보』 19(1), 97~100쪽.

컴퓨터는 인간 내부적, 인간들 간 그리고 인간 외부적 가능성들을 정확한 계산적 사고 턱택에 실현시키는 데 사용되는 기구이다. 이러한 표현은 컴퓨터의 가능한 정의라고 파악될 수 있다. 우리는 더 이상 주어진 객관적 세계의 주체가 아니라, 대안적인 세계들의 기획이다. 우리는 예속적인 주체적 위상에서 빠져 나와 우리 자신을 투영하는 것 속에 설치했다.55)

그러나 의심스러운 부분도 있다. 플루서는 디지털 구성에 대해 설명하면서 그의 테제를 디지털 기술에 의한 수행에만 적용한 것이 아니라 디지털 시대 이전의 여러 기구들, 예를 들어 사진, 영화, 텔레비전에도 적용하였다. 그런데 경험적으로 보았을 때, 플루서의 테제가 여기에 제대로 적용되는지 의심스럽다. 왜냐하면 사진, 영화, 텔레비전은 개념적 언어의 코드와 수적 코드 사이의 중간 정도에 위치하기 때문이다. 특히 영화는 연속적인 개념과 불연속적인 장치, 두 가지의 속성을 모두 가지고 있다. 그리고 선형적 서사와 비선형적 사진의 속성을 모두 가지고 있다. 기호학의 도움으로 우리는 영화의 내용을 문자 코드와 같은 원리로 이해하기도 하지만, 또 달리 보면 영화는 튜링머신과 아주 비슷한 모습을 띈 사진 배열의 장치이다. 그러나 이 모든 사례들에 플루서의 구성주의적인 기술론을 매우 폭넓게 적용할 수 있다.

다시 말해서 그가 다룬 여러 기술의 유형들 가운데 디지털의 구성적 실현 가능성으로 설명될 수 있는 것도 있고 그렇지 않은 것도 상당하다. 이러한 의문 때문에 플루서의 테제를 보다 정교하게 이해할 필요가 있다. 그것을 뭉뚱그려 이해하면, 그의 테제가 성립되지 않는 예증

---

55) 빌렘 플루서, 김성재 역(2004), 앞의 글, 301쪽.

*exemplification*의 문제가 발생하기 때문이다. 그래서 플루서에게 필요했던 것은 경험적 개념이 아닌 체계적 개념으로서 기술적 형상, 혹은 테크노코드*Techno-code* 개념이었다. 그리고 그 때문에 플루서는 디지털 기술을 포함하여 언급된 모든 기술 장치들을 두 가지 유형으로 구분했다. 첫째는 전통적 영상이나 문자 코드와 동일한 작용을 하는 기술적 코드를 말하고, 그리고 둘째로 전혀 새로운 '혁명적'인 코드로 기능하는 기술적 코드를 말한다.

이러한 문맥에서 기술적 형상 개념을 보다 세밀하게 이해할 수 있다. 플루서는 그의 주요 개념인 기술적 형상에 대해 혼란스럽게 설명하지만, 두 가지 유형의 코드를 구분하고 그 가운데 진정한 의미의 기술적 형상을 가려내는 것이 중요하다. 기술적 형상은 전통적 영상이나 텍스트와 동일한 방식으로 사용될 수도 있고 또 그것이 더 일반적이기도 하다. 그러나 플루서가 말하는 기술적 형상이란 이렇게 다른 코드들과 중첩되는 것을 말하는 것이 아니다. 오히려 그는 기술적 형상이 전통적 방식으로 활용되는 현상이 기만적이라고 표현한다.56) 그리하여 기술적 형상을 기존의 방식대로 수용하면, 즉 대중적으로 수용하면 자칫 기술적 형상의 특수성을 간과할 수도 있다고 하였다. 따라서 기구를 사용하는 제작과 수용에 있어서 영상적인 것과 형상적인 것을 잘 구분해야 비로소 기술적 형상의 의미를 파악할 수 있다. 만약 기술적 형상이 어떠한 대상을 재현한 사진이라면, 그것은 기호학적인 원리에 의해 해석이 가능하기 때문에, 그 그림의 코드는 기호적 원리가 될 것이다. 혹은 기술적 원리로 제작되었다고 하더라도 영

---

56) 빌렘 플루서, 김성재 역(2001), 앞의 책, 31쪽.

화 한 편을 우리가 이야기로 간주한다면 그것은 공시적 영상을 통시적 텍스트로 바꾸는 작업이라고 할 수 있다. 공시성을 통시성으로 변환시키는 일은 사실상 문자 코드의 특성이다. 하지만 이 두 가지 경우를 원천적인 의미에서 테크노코드로 활용되는 기술적 형상이라고 할 수 없다. 앞에서 언급된 것처럼, 디지털 코드의 구성적 특성에서 테크노코드의 의미를 이해할 수 있다. 다음에서는 두 가지 경우를 생각하며 기술적 형상의 의미와 아울러 그 실제에 대해 알아보려고 한다. 첫째는 디지털 기술이라고 보기 어렵지만 디지털 기술의 원리가 적용될 수 있는 사진과 영화의 경우, 그리고 둘째는 디지털 기술이 사용되었더라도 그것이 디지털 영상, 즉 기술적 형상이라고 할 수 없는 경우에 대해 설명하고자 한다.

기술적 형상의 코드는 간단히 말하여 수행의 코드를 말한다. 플루서에 따르면, 전통적 영상이나 의미를 지닌 텍스트는 바로 그 영상이나 텍스트를 만들어 가는 과정 자체를 코드라고 할 수 없지만, 기술적 형상의 경우는 그 과정이 코드이다. 그 때문에 기술적 형상에는 언어가 지니고 있는 복잡한 문법이나 기호체계가 없다. 앞서 디지털 기술에 대해 설명하면서, 그 원리에서 매우 단순하다고 하였는데, 그 단순함은 모듈과 같은 동일한 단위로 이루어졌다는 의미이다. 그리고 그러한 단순함은 결국 변형의 구성을 가능하게 해준다. 그리고 그 구성은 개념적인 방식이 아닌 기술적인 방식으로 실현된다. 기술적 형상은 기술적 상상의 기획이 실현시켜 준 결과인데, 그 결과도 역시 모듈의 배열로 이루어지기에 또 다시 변화할 수 있는 가능성을 항상 지니고 있다.

그리하여 디지털 형상의 창출을 위해 기구를 사용하는 주체, 즉 기구-작동자의 역할이 중요하다. 다른 형태의 코드에서 기구와 같은 물질적인 차원은 (예를 들어 문자의 형상이나 회화의 재료들) 기표로서 영상을 창출하기 위한 수단으로 간주된다. 전통적 미학의 여러 관점들 가운데, 정신을 표현하기 위해 문자나 언어가 가장 효과적인 재료라고 하는 헤겔의 미학도 이러한 문맥에서 파악된다. 문자나 언어의 경우에 기술을 말할 것도 없고 물질성도 거의 없기 때문이다. 그리고 일반적인 기호학 모델에서는 기표나 기의와 같은 여러 가지 요소들이 필요하지만 그것이 어떠한 기구로 사용되었는가의 문제는 중요하지 않다. 그러나 기술적 형상의 경우에는 반드시 수행을 위해 기구와 그것을 다루는 인간을 필요로 하게 된다. 즉 플루서는 '기구와 작동자를 하나의 분리할 수 없는 단위'로 간주하는데, 그것으로

> 인간과 연장 간의 관계는 여기서 나타나고 있는 것처럼 두 개의 고전적인 형식을 가지고 있지 않다는 것이 우리의 상황을 특징짓는다. 기구는 작동자의 기능 속에서 기능하지도 않고, 작동자는 기구의 기능 속에서 기능하지도 않는다. 그보다 기구와 작동자의 기능은 서로 융해되어 있다. (…중략…) 기구와 인간은 서로를 조건짓는다.[57]

이렇게 플루서는 "인간과 기구들의 헝클어진 혼합체"[58]가 코드에 내재되어 있다는 점이 기술적 형상에서 새로운 것이라고 한다. 왜냐하면 기획이 실현되려면 기구에 의존할 수밖에 없기 때문이다. 그리

---

57) 위의 책, 162쪽.
58) 위의 책, 163쪽.

고 그 기구의 작용은 연속적인 물리량을 입자화시키는 것, 다시 말해서 균일한 단위로 나누고 그것을 (재)배열하는 것이다.

플루서는 이렇게 기술적 형상에 관한 설명을 꽤 길게 하는데, 필자가 보기에 중요한 것은 다음에서 소개될 사진과 영화의 경우이다. 사진을 찍는 경우, 사진을 찍는 사람의 행위는 사진기에 의해 통제된다. 즉 사진사는 사진기의 기술적 조건과 기능 안에서 그것을 이해하고 그 범위 안에서 하나의 시점*Standpunkt*을 정하여 촬영을 수행한다. 사진사는 이러한 조건 안에서 자신이 선택할 수 있는 가능성을 갖는데, 이것으로 사진사의 수행은 사진 기술의 조건 내부에서 촬영을 선택적으로 수행할 수 있다.

> 우리가 이런 결정 능력을 자유라고 부르려고 한다면, 사진사는 사진기 덕택에도, 사진기에도 불구하고, 사진기를 가지고도, 사진기에 대항해서도 자유롭지 않으며, 그에게 자유는 사진기의 기능 내에서 결정하는 자유를 의미한다고 할 수 있다.[59]

이러한 관계에서 인간이 기계에 종속되는 것도 아니고, 기계가 인간을 종속한다고도 할 수 없기 때문이다. 그리고 하나와 다른 하나의 관계는 동등하며 동일하다. 플루서는 여기에서 전통적인 노동개념에 따른 수행과 사진 찍는 행위가 서로 다르다는 설명을 한다. 즉 사진을 찍는 노동은 이미 존재하는 인간 외부의 자연을 변화시키는 것이 아니라, 세계를 만들어가는 것이다.

---

[59] 위의 책, 199쪽.

아울러 기구와 사용자 사이의 관계를 밀착시킨 결과, 원래 있는 것을 모사하는 것이 아니라 앞으로 있게 될 것을 만들 수 있는 가능성이 생긴다. 이러한 창조의 행위를 다른 말로 기술적 상상*technisches Einbiden, Technoimagination*이라고 한다. 기술적 상상을 위해 기구의 역할은 중요하다. 왜냐하면 그것은 "물리적 양을 양자로 나누어서*quantelt*" "산술적으로*arithmetisch*" 상상한 것을 실현할 수 있도록 해주기 때문이다.[60] 양자화시키는 것은 모듈성을, 산술적인 것은 인공지능적 계산을 각각 의미한다. 예를 들어 사진을 찍는 행위는 연속적인 물리적 공간에서 하나의 개별적 지점과 시점을 정하는 것인데, 플루서에 따르면 이러한 행위를 통해 계산될 수 있는 개별적이고 분리된 점들이 만들어진다고 한다. 이렇게 사진을 찍는 것은 양자화를 의미하며 연속적인 것을 불연속적인 것으로 변형시킴을 의미한다. 산술적 계산에 의한 변형의 작업은 플루서가 설명하는 기술적 형상으로서 영화에서 잘 알 수 있다.

기구-작동자 혼합체의 행위는 영화의 경우에 해당되지 않는 것처럼 보인다. 왜냐하면 영화는 연속적인 움직임이 그대로 촬영되기 때문이다. 그러나 우리의 눈이 영화를 연속적인 것으로 보지만, 사실 그렇지 않다. 왜냐하면 영화는 1초의 24장의 사진으로 이루어져 있다는 것이 주지의 사실이며, (디지털 영화의 경우는 프레임 방식이 아니지만 디지털 방식이기 때문에 사실상, 불연속적인 특성은 더 강하게 나타난다) 또 이러한 특성을 바탕으로 영화-작동자로 하여금 수행을 가능하게 한다. 플루서가 주목하는 수행의 가능성은 영화의 편집에서 나타난다.

---

60) 위의 책, 198쪽.

영화의 진정한 제스처는 필름릴에 몸을 굽히고 위에서 가위와 풀을 가지고 이 필름릴의 형태를 변화시키기 위해 수술하는 작동자의 제스처다. (…중략…) 영화 필름릴은 하나의 텍스트, 하나의 선형코드이고 이야기하고 계산한다. 이것은 선명하고 차별성 있는 상징들(사진들)이 일렬로 꿰어져 있는 진주목걸이다.61)

다시 말해서, 편집을 하는 사람을 생각해본다면, 적당한 지점과 시점에서 사진기의 기능을 이해하고 그러한 기능 안에서 사진을 찍으려는 사람과 엇비슷한 행위를 한다. 기술로 이루어진 사진의 덩어리들로부터 그는 이야기를 만들어가고, 이러한 그의 수행은 대상 그 자체를 재현하는 것이 아니라 입자화된 대상을 재배열하는 것이다. 그리고 이렇게 연속적인 것을 불연속적인 것으로, 대상을 입자로, 진주목걸이로 변환시키는 것은 기술의 기능이다. 물론 진주들을 꿰는 일은 기구-작동자의 수행을 말한다.

이러한 기구-작동자의 수행에서 여러 사진들이 펼쳐져 있는 필름릴이나 진주목걸이를 텍스트로 간주하면 그 기술적 영상의 작용 방식은 문법이나 기호작용과 비슷한 코드가 될 것이지만, 그것은 "코드의 재료일 뿐이다. (…중략…) 한 기구 속으로 공급되는 텍스트는 그곳에서 하나의 새로운 코드로 코드 전환되기 위해 존재한다".62) 즉 기술적 형상의 작용원리는 변환이나 변형, 혹은 재료들의 재배열을 의미하며 따라서 코드는 수행을 의미한다. 플루서의 디지털 미디어론에서 가장

---

61) 위의 책, 206쪽.
62) 위의 책, 206~207쪽.

중요한 것은 설계, 디자인, 상상*Einbilden*이 해석, 모방, 반영보다 더 큰 의미를 지닌다는 사실이다. 즉 모든 것은 새롭게 만들 수 있으며, 또한 수정할 수 있는데, 이러한 상황에서 뉴미디어는 인간이 무엇인가를 선택할 수 있는 공간을 제공한다. 즉 우연성이 확보된다. 그리고 선택에 따른 디자인은 인간의 수행으로 이어진다. 플루서의 고찰은 결국 수행으로 귀결된다. 다시 말해서

우리는 그[컴퓨터화]에 따라 행위를 해야 한다. 컴퓨터로부터 탄생한 대안적인 세계들은 통찰을 행위로 옮긴 것이다. 컴퓨터에 앉아 키보드를 누르고 선, 평면 그리고 입체를 창조하는 사람들은 (…중략…) 그들의 가능성을 실현시킨다. 그들은 정확히 표현된 프로그램에 따라 점들(수)를 집합시킨다. (…중략…) 그들은 대안적인 세계들을 실현시킴으로써 그들 스스로를 실현시킨다. 그들은 가능성들로부터 더 촘촘하게 집합될수록 더 효과적인 대안적인 세계들을 설계한다. 이로써 새로운 인류학은 행위로 옮겨진다.63)

4) 디지털의 입자성과 작동자의 수행

디지털 원리의 구성 가능성, 혹은 수행 가능성에 대한 플루서의 주장은 사실 질적인 특성을 강조한 결과이다. 많은 정보를 빠르게 처리하는 특성과 같은 양적인 관점을 고려하였다면 사정은 달라졌을 것이다. 이제 디지털에 대한 이해를 통해 그것이 어떻게 '수행 공간'으로서

---

63) 빌렘 플루서, 김성재 역(2004), 앞의 글, 301쪽.

기능할 수 있는지 알아보려고 한다. 이러한 기능에서 수행의 연속을 촉발시키는 뉴미디어와 단순히 기계적 작동을 하는 올드미디어의 차이를 파악할 것이다.

디지털 기술은 결과보다는 과정, 수용보다는 수행과 관련되어 있다는 점은 앞에서도 언급한 바 있다. 그런데 이에 대해 구체적으로 이해해보기 위해 루만의 체계 이론으로 다시 돌아가 보겠다. 미디어와 형식의 관계로 요약되는 그의 미디어론은 체계 이론의 일부분이지만 그것의 고찰을 통해 디지털 기술에 기반한 뉴미디어의 질적 본질을 잘 이해할 수 있다. 앞에서 살펴본 대로 루만의 미디어 개념에서 중요한 것은 미디어가 어떠한 목적을 달성하기 위한 도구이거나 혹은 어떠한 의미를 내포한 기호가 아니라는 점이다. 미디어는 그것을 구성하는 요소들이 어떠한 방식으로 연결된 상태인데, 특히 느슨하게 연결된 상태를 말한다. 그리고 그러한 느슨한 연결은 굳건하게 연결된 상태로 진화할 수 있고 그 결과, 형식으로 변화한다. 다시 말해서 미디어는 도구와 같이 이미 정해진 물체나 기구가 아니라 굳건한 연결 상태로 변화할 수 있는 가능성이 있는 느슨한 연결 상태를 말한다. 이것은 매우 추상적인 설명인데 다음에 두 가지 예를 들어 보겠다. 그리고 예를 통해 디지털 기술을 파악할 것이다.

첫째, 26개의 알파벳은 단어와 문장의 재료로서 미디어라고 할 수 있다. 체계 이론적 미디어 개념에 따르면 알파벳은 미디어이고 문장은 형식이다. 왜냐하면 미디어로서 알파벳은 규칙 없이 흩어져 있기 때문이다. 그러나 그렇게 느슨하게 흩어져 있는 상태가 어떠한 규칙에 따라 배열되면 단어나 문장이 될 수 있다. 다시 말해서 형식으로 촘촘하게 배열될 수 있는 가능성을 지니게 된다. 그러나 아직 그렇게 배열이 되지 않은 상태를 미디어라고 한다. 그리고 그 가능성은 수행으로 실현되며 형식화된다.[64] 수행이 없이는 미디어도 형식도 규정할 수도 파악할 수도 없다. 여기서 말하는 수행이란 앞에서 살펴본 대로 언어행위론에서 말하는 행위가 아니다. 글을 쓰는 사람이나 말을 하는 사람이 어떠한 행위를 하면 의미를 지닌 문장이 만들어지는데, 미래에 그렇게 될 수 있는 가능성이 없으면 알파벳은 미디어라고 할 수 없다. 알파벳으로 무엇인가를 수행하지 않는 사람에게 그것은 낙서이거나 검은 점들일 뿐이며 그 사람에게 알파벳은 미디어가 될 수는 없다. 앞에서 의미에 종속된 수행과 독립적인 수행을 애써 구분하였는데, 여기에서 말하는 수행은 독립적 수행이다.

그러한 변화는 어떠한 관점을 확정하고 그 변화를 수행할 수 있는 사람에게 이루어질 수 있다. 이러한 특성으로 말미암아 미디어는 항상 잠재되어 있고 마치 맹점blind spot처럼 인지되지 않는다. 미디어는 형식화되었을 때 비로소 인지될 수 있으며, 다시 말해서 형식은 그것이 미디어가 아니라고 인지되는 순간, 미디어가 무엇인지 인지될 수 있도록 한다.

둘째, 또 다른 예를 들어 보겠다. 어린이 장난감인 레고는 모든 조각들이 같은 크기로 되어 있다. 그래서 그것의 단위는 알파벳처럼 26개가 아닌 단 2개이다. 레고도 알파벳처럼 흩어져 있는 상태에서는 미디어이고 그것들은 어린이의 놀이를 통해 어떠한 형태를 지니게 된다. 수행 이전의 레고는 미디어이지만 수행 이후에는 형식을 띠게 된다.

---

64) Sybille Krämer(2004), "Was haben Performativität und Medialität miteinander zu tun: Plädoyer für eine in der Aisthetisierung gründende Konzeption des Performativen", Sybille Krämer(ed.), *Performativität und Medialität*, München: Fink, pp. 13~32.

〈영상 8〉 레고놀이

어떠한 수행이 있어야 비로소 레고는 미디어가 되고 또 형식이 될 수 있다. 다시 말해서 이리저리 짜맞추어 인형이나 자동차를 만들려는 어린이에게 레고 조각은 미디어가 될 수 있으며 또한 형식도 될 수 있다. 그러나 방에 어지럽게 흩어져 있는 레고 조각을 정리해야 하는 아빠에게 레고는 미디어도 형식도 될 수 없다. 아빠는 어떠한 수행을 할 의도도 없고 무엇인가를 만들려는 구상도 없기 때문이다. 바쁜 아빠가 시간을 내어 아들과 함께 레고를 만들려고 어렵게 마음먹는다면 그때 비로소 미디어와 형식의 구분이 이루어지고 미결정의 상태로부터 어떠한 콘텐츠가 만들어질 수 있을 것이다. 레고는 알파벳의 경우와 결국 마찬가지이다. 두 가지 경우에서 알파벳이나 레고가 미디어인지 혹은 그렇지 않은지를 결정하는 것은 수행이다. 왜냐하면 수행이 이루어질 수 있는 재료가 아니면 미디어가 될 수 없기 때문이다.

잠시 레고에 대해 조금 더 생각해보겠다. 필자는 레고를 사러 대형 장난감 상점에 몇 번 들러본 적이 있는데, 그곳에 진열된 레고, 어린이들이 실제로 구입해서 가지고 노는 레고를 보고 여기에 언급한 비유가 적절한지 의문스러웠다. 왜냐하면 판매되고 있는 레고의 조각이 모듈이라고하기 어려울 만큼 각각 크기와 모양이 다르기 때문이었다. 오히려 매뉴얼에 따라 한 번 완성된 레고 자동차, 레고 괴물 등을 다시 분해해서 다른 것이 되도록 만들기는 어렵다. 그리고 그 완성품은 실재의 모델과, 즉 자동차나 괴물과 상당히 유사한 형태를 지니고 있었다. 이렇게 한번 완성된 레고는 전시하기는 좋았지만 그것을 변형시키기에는 좋지 않았다. 그런데 클래식 레고라는 다른 종류의 레고상품도 있었는데 그것은 상대적으로 균일한 모양과 크기를 한 레고 조각들을 모은 것이었다(〈영상 9〉). 이 클래식 레고는 분명히 어린이들로 하여금 여러 가지 형태를 만들도록 한 상품일 것이다. 그리고 이 레고로 무엇인가를 만들면 레고 괴물처럼 그렇게 멋있어 보이지 않았는데, 그것은 나름대로 이유가 있는 것 같았다. 다시 분해하는 것이 목적이라면 그 임시 완성품의 화려할 필요는 없기 때문이다. 같은 레고도 용도가 다르고 또 쓰임새도 다른 것 같다. 모델과 똑같이 만들기 위한 레고가 있으면 반대로 그 모양을 자유자재로 바꾸기 위한 레고도 있다. 또 그 차이는 레고 조각 종류가 얼마나 많은가와 관계되어 있다. 종류가 적을수록 보기 좋다고 할 수는 없지만 바꾸기가 좋았다.

지금까지 두 가지 예를 통해 미디어와 형식의 관계가 설명된다. 여기서 알파벳(26진법)과 레고(2진법)의 예는 모두 루만의 미디어 개념에 잘 적용된다. 그러나 두 사례 사이에는 분명히 차이점이 존재한다. 레고의 경우는 컴퓨터의 디지털 코드처럼 0혹은 1과 같은 2진법으로

〈영상 9〉 클래식 레고

되어 있다. 왜냐하면 레고 조각에 다른 레고 조각이 끼워질 수도 있고 그렇지 않을 수도 있는 단 두 가지이 가능성만이 있으며, 디지털 코드도 0 다음에 또 0이 배열될 수도 또 1이 배열될 수도 있는 두 가지 가능성만이 있기 때문이다. 똑같이 느슨한 연결로 되어 있는 미디어라도 어떠한 경우는 그 연결이 매우 단순한 경우가 있고 반면에 변수가 다양한 경우가 있다. 그리고 중요한 점은 변수가 단순한 경우에는 무엇인가를 만들 수 있는 규칙이 단순하여 수행이 용이한 장점이 있다. 즉 레고처럼, 디지털 코드처럼 입자성이 강한 경우는 그것이 자유로운 수행을 유발시키며 반대로 샘플링된 요소라고 하더라도 그것의 입자들이 균일하지 않을 때는 변화가 상대적으로 용이하지 않다.

우리가 문서를 편집하기 위해 컴퓨터를 활용한다면 그것은 글자를 종이위에 지우고 다시 쓰는 방식보다 훨씬 간편할 것이다. 왜냐하면 단 두 가지의 요소들만이 존재한다면 편집 작업은 더욱 빠르게 간편하게 이루어질 수 있기 때문이다. 그래서 컴퓨터의 문서처리 프로그램은 26개의 알파베트를 2개의 디지털 비트로 재구성하여 변형의 움직임이 자유자재로 이루어지도록 하였다. 2개의 코드로 축소한 이후에 비로소 키보드의 명령으로 모든 수정과 삭제를 손쉽게 할 수 있다. 표현하고자 하는 의미나 대상을 26개의 알파벳으로 기록하는 경우, 그것도 모든 의미와 재현 대상을 26가지로 샘플링한 결과이기 때문에 원리상 그것도 디지털이라고 볼 수 있다. 그러나 극단적인 디지털 방식은 단 두 가지 요소만을 지니며, 이러한 상태는 배열이 단순해지고 또 그 때문에 그 요소를 다루는 사람으로 하여금 수행을 쉽게 유발시킨다.

루만은 이러한 미디어의 두 가지 존재 방식을 다음과 같이 설명하였다. "미디어는 어떠한 입자성*Körnigkeit*으로 나타나기도 하며(디지털) 또한 어떠한 점성*Viskosität*으로 나타나기도 한다(아날로그)."65) 미디어의 입자성*granularity*이 강할수록 형식성은 취약해진다. 왜냐하면 그것이 어떠한 형태를 지니기에 유리하지 않기 때문이다. 형식을 구성하는 어떠한 개별적인 요소들이 서로 이질적이며 독립적이면 서로 간에 잘 응축되지 않는다. 따라서 형태가 무엇이라고 말하기 어려우며 또한 그것이 잘 인지되지 못한다. 점성*viscosity*이 강할수록 물질은 쉽게 변화하지 못한다. 약한 점성을 지닌 입자들의 덩어리는 그것이 간단히 미디어가 되고 또 형식이 될 수 있다. 입자성이 강한 요소들을 활용하는 디지털 기술(디지털의 본래 의미가 0혹은 1의 불연속적인 입자를 의미한다)은 쉽게 변화될 수 있는데, 이러한 특성은 미디어와 형식의 관계에 역동성을 부여한다.

뉴미디어의 문제에 왜 미디어의 이해를 위해 보편적으로 파악되어야 하는 미디어와 형식의 관계가, 즉 루만의 미디어론이 적절하게 연관되는지에 대해 옌스 슈뢰터*Jens Schröter*는 다음과 같이 설명하다.

[수행이 발생하기 위해서 미디어의] 요소들은 한편 상대적으로 이질적이 되어야 한다. 만약 그 요소들이 너무 조밀하게 연결되어 있으면, 변화하는 형식을 통해서 그때마다 다르게 굳건한 연결이 이루어질 수 없기 때문이다. (…중략…) 점성은 미디어를 가능하게 만드는 특성이다. 왜냐하면 점성을 지니지 않은 미디어는 미디어가 될 수 없을 것 같기 때문이다. 예를 들어 물에는 문자나 영상의 형식이 새겨지지 않지만 (…중략…) 밀랍에는

---

65) Niklas Luhmann(1990), *Die Wissenschaft der Gesellschaft*, Frankfurt/M: Suhrkamp, p. 53.

그것이 가능하다. 물에 새긴 글씨는 곧 흩어져 없어지기 때문이다. 확실하게도 어떠한 형식이 어떠한 미디어에서 각인될 수 있는가 하는 문제는 점성의 정도에 달려 있다.66)

점성이 강한 미디어일수록 형식화되기 용이하며 그 형식은 또한 보존에도 능하다. 점성이란 여기에서 실제로 물리적인 점성을 말하기도 하지만 요소들이 잘 떨어지지 않는 추상적인 가능성을 말할 수도 있다. 예를 들어 문자의 자음과 모음 또는 알파벳은 물리적인 관점에서 보면 점성이 약하며 오히려 입자성이 강하다고 할 수 있다. 그러나 특정한 문법과 같은 코드를 공유하는 사람들에게 문자는 단지 몇 가지의 자모일 뿐만 아니라 찰흙과 같이 점성이 강한 미디어이다. 왜냐하면 자모는 의미를 형성하기 위한 목적으로 서로 붙어 있기가 쉬우며 문법에 맞지 않는 자모의 배열이 이루어질 가능성은 상대적으로 적기 때문이다. 언어학, 특히 문장론*syntax*에서 의미가 유사한 단어들이 서로 가깝게 붙는 성질이 있다는 주장이 있으며, 그 때문에 문장이 구성된다고도 하는데 그러한 성질을 응집력*cohesion*이라고 한다. 자모나 단어들의 배열은 의미를 중심으로 하여 잘 붙거나 혹은 잘 떨어지지 않는 성질을 지니고 있으며 문장의 구조나 형성은 추상적인 점성이라고 할 수 있는 의미에 의해 뒷받침되고 있다.

결과적으로 다양한 미디어들 가운데 점성이나 응집력이 강한 성질을 지닌 것들은 형식으로 변모한 이후에 그것이 또 다시 미디어로 풀

66) Jens Schröter(2004), "Analog/Digital: Opposition oder Kontinuum?", Jens Schröter and Alexander Böhnke(eds.), *Analog/Digital: Opposition oder Kontinuum?: Zur Theorie und Geschichte einer Unterscheidung*, Bielefeld: Transcript, pp. 20~21.

려지는 현상이 나타나기 어렵다. 이렇게 미디어와 형식의 유동성이 취약한 경우, 다시 말해서 미디어에서 형식으로, 그것이 또 다시 미디어로 변화되기 어려운 경우에는 체계의 증식이 어려워지며 2차 현실로의 확대가 용이하지 않게 된다. 이러한 체계 이론적인 미디어론을 바탕으로 디지털 미디어의 속성이 어떠한지 파악해볼 수 있다. 디지털 미디어는 입자성이 강한가 혹은 점성이 강한가의 문제를 생각해보아야 한다. 0 혹은 1만을 사용하는 디지털 방식은 입자성이 가장 강한 미디어이다. 이렇게 입자성이 강한 미디어(혹은 형식)는 한 쪽에서 다른 쪽으로 쉽게 변화하기 때문에 그것이 빈번하게 발생하고, 따라서 둘 사이에 결정되지 않은 사이공간*space-in-between*이 나타난다. 그 사이공간은 이제 선택을 할 수 있는 우연성의 공간이며 우연성은 또한 수행을 촉발시킨다.

이러한 점에서 영상 미디어가 디지털화되는 현상은 단순한 도구가 변화되는 것뿐만 아님을 알 수 있다. 디지털화됨으로써 그러한 기술을 다루는 사용자들은 모두 자신들이 단순한 인지를 위한 1차 질서에서 이탈되어 있음을 의식한다. 이탈은 미디어와 형식 사이의 차이가 고정되면서 이루어지는 인지의 상태에서 그리고 그 차이가 미디어나 형식으로 변화되는 재귀적인 상태에서 발생하는 것이다. 앞에서 살펴보았듯이 다른 어떠한 미디어보다 입자성이 강한 디지털의 원리는 그러한 이탈을 용이하게 한다. '수용'과 '수행'의 차이는 인지를 의식할 수 있는가 없는가의 차이이다. 의식한다는 것은 2차 질서로 이동되었음을 의미한다. 혹은 항상 다른 질서로 이동할 수 있는 가능성을 말한다. 디지털 기술이 미디어로 간주될 수 있음은 분명하다. 그런데 루만의 미디어론에 따르면 미디어는 그 요소의 독립된 정도에 따라 그리고 코드의 특성에 따라 두 부류로 나뉜다. 두 부류의 미디어는 모두 형식으로 변화될 수 있고 그것은 수행을 통해 이루어질 수 있지만, 이제 어떠한 부류에 속하는 미디어에서 변화의 수행이 더 잘 발생되는지 이해할 수 있다.

볼쯔는 역사적으로 변화하는 창의성*creativity*의 개념을 이러한 문맥에서 파악하였다. 볼쯔에 따르면 창의성이란 과거에 천재성을 의미하기도 하고 또는 주관성을 의미했었는데, 현재의 창의성은 컴퓨터의 도움을 받는다고 한다. 볼쯔가 의미 있게 고려하는 상호작용성은 그것이 창의성과 연관되어 있는 경우를 말한다. 상호작용성이라고 하면 우리는 여러 가지 의미를 떠올리게 되는데, 볼쯔는 그것을 그렇게 폭넓게 보지 않고, 창의성을 유발시키는 가능성으로 좁게 보았다. 그리고 상호작용성에 의해 촉발되는 창의성을 다음과 같이 설명한다.

창의성은 창발이다. 창발은 더 높은 단계의 질서의 형성을 의미한다. (…중략…) 예를 들어 어떤 체계의 낮은 단계에서 이루어지는 구분 과정은 종종 높은 단계 새로운 특성으로 이끈다. (…중략…) 창발은 그러니까 두 단계 사이에서 스스로를 강화하는 반향反響, *Resonanz*의 상태에서 나타나는 효과이다. (…중략…) 창발적 현상은 낮은 단계에서의 사건에 의존하는 새로운 질서와 모델이다.[67)]

볼쯔에 따르면 창발*Emergenz*은 과거처럼 천재나 주체성에 의존하는

---

67) Norbert Bolz(1996), "Interaktive Medienzukunft", Wolfgang Zacharias(ed.), *Interaktiv-Im Labyrinth der Wirklichkeiten: Über Multimedia, Kindheit und Bildung*, Essen: Klartext, p. 121.

것이 아니라 이제 기술 미디어에 의존하게 되었는데, 그것도 "감성의 스크린이 아닌 컴퓨터의 모니터*nicht mehr auf dem Bildschrim des Gemüts, sondern auf dem Monitoren der Rechner*"의 도움으로 창의적 창발이 발생한 다고 하였다. 볼쯔의 테제에 두 가지 사항이 문제인데, 하나는 왜 창발로 규정된 창의성과 같은 정신적인 활동이 기술에 의존하게 되었는가 하는 문제이며 또 다른 하나는 그것도 여러 가지 기술 가운데 컴퓨터를 말하는지의 문제이다. 그런데 컴퓨터의 원리에 대한 설명이 이러한 문제에 답을 준다.

같은 기술적 미디어라고 할지라도 스크린과 컴퓨터의 모니터는 서로 다르다. 컴퓨터의 영상은 스크린에 의해 대상을 재현한 결과가 아니라 존재하지 않는 어떤 것을 구현한 결과이기 때문이다. 컴퓨터의 시뮬레이션을 통해 '가능성들의 장*field of possibilities*'이 창발의 기능을 수행하게 되는데, 그러한 실험은 피동적인 관찰이 이루어지는 스크린이 아니라 지속적 변형이 이루어지는 컴퓨터의 모니터에서 이루어진다. 컴퓨터의 기호 레퍼토리, 그것의 접속 규칙, 그리고 선택의 결정 작용이 가능성들을 실현하고 또 그것을 변형시킨다. 점성이 낮고 입자성이 큰 디지털 방식의 단순한 원리는 컴퓨터의 빠른 계산능력과 만나서 무한한 변화를 시험해볼 수 있는 가능성이 창출된다. 그리하여 컴퓨터의 수는 창의성의 토대가 되며 이에 대해 볼쯔는 "수와 형상이 모든 창조물의 열쇠이다*Zahlen und Figuren sind Schlüssel aller Kreaturen*"라고 말하였다.[68] 다만 그러한 가능성은 무엇인가 만들려는 의도가 있는 자에게만 주어지는 것이며 수행을 할 것이라는 '기구-작동자'의

---

68) *Ibid.*, pp. 120~122.

약속이 수반되어야 한다. 볼쯔가 말하는 창의성은 디지털 기술에 의존하는 것이지만 "더 높은 단계의 질서"를 형성하는 사용자의 재귀적이며 성찰적인 의식과 수행이 요구된다.

제4장 뉴미디어 영화

1. 디지털 영화의 집중과 분산

1) 지표성의 부재와 사라진 현실의 흔적

앞으로 디지털 영화에 대해 논의할 것이다. 이 글은 지금까지 여러 이론들의 도움으로 뉴미디어 개념을 구성해보았는데, 이제 그 개념이 영화에 적용되는지 살펴볼 것이다. 영화 혹은 영상에 관한 현상은 앞에서도 이론적 논의를 위한 예로써 간혹 언급된 바 있다. 그런데 여기에서는 어떠한 관점에서 영화가 뉴미디어로 이해될 수 있는지 알아보고자 한다. 디지털 기술이 영화에 도입되면서 영화의 본질에 대해 의문이 들 정도로까지 많은 변화가 나타났다. 그것은 도구가 바뀌는 것만을 의미하지 않는다. 그로 인해 영화가 내적으로 그리고 외적으로 상당히 다른 모습을 띠게 되었기 때문이다. 다시 말해서 영화의 미학 뿐만 아니라 제작과 수용의 전체적인 상황도 변화하였다.[1]

오래 전부터 제도권의 내부에서 제작되는 주류 영화들은 디지털 기술을 활발히 도입하였고 이제 필름 영화가 전체적으로 디지털 영화로 대체되는 추세에 있다. 1979년 루카스 필름사는 컴퓨터 애니메이션 연구소를 설립하여 특수효과의 새로운 방법에 도전하기 시작하였다. 그 방법이 영화에 안정적으로 적용된 사례는 1989년 제임스 캐머런 *James Cameron*의 영화 〈어비스*The Abyss*〉로 알려져 있다. 이후에도 살펴볼 것이지만 이 영화는 몰핑*morphing*이라는 디지털 기법을 통해 모습을 자유자재로 변형시키는 바다의 괴물을 실감나게 형상화하였다. 〈터미네이터 2*The Terminator 2*〉에 등장한 T-1000이라는 캐릭터도 비슷한 방식으로 제작되어 많은 화제를 모은 바 있다. 그리고 2000년 7월에는 디지털 기술로 인해 새로운 배급과 상영 방식이 시도되기도 하였는데 〈타이탄 AE*Titan A. E.*〉(2000)은 인터넷을 통해 전송된 영화를 디지털 방식으로 상영되었던 최초의 영화로 알려져 있다.

이러한 새로운 현상들을 대하면서 생각할 수 있는 가장 큰 변화는 영화가 더 이상 필름에 기록되지 않게 되었다는 점이다. 필름 영화와 달리 디지털 영화는 촬영된 영상이 아니라 일종의 기록된 정보라고

---

1) 필자가 제작의 분야에서 그리고 수용의 분야에서 디지털 영화의 변모와 그 현황을 포괄적으로 파악하기 위해 참고한 문헌을 다음과 같다. 권상희(2006), 「인터넷 영화와 예술변형: 인터넷 영화의 장르유형과 진화 방향을 중심으로」, 『사이버커뮤니케이션학보』 20, 281~330쪽; 김건(2006), 『디지털 시대의 영화산업』, 삼성경제연구소; Kristen M. Daly(2009), "New Mode of Cinema: How Digital Technologies are Changing Aesthetics and Style", *Kinephanos Journal*, 1(1), pp. 1~26; Chuck Tryon(2009), *Reinventing Cinema: Movies in the Age of Media Convergence*, New Brunswick: Rutgers University Press, 2009.

할 수 있는데 그것이 디지털 영화를 필름 영화와 구별해주는 가장 큰 특징이다. 뤼미에르 형제에 의해 발명된 당시부터 영화는 필름에 화학적 반응으로 남겨진 빛의 흔적, 즉 감광 사진의 작용을 기본적인 원리로 사용해 왔는데, 이러한 방식으로 말미암아 영화는 실재가 기록된 결과로 생각되었다. 영화의 사진적 리얼리즘은 사진이 지니고 있는 이러한 지표성*indexicality*을 염두에 둔 결과이다. 그러나 디지털 영화에는 지표성이 없다. 디지털 카메라는 그것이 인지한 영상을 샘플링 *sampling*하고 각 부분들의 균일한 특성을 정보화하여 그것을 저장한다. 그리고 그 정보들은 또 다시 우리가 인지할 수 있는 영상으로 변환시켜 보여준다. 이러한 과정에서 빛의 흔적과 같은 물질성은 존재하지 않는다. 결국 디지털 영화의 촬영은 사진을 '찍는' 것이 아니라 0 혹은 1을 기록하는 일이다. 디지털 원리의 도입으로 환상적인 캐릭터가 구현되기도 하고 또 인터넷으로 영화를 전송하여 배급할 수 있게 되었다. 그리고 여러 가지 효과들이 발생하게 되는데 그 효과들로 인해 나타나는 현상들을 어느 정도까지 고려하는가 혹은 그것을 어떻게 해석하는가에 따라 디지털 영화의 특수성이 다양하게 파악된다.

빛의 흔적이 영화에서 사라짐으로 인해 나타나는 변화를 크게 볼 수도 있고 작게 볼 수도 있으며, 또 크다고 생각하는 입장에서도 몇 가지 상이한 견해들이 혼재한다. 디지털 영화에 관한 논의를 시작하면서 엘새서도 디지털 영화에 대한 판단을 다음의 두 방향으로 대비한 바 있다. 그것은 흔적에서 정보로의 변화가 큰 의미를 지닌다는 방향과 또 반대로 그렇지 않다는 입장을 말한다. 이 두 관점에는 나름대로의 근거가 있다. 디지털 기술로 영화는 다큐멘터리처럼 사실을 있는 그대로 기록하기보다 그림을 그리듯 실재하지 않은 어떠한 것을 디자인할 수 있게 되었고, 혹은 사진에 기록된 것을 손쉽게 수정할 수 있게 되었다. 즉 시네마토그라프의 사실주의적 기능이 사라지게 되고 플루서가 말한 기술적 형상의 기능이 발휘될 수 있게 되었다. 이에 관해 엘새서가 인용한 장 두셰*Jean Douchet*의 1995년 3월 20일, 파리 강연내용을 우선 살펴보면 다음과 같다.

1960년대 「카이에 뒤 시네마」의 표지가 노란색이었을 때, 그 좋은 모든 영화들은 다큐멘터리의 특징이 있었다. (…중략…) 당시 영화인들이 위대하다고 할 수 있었는데 그것은 그들이 리얼리티에 초점을 맞추고 있었으며 그리고 리얼리티를 존중하여 새로운 지식을 형성하는 일에 착수하였기 때문이었다. (…중략…) 영화는 오늘날 개별적인 쇼트들의 뒤에 자리 잡은 목적과 생각을 포기하였는데, 그것은 스펙터클한 특성을 계속 부풀려서 강한 인상을 주고자 고안된 뿌리 없고 조직 없는 이미지를 위해서 근본적인 목적을 포기한 것이다.2)

두셰의 생각대로라면 영화는 리얼리티를 추구하는 데 큰 가치가 있는데, 그렇다면 디지털 기술로 인해 조작된 영상이 영화에 도입될수록 그 가치는 하락한다고 볼 수 있다. 그러나 그 지표성이 영화의 진실성을 보장해주는 절대적인 근거라고 볼 수 없는 이유는 여러 가지 관점에서 제기된다. 그리고 그 근거들에서 영화의 절대적 가치가 리얼

---

2) 영화 100주년을 기념하는 컨퍼런스였는데 장 두셰가 디지털 영화를 비판하였고 또 그 때 리얼리티를 추구했던 도그마 영화 선언이 있었던 것으로 알려져 있다. Thomas Elsaesser(2008), "Afterword: Digital Cinema and the Apparatus: Archaeologies, Epistemologies, Ontologies", Bruce Bennett and Marc Furstenau and Adrian Mackenzie(eds.), *Cinema and Technology: Cultures, Theories, Practices*, Basingstoke: Palgrave Macmillan, p. 227 재인용.

리티의 흔적이라고 단언할 수도 없다.

　이에 대해 엘새서는 두 가지를 지적한다. 우선 첫째로 그는 "사진이나 동영상의 신빙성 및 증거라는 지위가 그 지표적 관계에 있는 것이 아니라 사진과 동영상의 사실성에 대한 확인과 유포에 책임을 지고 있는 제도의 한 기능이라고 주장"한다.[3] 다시 말해서 우리가 사진이나 영화의 영상이 말이나 혹은 그림과 같은 다른 미디어의 경우보다 더 진실하다고 믿는 이유는 단지 현실의 흔적이 필름에 남아 있기 때문만은 아니라는 것이다. 오히려 그러한 영상이 유포되고 수용되는 전반적인 제도의 작동을 신뢰하기 때문이라고 본다. 우리는 신문사나 방송사가 잘 조직된 제도를 갖추고 있기 때문에 객관적인 보도를 할 것이라고 생각하며 신문이나 방송에 수록된 영상이 지표성을 띄기 때문에 그것이 사실일 것이라고 믿는 것은 아니다. 마찬가지로 매스미디어의 영상을 믿지 못한다면 그것은 그 영상이 지표성을 지니고 있다는 점을 의심하기 때문이 아니다. 오히려 매스미디어가 편향적이라고 생각하는 순간, 아무리 사실의 흔적이 잘 담겨져 있는 영상이라도 그것을 잘 믿지는 못할 것이다. 결국 지표성과 사실성 사이에는 밀접한 관계가 있다고 전제할 수 없다.

　영화는 매스미디어이기도 하지만 또 독립영화를 생각해보면 어떠한 제도적인 틀과 관계없이 제작되는 영화도 있음을 알 수 있다. 또한 그런 영화들이 영화사에서 더 큰 가치를 지녔다고 생각된다. 다시 말해서 독립영화나, 혹은 1950년대 네오리얼리즘 영화와 1960년대 누벨

---

　3) 토마스 엘새서, 김성욱 외 역(2002), 「디지털 영화: 전송, 시간, 이벤트」, 『디지털 시대의 영화』, 한나래, 305~306쪽.

바그 영화처럼 다른 예를 생각해보면 그 영화의 영상이 지니고 있는 진실성은 다른 문제일 수 있다. 이러한 영화들이 진실하다고 믿는 이유가 방송사나 신문사의 경우처럼 신뢰할만한 제도를 지니고 있기 때문은 아니다. 왜냐하면 '독립'된 만큼 제도적 조직이 뒷받침되었다고 보기는 어렵기 때문이다. 그렇다고 하더라도 도그마*Dogma* 영화와 같은 실험적인 독립영화도 디지털 방식으로 제작된 경우가 있다는 데에서 알 수 있듯이 그 영화들의 진실이 지표성과 같은 기호의 물리적 속성에 있다고 보기는 어렵다. 진실은 제도가 아니라, 정의하기 어렵지만 반드시 존재하는 예술성에 있다. 결론적으로 말해서, 신뢰도가 높은 방송영상이나 진지한 예술가들의 실험영화의 경우 모두에서 나타나는 진실성은 지표성과 관계가 없다.

엘새서가 지적하는 두 번째 사항은 이에 대한 설명이다. 엘새서는 사진의 진실성은 지표성과 같은 기호학적인 특성이 아니라 사진이 "우리의 존재와 관련 맺으며 우리를 위치 짓는 행위"에 연유한다고 설명한다. 루만은 그것을 알리바이 리얼리티*alibi reality*라고도 하였다. 즉 사진에는 그 사진이 촬영되었을 시공간과 그것을 관찰하는 수용자의 시공간의 차이가 인지되도록 하는 특성이 있는데, 바로 그 특성에서 사진의 진실성이 확보된다는 것이다. 다시 말해서 우리는 영상 미디어에 포착된 내용이 사실일 것이라고 믿게 되는데, 그것은 그 영상 미디어의 콘텐츠 내부에 어떤 것이 사실과 유사하다는 점 때문이 아니라 그 영상 미디어를 촬영하는 순간에 누군가가 거기에 그리고 그 시간에 존재했을 것이라는 확신 때문이다. 그 현장의 존재가 영상 미디어의 사실을 보장하는 알리바이로 작용한다는 것이다.

들뢰즈의 영화론에서도 그러한 점을 읽을 수 있지만, 네오리얼리즘

영화나 누벨 바그 영화는 할리우드 영화와 달리 편집이나 다른 효과를 통해 영상을 조작하지 않은 '순수한 시청각적*pure audiovisual*' 영화이다. 그런데 그것이 조작되지 않은 순수한 것이라고 볼 수 있는 근거는 영화가 빛의 흔적을 간직하고 있는 필름으로 촬영되었기 때문만은 아니다. 그 영상들에는 촬영 그 자체의 행위가 영상 속에 스며들어 있다는 점이 더욱 중요하다. 즉 영상에는 기표만 있는 것이 아니라 그 기표의 형성 과정, 즉 수행의 과정이 내포되어 있다. 그리고 지표성이 아닌 수행의 형상화가 영상의 진실성을 보장하는 근거이다. 그렇게 본다면 결국 앞에서 언급했던 두셰의 안타까움은 근거가 없다. 어떻게 본다고 하더라도 지표성은 큰 의미가 없기 때문이다. 다시 말해서 디지털 영화를 사실주의적 관점에서 논의하는 일은 큰 소득이 없을 것이며 핵심적인 논제는 다른 데에 있다.

그런데 그렇다고 해서 디지털 영화를 폭넓게 살펴보면 변화가 없다고 속단할 수 없다. 영화의 제작과 유통에서 문제라고 생각되었던 점들이 디지털 기술의 도입으로 해결되었기 때문이다. 예를 들어 필름에 영화가 촬영되면 그것이 영화관으로 배급되기 위해 많은 복사본이 만들어졌어야 하는데, 복사하면서 발생하는 훼손의 문제는 디지털 파일의 복사에서 있을 수 없다. 이것은 유통과 관련된 문제이지만 제작의 경우를 생각해보면 역시 그 변화를 단순하게 무시할 수 없다. 왜냐하면 환상적이거나 실재하지 않는 인물과 장면을 표현하기 위해 활용되던 특수효과는 컴퓨터 그래픽을 통해 질적으로 상당히 향상되었기 때문이다. 미학적 가치는 모르겠으나 〈토이 스토리*Toy Story*〉(1995)나 〈반지의 제왕*Lord of Ring*〉(2001)이 재미가 없다고 할 사람은 없을 것이다. 그리고 여기에 디지털 기술의 역할은 결정적이다. 디지털 기술의 정밀함과 섬세함으로 말미암아 존재하지 않는 대상을 표현하더라도 그것이 마치 사실인 것 같은, 즉 핍진성*verisimilitude*을 지닌 영상이 성립될 수 있었다. 흔히 디지털 영상은 여타 다른 미디어 영상에 비하여 더욱 사실적이라고 생각된다. 예를 들어 컴퓨터 그래픽이 활용된 영화나 애니메이션의 경우에서 실사로 표현하기 어려운 장면이 구현되며 또 그것이 매우 사실적으로 느껴지기 때문이다. 말하자면 기의 없는 기표, 혹은 시각적인 쾌감을 목적으로 하는 스펙터클 영상을 구현하는 것이 용이해졌다. 그리고 디지털 기술에 의해 시뮬레이션된 영상이 지니는 매끄러움, 즉 표면정확성은 이러한 의미 없는 영상을 정당화시켜 주며, 그것이 주류 영화에서 통용될 수 있도록 해주었다. 그리고 영화연구는 이렇게 상업영화, 내지는 주류 영화의 범주 내에서의 발생하는 변화에 대해 주목하였다.

할리우드 영화는 1990년대 이후 성공적으로 컴퓨터 그래픽 기술을 차용하였는데, 그 결과로 만들어진 스펙터클 영상은 블록버스터 영화의 핵심적인 요인이 되었다. 그리고 그것은 많은 이들이 디지털 영상에 관심을 갖도록 하였다.[4] 디지털 영상은 간혹 다른 어떤 기술에 의해 만들어진 영상보다 더 사실적이고, 또 그 때문에 그것이 허구인지 사실인지 구분을 못할 정도가 되는 경우가 있다. 실재하지 않은 것이 매우 사실적으로 느껴지는 새로운 현상은 흥미로운 점이었고 이에 사실주의와 관련된 논의가 이루어졌다.[5] 그렇다고 해서 그것을 전통적 사실

---

4) Robin Baker(1993), "Computer Technology and Special Effects in Contemporary Cinema", Philip Hayward and Tana Wollen(eds.), *Future Vision: New Technologies of the Screen*, London: BFI Publishing, pp. 31~45.

5) 디지털 영상의 사실주의에 관한 문제에 대한 많은 문헌들 가운데 다음을 참고하였다. Tom Gunning(2004), "What's the Point of an Index? or, Faking Photographs", *Nordicom*,

주의의 관점에서 설명할 수는 없다. 그것이 미메시스 개념이나 총체성을 의미하는 사실주의 개념과 맞지 않기 때문이다. 오히려 지각적 리얼리즘*perceptual realism*, 혹은 하이퍼리얼리즘*hyperrealism*의 맥락에서 보는 것이 합당하다.

디지털 영상의 지각적 리얼리즘에 대해서는 다음과 같이 이해할 수 있다. 앞서 디지털 영화의 영상이 다른 콘텐츠들과 마찬가지로 정보로 되어 있다고 하였다. 그렇다고 그 콘텐츠를 수용하는 수용자가 정보를 직접 접하게 되는 것은 아니다. 인간은 컴퓨터의 작업 결과물을 인지하려고 하면, 그 때 컴퓨터는 인간의 인지 수준에 맞게 그리고 그가 하는 행위에 맞게 바꾸어 보여준다. 즉 디지털 언어의 코드는 인간의 코드인 문자 텍스트나 영상의 문법과 매우 다르지만, 경우에 따라 필요하면, 그가 인지할 수 있는 문자나 영상으로 바꾸어서 보여준다. 그 때문에 피상적으로 보면 디지털 언어가 인간의 그것과 동일하다고 느껴지는 경우가 있지만 그렇지 않다. 왜냐하면 그렇게 보일 뿐이며, 사실상 컴퓨터는 우리가 이해할 수 있도록 인간의 언어로 변형시켜 주기 때문이다. 컴퓨터로 문서작업을 할 때, 그것은 사실 자동화된 계산에 따라 모듈이 계속 변형되는 과정이며 그러한 변형이 바로 컴퓨터가 수행하는 일이다. 마노비치는 디지털 코드의 여러 특징들 가운데 이렇게 인지 가능한 것으로 바꾸어 보여주는 특징을 부호변환*transcoding*이라고 하였다.[6] 스티브 프린스*Stephen Prince*는 이렇게 디지털 기술이 변형을 통해 구현해내는 사실성을 지각적 리얼리즘이

25(1/2), pp. 39~49; 이재현(2006), 「디지털 영화와 사실주의 미학」, 『언론정보연구』 42(2), 41~65쪽.

6) 레프 마노비치, 서정신 역(2014), 『뉴미디어의 언어』, 커뮤니케이션북스, 61~65쪽.

라고 하였다.

　지시적으로 사실주의적인 영상은 실재하는 대상과 지표적이거나 도상
적인 유사성을 지니고 있다. 영상들은 지시하는 대상들을 닮아있는데 그
래서 결과적으로 영상과 대상 사이에는 인과관계 및 실존적인 관계가 형
성된다. [그와는 달리] 지각적 사실주의적 영상은 관객의 시각적 경험과
일치한다. 왜냐하면 제작자는 관객의 지각적 경험과 일치하도록 영상을
만들기 때문이다.[7]

　따라서 그것은 실제로는 사실이 아니기에 모순적이다.[8] 디지털 영
상의 사실성이 인지적이며 그 때문에 역설적이라는 데에서도 알 수
있듯이, 그것은 어떠한 대상을 모방하거나 특정한 의미를 지닌 기표
는 아니다.
　지각적 사실주의와 달리 극사실주의 혹은 하이퍼리얼리즘은 디지털
영상의 사실적인 특성을 다른 관점에서 이해한 결과이다. 컴퓨터의
계산능력을 생각해보면 디지털 콘텐츠의 정세도*definition*를 높이는 일
은 그리 어렵지 않다는 점을 이해할 수 있다. 그것으로 디지털 영상은
매우 세밀하고 섬세한 영상을 구현할 수 있는데, 우리가 인지할 수
있는 현실보다 더 미세하게 현실을 구성하여, 그 영상을 일종의 초과
실재라고 할 수 있다. 달리는 디지털 영상의 이러한 극사실적 특성은

---

7) Stephen Prince(1999), "True Lies: Perceptual Realism, Digital Images and Film Theory",
　　Brian Henderson and Ann Martin(eds.), *Film Quarterly: Forty Years: A Selections*,
　　Berkeley: University of California Press, p. 400.
8) 데이비드 노먼 로도윅, 정헌 역(2012), 『디지털 영화 미학』, 커뮤니케이션북스, 141~152쪽.

컴퓨터 그래픽이 구현하는 3차원 입체성이나 표면정확성 덕택이라고 하였다. 영상은 텍스트처럼 2차원의 형태를 띠고 있으며 그 때문에 책을 읽을 때와 비슷한 상황에서 수용된다. 그러나 그것이 실재처럼 느껴지려면 3차원의 상황과 유사하게 처리되어야 하는데, 이를 위해 디지털 기술은 상당히 유용하다. 디지털 영상의 세밀한 정도와 그것을 처리하는 빠른 속도 덕분에 입체성을 구현하기에 유리하기 때문이다.9) 그런데 현대예술에서 말하는 하이퍼리얼리즘의 의미를 생각해 보면 알 수 있듯이 넘쳐나는 사실성은 뜻밖의 결과를 가져온다.

2) 집중의 정확성과 분산의 모호성

주류 영화가 디지털 기술을 재빨리 흡수하여 발전한 것은 사실이지만, 그렇다고 해서 이러한 사정만으로 디지털 영화를 뉴미디어라고 쉽게 단정할 수는 있을까? 볼터와 그루신은 그것을 역행적*retrograde* 재매개라고 칭하였다. 뉴미디어의 발전으로 인해 새로운 미디어가 창출되는 것이 아니라 뉴미디어의 특성(디지털 미디어)을 올드미디어(영화)가 받아들였기 때문에 그것을 역행적이라고 표현하였다.

[〈토이 스토리〉와 같은 디지털 영화는] 전통적인 방식으로 관람하도록 의도된 선형 영화이다. 이것이 디지털 미디어에서 그래픽 능력을 차용하기는 하지만 상호작용성이라는 기약(혹은 위협)은 제거해버린 셈이다. 〈토이 스토리〉는 새로운 디지털 영화가 수용자의 관습적인 관계를 유지할 수

---

9) 앤드류 달리, 김주환 역(2003), 『디지털 시대의 영상 문화』, 현실문화 연구사, 84~110쪽.

있다는 것—즉 영화나 텔레비전과 같은 선형 미디어가, 시각적으로 그럴듯한 세계를 이용자가 통제해야 한다는 난점을 주지 않으면서 동시에 이런 새로운 세계를 만들어내는 컴퓨터 능력은 활용할 수 있다는 것—을 보여준다. 영화에 의한 이런 컴퓨터 그래픽의 재매개는 경제적이고 실제적인 차원을 갖는데, 이는 디즈니를 비롯한 메이저 스튜디오들이 이를 통해 자신들의 산업 구조를 유지하고 고객을 확보할 수 있기 때문이다. 나아가, 영화 애니메이터들은 새로운 기법을 배워야 할지 모르지만, 시나리오 작가, 감독, 배우(더빙 배우)는 전통적으로 해온 자신들의 역할을 계속할 수 있다.[10)]

영화가 디지털 기술을 도입하였다고 할지라도 그것이 상업영화의 틀에 계속 머문다면, 또한 실험적인 변화가 나타나지 않는다면 여기에 혁신적인 새로움이 무엇인지 의문시될 것이다. 오히려 환영주의를 바탕으로 집중과 몰입의 효과를 불러일으키려는 기존의 의도가 지속되거나 혹은 더욱 강화되는 결과를 초래한다. 엘새서도 주류 영화의 디지털 기술 도입으로 영화미학이나 수용구조의 심대한 변화는 없을 것이라고 한다.

디지털화는 현재 상태의 변화를 일으키지는 않는 것 같다. 반대로 현시대의 산업적 표준은, 다시 말해서 스타와 스펙터클에 의한 블록버스터 영화에서 시청각적 풍경 영상은 더욱 눈에 띄게 되며 또한 실사 영화나 완전히 컴퓨터에 의해 창출된 그래픽 영화에서 디지털 효과가 협력함에 따라

---

10) 제이 데이비드 볼터·리처드 그루신, 이재현 역(2006), 『재매개: 뉴미디어의 계보학』, 커뮤니케이션북스, 180~181쪽.

글로벌한 대규모 관객을 매혹시킨다.11)

이렇게 디지털 기술을 활용한 영화들에서 어떠한 변화가 발생하였다고 하더라도 전체적인 영화의 생산에서부터 상영까지의 제도적 과정의 구조가 바뀌는 것은 아니다. 예를 들어 많은 관객이 영화관을 방문하여 영화를 감상하는 방식이나 영화관 내부의 수용구조, 즉 디스포지티프*dispositif*는 변화하지 않았다. 아울러 이러한 영화의 콘텐츠를 생각해보면, 환영주의나 서사구조 등과 같은 주류 영화의 미학적 기반도 변화하지 않았다. 오히려 블록버스터 영화의 경우에는 그것이 매우 강화되고 고착화되는 듯하다. 이 책은 앞에서 새로운 기술, 새로운 미디어를 통하여 애초에 그것들이 목적하는 바를 더 잘 수행할 수 있게 되었다는 설명과 아울러 그렇다면 그것이 어떻게 진정한 뉴미디어로 파악될 수 있는가 하는 의문을 제기한 바 있다. 볼터와 그루신이 지적한 대로 디지털 영화가 역행적이라면 이러한 현상을 새롭다고 보기는 어려울 듯하다.

반면에 충분히 새로운 변화도 나타나는데 이제부터 이에 대해 검토해보겠다. 디지털 영상이 사실적인 것처럼 보이지만 그것이 사실적이거나 혹은 사실주의적이라고 생각되지 않는다. 그 때문에 디지털 영상은 재현하는 대상을 지니고 있지 않으며 특정한 기의를 갖고 있지 않다. 그것을 디지털 영상의 탈물질성, 혹은 탈기의성이라고 한다.12) 이러한 문제에 관하여 디지털 영상의 표면정확성에 기초한 흥미로운

---

11) Thomas Elsaesser(2008), *Op. cit.*, p. 228.
12) 박성수(2001), 『디지털 영화의 미학』, 문화과학사, 43~55쪽.

해석이 있다. 달리는 디지털 기술이 상업영화에 흡수되는 현상을 자세히 논의하면서, 디지털 영상의 극사실주의적 특성이 일종의 다의성, 혹은 모호성*ambiguity*을 유발시킨다고 설명한다. 그는 디지털 기술로 인해 표면정확성이 강화되어, 불가능해 보이는 비현실적인 대상의 촬영이 가능해졌지만, 그렇다고 해서 관객들이 그 영상을 현실로 받아들이지 않는다고 하였다. 왜냐하면 "이렇게 스펙터클이 강화되는 순간에 순전하게 완벽화된 시뮬레이션에 의해 관객은 이미지 자체의 물질성과 기교에 대해 호기심을 갖게 되고 또한 이에 매료되"기 때문이다.13) 관객은 기의 없는 공허한 영상을 관람하면서 그것이 사실일 것이라고 믿거나 혹은 그럴 수도 있는 환영에 사로잡히는 것이 아니라 예를 들자면 그러한 영상의 어떻게 기술적으로 창출되었는지에 관한 점에도 흥미를 느끼게 되는데, 이는 하이퍼리얼리즘이 지니는 또 다른 모순적인 미학이다. 왜냐하면 디지털 영상은 대상을 사실적으로 묘사하면 할수록, 오히려 관객은 그것을 모사된 결과만을 받아들일 뿐만 아니라 바로 그 모사가 이루어지기까지의 과정에도 관심을 지니게 되기 때문이다.

달리는 디지털 영상을 수용하면서 수용자가 느끼는 두 가지, 혹은 그 이상의 효과가 동시에 발생하며 또 서로 엇갈리기 때문에 그것을 모호함, 혹은 다의성이라고 하였다. 디지털 영상의 매끄러움과 정확성은 사실의 재현보다는 디지털 영상 자체에 더 큰 매혹을 느끼도록 한다.

---

13) 앤드류 달리, 김주환 역(2003), 앞의 책, 151쪽.

이미지는 다의성*ambiguity*을 함축하며, 이는 창작의 관점에서 이미지의 불확실한 위상과도 관련이 있다. 사람들은 바로 이 불확실성 때문에 이미지에 매료되며 (…중략…) 얼마나 매혹되는지가 관객의 주된 수용 방식으로 자리 잡게 되면서, 과거 이야기에 집중하던 방식은 사라지고 관객은 이미지 자체에 빠져들게 된다.14)

색채 조정과 이미지 조작을 통해 이미지가 더 선명해지고 (…중략…) 거의 불가능한 (…중략…) 사진 장면 등이 매우 그럴듯하게 시뮬레이션된다. 디지털 이미지 구현은 시각적 흥미와 다의성이라는 새로운 영역을 추가하며, 이는 (…중략…) 매우 매력적인 이미지를 컴퓨터로 조작함으로써 이루어진다. (…중략…) 화면을 보면, '이것이 촬영한 것일까, 아니면 인위적으로 만든 것일까?'라고 묻게 된다. (…중략…) 더욱이 그 이미지가 완전하게, 즉 사진적으로 실감나게 묘사될 때 다의적으로 더욱 그러나. 그러나 바로 그렇게 있을 법하지 않은 경우를 포착해내는 대단한 기교로 인해 이러한 장면이 진짜인지에 대한 의혹이 야기되는 것이다.15)

달리의 착안은 충분히 이해가 된다. 실제로 디지털 기법이 동원된 애니메이션이나 블록버스터 영화 등을 관람할 때, 그것이 재현한 대상이나 사건에 집중하기보다, 영상 자체가 전해주는 신비로움에 더 많은 관심이 가는 경우가 종종 있기 때문이다. 만약 디지털 영상이 재현이나 보존의 결과라면 우리는 그 대상에 더욱 몰입하게 될 터인데, 실제

---

14) 위의 책, 110~111쪽.
15) 위의 책, 124~126쪽.

로 우리가 몰입하는 것은 기의가 아니라 기표이며 내용이 아니라 형식이다. 물론 달리가 말하는 이러한 매혹은 새로운 것은 아니다. 거닝은 매혹*attraction*이라는 개념으로 초기 영화를 관람하는 관객들이 영화의 내용보다는 미디어의 신비로움, 혹은 어떠한 대상이 영사되어 나타난다는 사실 자체에 관심을 두는 현상을 설명하였다.16) 이러한 문맥에서 디지털 영상이 형식에 관심을 자극하는 현상이 이해된다.

달리의 설명이 사실이라면, 디지털 기술이 집중을 일으키는 스펙터클 영상을 구현하는데 성공한다고 할지라도, 그것과 전혀 다른 효과가 나타난다고 볼 수 있다. 그것은 영상에 대한 몰입이 주는 쾌감을 향유하는 동시에, 그러한 몰입을 유도하는 영상의 창출 과정에 대해서도 동시에 생각하도록 하는 효과를 말한다. 사실 현대예술론에 따르면 현실을 넘어서는 사실적 묘사나 재현, 즉 하이퍼리얼리즘은 오히려 대상과 그것의 재현결과 사이의 거리를 더욱 멀어지게 한다. 현실에 대한 완벽한 재현은 오히려 수용자로 하여금 재현의 표면적인 결과에 주목하도록 하여 그것을 기의 없는 기표로 이해하게 한다. 달리의 설명은 디지털 영상이 지니는 하이퍼리얼리즘에 대해 다른 해석이 가능하다는 점을 암시한다. 달리는 영상이 대상을 지시하면서도 피상적인 매혹을 자극하는 이러한 상태를 두고 "지시적 의미와 감각의 교란"이라고 표현하였다.17) 달리는 교란의 결과로 다의성 혹은 모호성이 유발된다고 하였는데, 모호함을 유발시키는 두 요인의 관계를

---

16) Tom Gunning(1990), "The Cinema of Attractions: Early Film, Its Spectator and the Avant-garde", Thomas Elsaesser(ed.), *Early Cinema: Space, Frame, Narrative*, London: BFI Publishing. pp. 56~62.

17) 앤드류 달리, 김주환 역(2003), 앞의 책, 122쪽.

고려한다면 그것은 다의적이기보다 분산적이라고 표현해야 한다. 왜 냐하면 그 두 요인은 두 가지 상이한 기의 사이에서 나타나는 모호함이 아니라 하나의 기의와 기표 사이에 나타나는, 1차 질서와 2차 질서 사이에서 나타나는 일종의 우연적인 상태이기 때문이다. 달리가 디지털 영화의 미학을 다루면서 이러한 질서들 사이의 모호함에 대한 논의를 심도 있게 설명한 것은 아니지만 필자는 이 점이 디지털 기술이 촉발시키는 새로움의 단초라고 생각한다.

루만에 따르면 미디어가 특정한 체계 내부에서 폐쇄적으로 활용되면 그것이 형식으로 변화하면서 동시에 2차 질서의 관찰을 발생시킨다고 하였다. 이러한 관점에서 보면 디지털 기술에 의해 촉발된 표면정확성은 몰입을 가져오지만 또 한 편으로 그것이 다의성을 유발시킨다는 달리의 해석은 루만이 제시한 미디어의 기초적인 속성에 부합한다. 영상의 표면정확성은 흠결 없는 대상의 묘사, 혹은 부재하는 대상의 묘사를 가능하게 하며 동시에 그것을 바라보는 수용자로 하여금 그러한 묘사 자체에 대해 시선을 돌릴 수 있는 여지를 제공하기 때문이다. 그런데 달리의 지적은 그렇게 될 수 있는 잠재적인 가능성을 언급한 것으로 보이며, 스펙터클한 영상을 관람하는 영화관객 모두에게 그러한 수용 방식이 필연적으로 나타난다고 할 수는 없다. 이 부분에 대해 논의하려면 영화영상에 대한 분석의 시각을 전환시킬 필요가 있다. 왜냐하면 영화를 미학적으로 다루기보다, 생산과 수용 과정 전체를 살펴보는 미디어학적인 관점에서 보아야 하기 때문이다. 이에 대해 살펴보기 전에 지금까지 언급된 사항들은 정리해보면 다음과 같다.

디지털 영화와 필름 영화는 질적으로 다르다. 그런데 그러한 질적인 차이가 큰 의미가 없다는 주장도 있고 반대로 심각하게 받아들여야 한다는 주장이 있다. 큰 의미가 없다는 견해는 디지털 기술이 도입된 이후에도 영화의 전체적인 제작 과정에 변화가 없으며, 관객의 인지를 결정하는 디스포지티프에도 변화가 나타나지 않는다는 사실에 바탕을 두고 있다. 그러나 반대로 영화의 미학적인 차원에서 큰 변화가 나타났다고 볼 수도 있는데, 그것은 사진적 리얼리즘에서 지각적 리얼리즘, 혹은 하이퍼리얼리즘으로의 변화로 요약된다. 또 이러한 변화로 말미암아 환영주의가 강화되었다고 간주하는 반면에, 오히려 그것이 모호해졌기 때문에 어떠한 새로움이 유발되었다고 볼 수 있다.

이러한 문맥을 정리해보기 위해 영화의 한 장면을 예로 들어보겠다. 초창기 디지털 기술이 제대로 활용된 최초의 영화로 〈어비스〉를 꼽는다. 깊은 바다 속 생명체의 출현을 다룬 공상과학 영화이다. 영화에서 그 생명체는 디지털 기술로 형상화되었는데 그 때문인지는 몰라도, 디지털 영상의 본질적인 특성을 잘 드러낸다. 영화에서 구현된 컴퓨터 그래픽을 설명할 때 자주 언급되는 〈어비스〉의 이 장면에서 단순히 디지털 기술이 영화에서 활용되는 방식만을 이해할 수 있는 것은 아니다. 비유적으로 생각한다면 디지털 기술이 재현하는 핍진성은 지각적 리얼리즘 그리고 하이퍼리얼리즘과 연관되어 있다는 점도 아울러 설명할 수 있다.

핵잠수함이 깊은 바다 속으로 침몰하는 사고가 발생하여 해군이 심해를 수색하게 된다. 수색을 하던 도중 바닷물로 되어 있는 생명체가 잠수함 안으로 들어온다. 그 바다괴물은 고정된 모양이 없고 계속해서 다른 형태로 바뀌는 진기한 생명체였다. 심연을 수색하는 대원들 앞에 처음으로 모습을 드러낸 괴물은 그가 마주한 그 대원들의 모습을 흉내 낸다(〈영상 10〉). 물처럼 고정된 형태가 없지만 잠깐이나마 사

〈영상 10〉 〈어비스〉에서 사람의 모습으로 변한 디지털 생명체

람의 모습을 하는데, 그 모습을 바라보는 대원들은 그것이 자신들 가운데 누군가와 같은 모양을 하고 있다는 점을 깨닫게 되며 매우 흥미롭게 바라본다. 영화의 마지막에 그 괴생명체의 정체가 무엇이었고 그들이 인간들과 접촉을 하게 된 이유가 무엇인지 알려주게 되지만 여기에서 디지털 영상에 대해 설명할 때 자주 언급되는 바다괴물 장면만 생각해보겠다.

첫째로 형태 없이 움직이는 바다괴물이 사람의 모습으로 변하는 장면에서 디지털 콘텐츠의 지각적 리얼리즘에 대해서 이해할 수 있다. 실제로 괴물은 컴퓨터 그래픽으로 형상화되었는데, 그것은 디지털 콘텐츠가 정보로서 특정한 형태 없이 존재하고 있다가 누군가가 인지할 수 있을 정도로만 자신의 모습을 만들어서 보여주는 특징을 상징적으로 보여준다. 괴물이 사람으로 변하는 모습은 디지털 정보가 어느 정도로, 또 어떠한 목적으로 변화하는지 비유적으로 말해 준다. 잠깐 인간의 모습을 한 바다괴물은 애초에 어떠한 형태를 재현하거나 혹은 그것을 모사한 결과가 아니라 바로 그 괴물을 바라보고 있는 사람들의 지각에 따라 변형된 결과이다. 다시 말해서 변형은 수용자의 지각을 고려하려 이루어지며 원래의 형태는 애초에 없다. 디지털 콘텐츠의 지각적 리얼리즘이란 이렇게 디지털 콘텐츠의 지속적인 변화의 과정 동안에 인간의 지각으로 인지될 수 있는 어느 한 순간에 발생하는 것을 말한다.

둘째, 또 다른 한 편으로 그 괴생명체를 대하는 영화 속 인물들의 심리도 생각해볼 수 있다. 그 괴물을 목격한 탐험대원들은 단지 그것이 어떤 이의 모습과 똑같다는 사실 때문에 놀라움을 느끼는 것은 아니다. 오히려 그 괴물이 자신의 모습을 자유자재로 변화시킬 수 있다는 것을 깨닫고 그것을 신기하게 생각하였다(〈영상 11〉). 즉 대원들의 관심은 괴생명체가 모사한 어떤 사람에 있는 것이 아니라 그 생명체가 자신의 모습을 재빨리 바꾸면서 현실에 존재하는 어떠한 대상을 흉내낼 수 있다는 사실에 있다. 다시 말해서 중요한 것은 사실이 아니라 사실적으로 될 수 있다는 어떠한 가능성이며, 또한 그 형태의 결과가 아닌 형태가 변형되는 과정이다. 그런데 영화 〈어비스〉를 흥미롭

〈영상 11〉 〈어비스〉에서 바다생명체에 놀라며 손을 대보는 린지(Lindsey)

게 감상하는 관객의 마음도 해저 탐험대원의 마음과 다르지 않을 것이다. 관객들은 실제로 컴퓨터 그래픽이 구현한 사실적 영상에서 그것이 모사하는 대상을 생각하는 것이 아니라, 컴퓨터 그래픽이 허구를 사실처럼 만들 수 있다는 점을 재미있다고 생각하기 때문이다. 달리가 말한 모호함은 이것을 말한다. 모사의 결과와 모사의 과정은 서로 분명히 다르며, 그리고 이 점에서 하이퍼리얼리즘의 의미를 이해할 수 있다. 결과에 치중하는 미메시스로서의 리얼리즘과 과정을 깨닫게 하는 하이퍼리얼리즘의 차이점은 여기에 있다.

끊임없이 탈바꿈하는 특징을 보여주는 또 다른 괴물은 〈터미네이터 2*Terminator 2: Judgement Day*〉(1991)에 등장하는 T-1000이다. 〈터미네이터 2〉는 〈어비스〉가 개봉된 후에 더욱 발전된 컴퓨터 그래픽의 특수효과가 사용되었다. T-1000은 기계처럼 작동하는 〈터미네이터〉 원작의 T-101보다 더욱 진보된 로봇이었는데, 액체 금속으로 만들어져 필요에 따라 자유자재로 자신의 모습을 바꾸는 특징을 지니고 있었다. 영화에 등장하는 T-1000은 〈어비스〉의 해저괴물과 그 작동원리에 있어서는 매우 유사한데, 그 유사함이 암시하는 바는 무엇인가? 왜 심해를 탐험하는 사람들은 바닷물로 되어 있는 괴물을 경이롭다고 생각했으며 T-101과 용감한 사라 코너*Sarah Connor*는 왜 액체 금속 T-1000을 두려워하였는가? 그것은 괴물이 무엇과 똑같다는 점 때문이 아니라 고정된 형태가 없고 시시각각 그 모습이 바뀐다는 점 때문이었다. 그리고 그 괴물들은 쉽게 변형될 수 있도록 고정성, 혹은 점성이 낮은 바닷물이나 액체로 되어 있었다(〈영상 12〉).

영화가 디지털 기술을 활용하여 불가능한 모사를 실현시켜 주기 때문에 그 결과로 나타나는 형상을 리얼리즘의 관점으로 고찰한다든지

〈영상 12〉 〈터미네이터2〉의 T-1000

혹은 그것이 전통적인 모방이 아니기 때문에 다른 유형의 리얼리즘이라고 생각하는 것은 그렇게 중요한 논제가 아니다. 액체 괴물이 어느 순간에 사람이나 어떠한 물체와 같은 형태를 갖게 되었다고 해서 그 괴물을 그가 모방하는 대상과 동일하게 생각할 수는 없으며, 아울러 그 괴물의 특징을 그 모방대상으로부터 유추할 수도 없기 때문이다. 그리고 〈어비스〉의 괴물이나 T-1000이 단지 무엇을 닮았거나 무엇과 똑같기 때문에 그것이 신기하다고 생각하는 것은 아니다. 그 괴물의 특징들 가운데 가변성, 혹은 미결정성보다 더 중요한 것은 없다. 마찬가지로 디지털 기술이 컴퓨터 그래픽으로 불가능한 것을 묘사해낼 수 있다는 점보다 어떠한 결과물을 계속해서 변형시킬 수 있다는 점에 주목해야 한다. 그러한 관점에서 필자는 달리가 모호성의 원인이 되는 디지털 영화의 특징을 부분적으로나마 언급했지만 그러나 정확하게 포착했다고 생각한다. 그리고 그 특징은 주로 포스트모더니즘 미학18)의 관점에서 비롯하였다. 그러나 달리는 디지털 기술에 의해 최종적으로 완성된 영상, 즉 영화와 같은 콘텐츠를 작품으로 간주하였고 그렇게 고찰대상을 제한하였다. 작품의 테두리 안에서, 즉 블록버스터 영화에 나타난 괴물들에 쏠린 관심에서 벗어나 영화의 다른 차원들을 생각해보면 디지털 기술이 어떠한 형태를 정확하게 보여주는 것보다 변형에 매우 민감하다는 점을 더 잘 이해할 수 있다.

지금까지 디지털 영화의 피상적인 특성을 살펴보았는데 다음부터는 디지털 영화가 뉴미디어로 간주될 수 있으려면 어떠한 점들을 고려해야 하는지 알아보도록 하겠다. 디지털 영화의 범주는 쉽게 정의하기 어려우며 매우 다양하다. 다음에서 주류 영화가 아닌 다른 형태의 영화에서 나타나는 디지털 유형을 정리해보고 그 이후에 그러한 사례를 전반부에서 논의한 뉴미디어의 개념을 중심으로 고찰해보고자 한다. 앞서 주류 영화에 나타나는 디지털 기술의 효과에 대해 살펴보았는데, 그 결과가 환영과 모호함, 혹은 집중과 다의성과 같이 서로 상반된 방향으로 나타남을 알 수 있었다. 그런데 이러한 이해는 사실 주류 영화의 경우에만 해당되는 것이다. 다음에서 매우 진보적인 영화를 포함하여 다른 형태의 영화로 시야를 넓혀서 상반된 방향으로 나타나는 변화의 양상을 어떻게 이해해야 하지는 살펴볼 것이다. 그 다른 형태의 영화를 모두 포괄할 수는 없지만, 다음의 세 가지 유형, 즉 복합서사*multiple-narrative film* 영화, 인터렉티브 영화*interactive cinema*, 디지털 확장영화*digitally expanded cinema*로 구분하였다.

첫 번째 유형 복합서사 영화는 텐트 폴*tent pole*이나 블록버스터 영화처럼 대규모 자본이 투입된 영화는 아니지만 나름대로의 실험성과 색

---

18) 이에 관한 많은 문헌들 가운데 패스티쉬(pastiche)를 포스트모던한 재현의 특징으로 설명한 프레드릭 제임슨의 논문을 참고할 수 있다. Fredric Jameson(1993), "Postmodernism, or the Cultural Logic of Late Capitalism", *New Left Review*, 146, pp. 53~92.

다른 흥미를 위해 전통적이며 고전적인 서사형식을 변형시키는 경우를 말한다. 이러한 부류의 영화를 지칭하는 용어들은 학자들 마다 다양하게 제안되고 있다. 예를 들어 엘새서는 그것을 마인드 게임 영화 *mind-game film*라고 하였으며,19) 반전 영화 *twisted film*, 비선형적 서사 영화 *nonlinear narrative film*, 모자이크 영화 *mosaic film* 등 다양한 용어가 복합 서사 영화와 엇비슷한 문맥으로 사용된다. 여기에 속한 영화들도 디지털 기술과 또한 뉴미디어와 관련되어 있는데 이 점에 대해 살펴보고자 한다.

두 번째 유형으로 제시될 상호작용적 영화는 수용 구조가 부분적으로 변화한 결과로 나타난 영화이다. 전통적 영화의 관객은 마치 플라톤의 동굴 *platon's cave*과 같은 환경에서 매우 피동적인 상태에 놓여 있지만, 상호작용적 영화는 그 관객으로 하여금 능동적인 활동을 통하여 영화의 진행에 참여하도록 하는 실험적인 영화를 말한다. 이러한 변화에 디지털 기술의 개입은 중요한 요인으로 작용한다. 그리고 결과적으로 전혀 다른 형태의 수용 구조가 형성되며, 이에 새로운 미학적 실험이 이루어진다.

세 번째 유형으로 디지털 확장영화가 논의될 것이다. 상호작용적 영화에서는 영화의 기초인 기술장치 *apparatus*와 그것의 배치구조가 기존의 영화로부터 변형되었다고 할 수 있지만, 디지털 확장영화에서는 아예 다른 배치구조가 적용된다. 그리하여 디지털 아트, 혹은 미디어 아트라고도 할 수 있을 만큼 전통적인 영화와 다른 구조가 활용된다.

---

19) Thomas Elsaesser(2009), "The Mind-game Film", Warren Buckland(ed.), *Puzzle Films: Complex Storytelling in Contemporary Cinema*, London: Wiley-Blackwell, pp. 13~41.

그리고 그러한 활용을 통해 영화의 구조와 관객의 수용에 대해 파격적인 실험을 하는 경우를 말한다.

다음에서 이에 대해 차례로 알아보려고 한다. 그리고 앞에서 디지털 기술의 의미를 집중과 분산이라는 용어로 나누어 살펴보았으며 분산적인 콘텐츠, 혹은 분산적 수용 상황을 유발시키는 것이 디지털 기술 본연의 특성임을 알아보았는데, 이러한 개념적 정리와 이해를 여기에 적용해보도록 하겠다.

2. 영화를 넘어선 디지털 영화

1) 복합서사 영화: 선택의 게임

디지털 기술을 통해 현실을 더욱 섬세하게 재현하여 관객에게 환영을 불러일으키는 방식은 상업영화가 지속적으로 발전하는 데 큰 도움이 되었다. 디지털 기술이 영화의 역사에 들어서면서 그러한 발전을 가속화시키기도 하며 또 전혀 다른 방향으로의 발전을 가져오기도 하였다. 다른 방향의 발전으로 전통적 영화미학과 그것의 바탕이 되는 디스포지티프가 와해되는 결과가 나타났다. 다음부터 이러한 현상에 대해 논의해보고자 한다.

우선 복합서사 영화에 대해 살펴보겠다. 복합서사 영화는 영화의 서사적 맥락이 여러 가지 이유에서 결정되어 있지 않거나 그것이 단순하지 않은 경우를 말한다. 서사의 흐름은 선형적으로 정리되어 있지 않고 혼란스러우며 다양한 이야기나 그 흐름의 가능성들이 서로 중첩되어 있다. 이러한 맥락에서 크리스틴 데일리*Kristen M. Daly*는 질 들뢰즈*Gilles Deleuze*의 시네마 저작 1편과 2편을 염두에 두고 거창하게 도 시네마 3.0이라는 개념을 제시한 바 있다. 운동 이미지와 대별되는 시간 이미지의 영화를 시네마 2.0이라고 한다면 이와 또 다른 이미지 를 시네마 3.0이라고 한다. 그것은 관객의 능동적 역할이 동반되는 영화를 말한다. 그래서 데일리는 그것을 상호작용적이라고 하였다. 데일리가 이 개념구상을 위해 고려하고 있는 것은 복합서사*complex narrative*와 관객의 참여*viewer participation* 그리고 디지털 테크놀로지이 다. 이 세 가지 사항이 어떠한 문맥에서 연관되어 있는지에 대한 체계 적인 설명을 찾아보기는 어렵지만, 개념구상의 취지는 이해할 수 있 다. 시네마 3.0이란 미결정된 서사를 이해하고 완성하기 위해 관객들 이 어떠한 생각이나 활동을 하도록 유도하는 영화를 말한다. 관객은 영화를 보는 데에 그치지 않고 사건들의 연관 관계 사이의 간격을 메 우기 위해 다른 미디어를 통해 정보를 얻고 또 다른 관객들과 대화를 한다. 대화는 주로 웹상의 커뮤니티로 이루어진다고 하며 이를 통해 나름대로의 이야기를 구성하거나 결말을 파악하게 된다. 데일리가 예 로 들은 〈블레어 위치*Blaire Witch Project*〉(1999)는 (결국 페이크이지만) 다 큐멘터리 형식으로 되어 있으며 사건의 원인을 잘 알 수 없어서 서사 의 구조가 느슨하고 그 맥락을 이해하기 어렵다. 관객은 영화를 보기 전이나 후에 영화의 사실이나 이야기에 대한 정보를 찾기 위해 다른 미디어를 살펴보아야 하는데, 이러한 관객의 행위, 그리고 다른 미디 어와의 관련성 등은 데일리가 말하는 시네마 3.0의 특성이다. 즉 영화 는 완결된 서사작품이 아니라 상호텍스트*intertext*에 지나지 않는다. 데 일리는 다음과 같이 설명하다.

시네마 3.0의 특징은 영화가 관객으로 하여금 작업을 하도록 유도한다는 점이다. 그리하여 영화의 경험은 프로젝트와 같고 흩어진 조각을 조합하는 것과 같다. 어떤 조각들은 영화 안에 있고 또 어떤 조각들은 다른 미디어에서 발견된다.[20]

폭넓게 보면 유사한 사례는 많이 발견된다. 서사의 응집력*narrative coherence*이 미약해진다는 점은 최근에 영화들에 나타나는 특징들 가운데 하나이다. 다양한 서사적 진행의 가능성들이 나열되기도 하고, 또는 예상되는 진행과는 다른 결말이 나타나기도 한다. 이러한 상태에서는 어떻게든 관객의 역할이 요구될 수밖에 없는데, 왜냐하면 다양한 서사의 갈래들 가운데 관객은 어느 하나를 선택하여 그것을 완성해야 하며 혹은 예상과는 다를 수도 있는 결말을 퍼즐조각 맞추듯이 풀어내야 하기 때문이다.

예를 들어 톰 튀크베어*Tom Tykwer* 감독의 〈롤라런*Lola rennt*〉(1998)은 곤경에 빠진 남자친구를 구하기 위해 동분서주하는 롤라의 이야기를 다루고 있다. 그런데 영화는 남자친구를 구하기 위해 그녀가 취한 각기 세 가지 다른 결정과 행동들을 차례로 보여준다. 한 가지 방법에 실패한 이후, 영화는 다시 시간을 거슬러 올라가 다른 방법으로 문제를 해결하려는 롤라의 모습을 보여준다. 영화는 모두 세 가지 각기 다른 결말이 병렬되며 확실한 결말은 영화를 보는 관객의 선택에 따라 달라진다. 최근 유럽에서나 한국에서나 많은 이들의 관심을 끄는 홍상

---

20) Kristen M. Daly(2010), "Cinema 3.0: The Interactive Image", *Cinema Journal*, 50(1), p. 86.

〈영상 13~14〉〈롤라런〉에서 롤라(Lola)와 마니(Manni)

수 감독의 〈오! 수정〉(2000)도 유사한 형식을 지니고 있다. 같은 사건을 경험한 두 사람이 그 사건을 각기 자신의 기억으로, 자신의 입장으로 서술한다. 그리하여 영화는 같은 사건의 두 가지 버전을 차례로 묘사하는데, 그 가운데 어느 것이 진실에 가까운지는 알 수 없다. 이것은 사실이 재현되었다거나 어떠한 가능성들 가운데 무엇이 결정된 결과를 보여주어 서사를 종결하는 일반적인 흐름과는 상당히 다르다. 그리하여 여기에 속한 영화들을 비선형적 서사영화*nonlinear narrative film*라고 할 수 있다.

이렇게 복합서사의 특징을 띤 영화 가운데 다른 유형도 있는데 그것은 반전 영화이다. 반전 영화란 사건의 진행이나 서사의 종결이 관객들의 예상과는 다른 것으로 귀결되어 놀라움을 일으키는 영화를 말한다. 그럼에도 불구하고 반전 영화는 반전의 이전과 이후가 논리적으로 모순되지 않는다. 그 때문에 관객들의 예상이나 영화의 관행이 잘못되었다는 점이 반어적으로 지적되기도 한다.[21] 이렇게 단순하게 구성되지 않은 영화들을 생각해보면 그것이 단지 관객들에게 잔재미나 놀라움을 전해주기 위한 것이 아님을 알 수 있다. 어떠한 의미를 부여할 수 있을 터인데 예를 들어 반전 영화의 경우, 관객은 앞뒤가 맞지 않는 논리를 문제시하지 않고 지나치며, 또 우리가 영화라는 미디어에 어떠한 타성을 지니고 있음을 일깨워 준다.

나이트 샤말란*Night Shyamalan* 감독은 여러 반전영화로 유명한데 그 가운데 〈식스 센스*Sixth Sense*〉(1999)는 잘 알려져 있다. 모르고 영화를 본 누구도 주인공인 꼬마 콜*Cole*이 죽은 사람을 볼 수 있을 것이라는 예상을 하지 못하였고, 아울러 그를 치료하고자 했던 정신과의사 말콤 크로우*Malcolm Crowe*가 이미 죽은 사람이었음도 생각할 수 없었다. 그러나 영화의 마지막에 모든 사실이 밝혀지고 관객은 자신의 편안한 예측이 모두 틀렸음을 깨닫게 된다. 물론 반전 이후에도 영화가 서술하였던 과거의 사건들이 잘못된 것이 아니었다는 점, 즉 알리바이*alibi*가 있었음을 영화 스스로 증명한다. 영화는 〈영상 15〉와 같은 장면을

---

21) 김무규(2008), 「반전영화(twisted film)의 원리와 의미」, 『문학과 영상』 9(3), 563~568쪽.

〈영상 15〉 〈식스 센스〉(1999)

보여주면서도 말콤이 이미 죽었음에도 불구하고 그가 살아있다고 거
짓말을 한 적 없다. 영화는 귀신을 보여줄 수도 있는데, 그것이 바로
알리바이이다. 여기에서도 사건들의 인과관계가 느슨해지고 서사의
결말이 미결정되어 있다.

　최근 개봉된 한국영화 가운데 박찬욱 감독의 〈아가씨〉(2016)는 매우
세련된 반전영화이다. 영화는 세 명의 인물을 중심으로 벌어지는 세
번의 사건을 서술하여 모두 세 가지의 에피소드로 되어 있다. 세 인물
이 돌아가면서 주인공을 맡고 있도록 구성되어 있다. 각 에피소드마다
두 명의 주인공은 모의를 하여 나머지 한 명의 주인공을 속이려는 음
모를 꾸미는 이야기가 펼쳐진다. 그리고 에피소드의 말미에 그 음모는

반전이 되어 그것은 일종의 더블 크로스*double cross*, 즉 음모의 음모였음이 밝혀진다.22) 샤말란의 영화보다 박찬욱의 영화를 보는 관객은 머리가 더욱 복잡할 것이다. 그런데 이 영화들을 보는 관객은 마치 게임을 하는 것처럼 생각을 하고 참여를 해야 하는데 그 때문에 엘새서는 그것을 마인드 게임 영화라고 하였다. 왜 엘새서가 게임이라는 용어를 사용했는지 〈식스 센스〉보다 〈아가씨〉를 보면 더 잘 이해할 수 있다. 게임은 게이머의 선택에 따라 이야기의 흐름이 달라지는데 마인드 게임 영화의 관객도 그러한 선택을 할 수 있기 때문이다. 복합 서사 영화의 관객은 피동적인 태도로 감동적인 이야기를 접하거나 스펙터클한 영상미를 즐기는 관객과 분명히 다르다. 그리고 관객은 여기서 전통적인 의미의 관찰자가 취하는 시점과는 전혀 다른 입장에 처하게 되는데, 따라서 시점은 유동적이다. 혹은 보는 것이 문제가 아니라 생각하거나 행동하는 것이 문제가 되기 때문에 시점이란 아예 의미가 없다고 할 수 있다. 앞에서 언급된 〈어비스〉나 〈테미네이터〉 같은 블록버스터 영화의 관객과도 전혀 다른 관점을 취할 수밖에 없다.

어떻게 보면, 언급된 영화들의 서사적 응집성이 느슨하다고 할지라도, 자세히 살펴보면 결말이 정해진 경우도 있는 것 같다. 해피엔딩으로 끝나는 〈롤라런〉의 세 번째 에피소드는 전체적인 서사의 틀을 유지한 것 같으며, 〈식스 센스〉에서 정신과 의사가 자신의 죽음을 깨닫는 것으로 영화는 대단원의 막을 내린다고 생각되기 때문이다. 〈아가씨〉의 세 번째 에피소드 마지막 장면에 연출되는 두 여인의 뜨거운

---

22) 다음에서 더 자세히 다루었다. 김무규(2016), 「서사구조의 형성과 관객의 심리: 〈오피스〉와 〈아가씨〉의 서프라이즈와 서스펜스」, 『문학과 영상』 17(3), 498~502쪽.

사랑으로 더 이상의 음모는 없는 것처럼 보인다. 데이비드 보드웰David
Bordwell은 관객이 어떠한 해석을 통해 결말이 확정되어 있는 것으로
간주할 수 있다면 복합서사도 선형적 서사영화의 기본적인 취지에서
벗어나지 않는다고 주장하였다.23) 그런데 엘새서는 견해를 달리한다.
그는 관객의 어떠한 행위나 작업이 영화를 결말로 이끄는데 중요한
역할을 했다고 생각했다. 다시 말해서 설사 결말이 있다고 하더라도
그것은 관객의 생각과 손을 거친 이후에 가능하다고 보기 때문에 전
통서사와 같다고 말할 수 없다.24) 그렇다면 이렇게 관객 앞에 놓여
있는 것은 서사가 아니라 재료의 아카이브이며, 바로 그것이 복합서
사와 선형적 서사를 구분해주는 요인이다.

앞에서 복합서사 영화의 예로 비선형적 서사영화와 반전영화를 언
급하였지만 또 다른 유형의 영화들도 상당하다.25) 그런데 흥미로운
점은 엘새서가 이 같은 복합서사 영화의 경향을 뉴미디어의 발전과
같은 맥락에서 바라보려고 한다는 사실이다. 그는 디지털 문화의 환
경이나 혹은 다른 디지털 미디어와의 연관 관계가 서사형식의 변형을
일으켰다고 보는 입장을 견지한다. 그렇게 본다면 복합서사 영화도

---

23) David Bordwell(2002), "Film Futures", *Substance*, 97, pp. 88~104.
24) Thomas Elsaesser(2009), *Op. cit.*, p. 24.
25) 엘새서는 마인드 게임 영화를 다음과 같이 분류하였다. 첫째 〈메멘토(Memento)〉(2001)
처럼 선형적 진행이 전도되어 원인과 결과가 불분명한 경우, 둘째 〈매트릭스(Matrix)〉
(1999)처럼 현실과 가상의 경계가 모호하고 중첩되는 경우, 셋째, 〈파이트 클럽(Fight
Club)〉(1999)처럼 주인공의 친구와 같은 어떤 인물이 존재하지 않는 허상으로 밝혀지
는 경우, 넷째 본문에서 언급했던 〈식스 센스〉처럼 인물이 정체성에 대해 혼란을 겪는
경우, 다섯째, 〈뷰티풀 마인드(Beautiful Mind)〉(2002)처럼 인물의 환영이 하나의 플롯
을 형성하는 경우, 여섯째, 〈빌리지(The Village)〉(2004)처럼 어떤 인물이 기만을 당하
여 그로 인해 또 다른 플롯이 형성되는 경우, 이렇게 여섯 가지 유형이 있다. *Ibid.*,
pp. 17~18.

역시 디지털 기술의 영향으로 인해 나타났다고 볼 수 있다.

사실 복합서사 영화는 영화관에서 보아도 재밌겠지만 DVD로 본다면 그 취지에 더욱 부합할 것이다. 왜냐하면 관객이 영화를 단순히 보는 것이 아니라 그 흐름을 구성한다고 생각했을 때, 영화를 보다가 결말을 확정하기 위해, 혹은 사건의 연관 관계를 맞추어 보기 위해 이미 본 부분을 회상하는 것만으로 불충분하기 때문이다. 이미 보았던 부분을 다시 보기도 하며, 혹은 점프하여 미래를 먼저 보기도 할 것이다. 엘새서는 이러한 상황은 DVD버전의 영화에서 가능하다고 하였다. 그러나 생각해 보면 사실 파일형태로 되어 있는 영화나 스트리밍 방식으로 영화를 보는 경우에도 자연스럽게 발생된다. 디지털 형식으로, 다시 말해서 데이터베이스 형식으로 이루어져 있는 영화는 이렇게 복합적인 진입*multiple entry*의 기술적 조건을 갖추고 있기 때문이다.

필름에 빛으로 새겨진 영화가 디지털화되면 파일을 손에 쥐고 있는 관객은 어느 순간에서 영화를 실행시킬지 또 종결시킬지 스스로 결정할 수 있다. 이렇게 점성이 낮은 미디어에 저장되어 있는 영화로 관객은 영화의 이곳저곳을 살펴보며 복잡하게 얽혀 있는 이야기를 나름대로 풀어갈 수 있게 된다. 즉 복합서사의 영화라고 하더라도 그것을 수용하는 미디어 환경에 따라 게임의 특성이 더욱 커진다는 점을 이해할 수 있다. 영화관에서 볼 때는 마음속으로만 게임을 할 수 있겠지만 DVD로 볼 때는 그 게임을 직접해볼 수도 있고 DVD 안에 있는 파일을 풀어내어 그것으로 보게 되면 게임의 가능성은 더욱 커진다. 디지털화가 심화될수록 복합서사 영화가 지니는 게임으로서의 의미가 분명해진다.

2) 상호작용적 영화: 배치의 가시화

디지털 기술이 영화에 도입된 이후 다양한 변화가 나타났지만 그 가운데 수용 방식의 변화도 빼놓을 수 없다. 예를 들어 관객은 영화의 내용보다는 주변 환경과 같은 다른 곳으로 집중이 분산되는 상태를 경험하기도 하는데, 다시 말해서 그것은 관찰의 질서가 고정되었다가 임의적*random*으로 풀려지는 것을 말한다. 그리고 그 때문에 관객의 참여가 유발되기도 한다. 그것은 상호작용적 영화*interactive cinema*의 출현을 의미한다. 상호작용적 영화도 복합서사 영화처럼 내용이 결정되어 있지 않은 영화를 말하지만 관객의 생각뿐만 아니라 의식적인 실제 활동이 영화에 관여하여 그 내용을 변화시킨다는 점에서 특별하다. 그리하여 관객은 문제를 푸는 게임을 하는 데에서 그치지 않고 영화의 구성에 관여하여 부분적으로 혹은 전체적으로 영화를 직접 만드는 입장을 취하게 된다. 그리고 여기서 말하는 상호작용이란 단순히 심리상태에서만 이루어지는 상호작용이 아니라 물리적인 변화가 발생되는 것을 말한다.

상호작용적 영화를 크게 보면 영화관에서 관객들의 의사에 따라 영화의 진행이 이루어지는 경우가 있고 또 특별한 예술적인 구상을 위해 전시나 설치를 통해 구현되는 경우도 있는데, 후자의 경우는 디지털 확장영화라는 용어를 사용하면 좋을 것 같다. 디지털 확장영화는 다음에서 보다 자세히 다룰 것이다. 어떠한 유형의 상호작용적 영화라도 공통적인 점은 참여를 통해 관객은 서사의 갈래를 정할 수도 있고, 또 참여의 시작과 끝을 정할 수 있는 등 여러 가지 선택권이 주어지게 된다는 것이다. 그리고 어떠한 선택이 이루어지든 그것은 정답을 맞추는 것같이 필연적이지 않다. 선택은 사건이나 대상을 모방하기 위한 것이 아니라 창의적인 구성이나 혹은 디자인을 위한 것이다. 그런데 상호작용적 영화에서 구성과 디자인을 위해 관객에게 제공되는 우연성이 적절하게 이루어질 수 있도록 영화의 기본적인 디스포지티프dispositif가 재배치되어야 한다.

최초의 상호작용적 영화는 1967년에 상영(?)되었다고 한다. 당시 체코슬로바키아의 예술가 바두츠 신세라Vaduz Činčera는 몬트리올 엑스포에서 〈키노아우토마트Kinoautomat〉라는 실험영화를 상영하였다. 영화는 어려운 결정을 해야 하고 그것을 행동으로 옮겨야만 하는 어느 남자의 이야기를 하는데, 약 10분 정도 영화를 상영한 후 그가 어떠한 결정을 할 때마다 영화는 멈추고 사회자가 등장하여 관객에게 이후 사건의 진행을 문의하는 형식으로 되어 있었다. 문답은 몇 차례 이루어지고 그 결과로 파악된 관객들의 다수 의견에 따라 영화의 흐름이 결정되었다고 한다(〈영상 16〉). 영화관에 입장하여 편한 의자에 앉아 영상을 보고 이야기를 듣는 데 익숙한 관객은 아주 흥미로운 체험을 하였거나 혹은 귀찮다고 생각을 했을 것이다. 이러한 형식의 영화는 게임과 유사하지만 사건의 전개와 결말을 감추어두고 그것을 찾도록 하는 게임과 같은 영화와는 달랐다. 즉 전개와 결말을 관객이 마음먹은 대로 정할 수 있었고 또 숨겨진 진실을 찾아내는 게임을 하는 복합서사 영화의 관객과 달리 어떠한 선택을 하더라도 그것은 별 문제가 되지 않았다. 즉 결과에 정답이 없는 우연적이고 우발적인 영화였다. 이렇게 〈키노아우토마트〉는 관객의 선택이 영화의 내용을 변화시키는 최초의 상호작용적 영화라고 한다.

그런데 수십 년 전에 상영된 이 영화는 물론 디지털 기술이 활용된

〈영상 16〉 바두츠 신세라의 〈키노아우토마트〉

결과는 아니었다. 그 당시의 흥미로운 실험을 최근에 재현하고자 했던 크리스 헤일스*Chris Hales*는 영화의 필름을 복원하는 데 어려움을 겪었다고 한다.26) 신세라가 디지털 영화로 〈키노아우토마트〉를 상영했더라면 지금도 문제없이 이 영화가 상영되었을 것이라고 가정할 수 있는데, 왜냐하면 필름을 사용하지 않고 숫자만이 기록된 디지털 영화는 훼손되지 않기 때문이다. 그런데 〈키노아우토마트〉가 디지털 영화였더라면 복원은 물론이고 좋은 점이 더 있었을 것이 분명하며 신세라가 의도했던 원래의 취지를 더욱 크게 살릴 수 있었을 것이다.

---

26) Chris Hales(2005), "Cinema Interaction: From Kinoautomat to Cause and Effect", *Digital Creativity*, 16(1), pp. 57~58.

즉 디지털 기술이 동원되었더라면 관객들이 더 많은 결정의 기회를 갖게 될 것이고, 그만큼 변화의 가능성도 커졌을 것이다. 최근에 헤일스는 신세라의 예술적 착안에 영감을 받아 여러 가지 상호작용적 영화를 시도했다고 하는데, 그는 관객의 선택을 영화의 서사적 진행에 반영하도록 하였다. 또한 보다 많은 결정의 순간을 관객들은 체험할 수 있었다. 신세라의 구상이 헤일스에 의해 실현되기 위해 영화의 기술장치가 아닌 다른 기술의 도입이 결정적인 역할을 하였고 아울러 사실상 마노비치가 말한 데이터베이스 영화가 복합서사 영화에서처럼 잠재적으로만 작용했던 것이 아니라 여기에서 실제로 실현되었다.

헤일즈는 신세라의 영화에서 영감을 받아 〈원인과 결과*Cause and Effect*〉(2004)를 비롯한 여러 상호작용적 영화를 제작하였는데, 디지털

〈영상 17〉 크리스 헤일즈의 〈원인과 결과〉

기술을 활용하여 더욱 다양한 인터페이스를 이용할 수 있었고 또한 더욱 복잡한 서사의 갈래와 동시에 관객에게 다양한 선택의 기회를 제공하였다고 한다. 이러한 발전에 대해 신세라는 격세지감을 느꼈을 것이다. 그는 디지털 기술로 자신이 구상했던 실험이 더욱 확장될 수 있다고 말하였다고 한다.

상호작용적 영화가 창작된 지 30년이 지난 이후에 바두츠 신세라가 말하기를 1967년 〈키노아우토마트〉는 테크놀로지로 말하자면 마치 상호작용성의 석기시대와 같다고 하였다. 그러나 그것은 최초의 시도였으며 아울러 진보적인 표현 형식이었음에 틀림없으며 그리고 오늘날까지 매우 매력적이고 또 인상적이라고 말하였다. 아울러 최근의 컴퓨터 컴포넌트에 의해 더욱 진보될 수 있다고 하였다. (…중략…) 물론 현재 우리는 빠르게 발전하는 컴퓨터와 커뮤니케이션 테크놀로지의 이점을 활용하였고 그것을 통해 미래에는 더욱 가상적이고 혁신적인 방법으로 포맷을 확장하게 될 것이다.[27]

한편 2005년 데이비드 케이지*David Cage*는 〈파렌하이트*Fahrenheit*〉라는 영화를 제작하였다. 이 영화는 살인사건을 소재로 한 이야기인데 디지털 기술을 이용하여 과거의 상호작용적 영화보다 더 많은 선택의 가능성을 관객에게 제공하였다고 한다. 그리고 순간적인 행위나 대화도 관객의 선택에 의해 이루어졌다. 다만 이 영화는 영화관에서 상영되지 않고 DVD로 출시되었는데, 사실상 감독의 주장에도 불구하고 컴퓨

---

27) *Ibid.*, p. 62.

<영상 18> 〈파렌하이트〉에서 제작자인 데이비드 케이지가 등장하여 상호작용적 영화의 사용 방법을 직접 설명하고 또 "행운을 빈다. [주인공인] 루카스 케인의 인생은 당신에게 달려 있다(Good luck! Lucas Cane's life depends on you)"고 말한다.

터 역할수행 게임*role playing game*과 다를 바가 없었다. 상호작용성(게임에서는 자유도라고 할 것이다)을 풍부하게 도입하기 위해서는 디지털 기술이 필요하고, 또 많은 관객들을 위한 영화관 상영이 아닌 개인적인 수용 방식을 위해 PC를 사용하였다. 상호작용성의 발전은 영화라는 전통적인 서사 플랫폼이 아닌 다른 새로운 플랫폼을 통해서 이루어짐을 알 수 있다. 다시 말해서 이러한 형태의 영화는 영화관의 디스포지티프가 아닌 다른 방식의 수용 상황을 필요로 한다. 관객과의 상호작용을 확대될수록 또 이를 위해 디지털 기술이 보다 많이 적용될수록 영화의 전통적인 디스포지티프는 와해되는 결과를 가져온다.

〈파렌하이트〉의 경우를 생각하면, 심리적인 차원에서라도 관객의 참여를 유발시키고 관객의 위치를 인지시키려는 의도에서 시작된 여러 미학적 실험들이 영화의 전통적 디스포지티프를 벗어나는 결과도

〈영상 19〉 데이비드 케이지의 〈파렌하이트〉

초래할 수 있음을 알 수 있다. 그리고 디지털 기술의 흡수와 아울러 전혀 다른 플랫폼을 활용하면서 관객은 더욱 큰 선택권을 지니게 된다. 이러한 문맥에서 볼터는 디지털 기술을 이용한 영화작가들이 영상과 장면의 질서를 완벽히 통제할 수 없거나 의도적으로 통제하지 않는 형태의 영화에 대하여 언급한다. 즉 컴퓨터 게임의 상황과 비슷하게 작가가 영화 수용이 가능한 공간만을 디자인하는 형태의 '하이퍼필름*hyperfilm*'을 말한다. 관객은 이에 다양한 질서 사이에서 자유롭게 움직일 수 있게 된다. 다시 말해서 "관객은 다양한 질서들에 있는 영화 안에서 움직일 수 있게 된다".28) 여기에서 언급된 질서는 관찰의 단계라고 해석해도 좋을 것이다. 디스포지티프의 변형을 통해 1차 질서로부터 벗어날 수 있는 가능성이 주어지기 때문이다.

---

28) Jay David Bolter(1997), "Digital Media and Cinematic Point of View"(2017.10.05 검색), http://www.heise.de/tp/r4/artikel/6/6105/1.html.

요헨 슈미트*Jochen Schmidt*는 디지털 기술로 인한 영화의 변화를 두 가지로 구분하였는데 그 변화는 '스크린의 뒤에서*behind the screen*' 그리고 '스크린 앞에서*before the screen*' 발생한다고 하였다. 이러한 구분은 의미가 있다. 디지털 기술로 영화의 영상이나 음향이 제작되는데 사실 그렇게 스크린 뒤에서 이루어지는 일들을 우리가 영화를 보면서 알 수는 없기 때문이다. 오히려 기존의 시민적인 영화가 추구했던 근대적 주체의 시점, 미디어 망각성과 몰입, 욕망의 소비와 같은 것들이 더욱 강화되어 나타난다. 앞서 뉴미디어의 집중적 방향이라고 요약했던 부분이기도 하다. 한편 스크린의 앞에서 발생하는 변화는 디스포지티프의 변화를 일으켜 관객들에게는 전혀 다른 영화를 체험하도록 한다. 슈미트는 스크린 앞의 변화로 "보는 영화가 아닌 체험하는 영화가 중심에 서게 되고, 항상 같은 연속적 생산물로부터 개인적인 개별 생산물이 만들어진다"고 하였다.29)

신세라의 실험으로부터 시작된 상호작용적 영화는 이후에 여러 가지 형태로 발전되었지만 언급한 몇 가지 사례를 살펴보면서 지적하고 싶은 점은 다음이다. 첫째로 상호작용적 영화는 앞에서 살펴본 디지털 영화나 복합서사 영화와는 달리 전통적 영화의 수용 방식에 심대한 변화를 가져왔는데, 그 변화로 디스포지티프가 와해되는 결과가 나타났다. 그리하여 관객들은 영화를 보기도 하고 혹은 영화를 만들 수도 있게 되었다. 다시 말해서 관객은 영화를 보는 전통적인 수용 방식, 즉 1차 질서의 상황과 아울러 영화에 참여하는 2차 질서의 상황 모두

---

29) Jochen Schmidt(2006), "Die Leinwand als Ereignisfenster: Expanded Cinema in der digitalisierten Kinowelt", *FKT-die Fachzeitschrift fur Fernsehen Film und elektronische Medien*, 60(5), pp. 279~284.

를 인지할 수 있다. 그리고 관객들의 흥미는 두 가지 질서의 사이를 오갈 수 있는 가능성에서 비롯된 것으로, 다시 말해서 두 가지 상태의 경계를 경험한다는 점이 관객에게 의미 있다.

두 번째는 테크놀로지의 문제이다. 신세라의 영화에서도 알 수 있듯이 디지털 기술이 영화의 질서를 변형시켜 수용자를 수행자로 만들어주는 뉴미디어 영화를 직접적으로 의미한다고 보기 어렵다. 다만 디지털 기술이 도입되면, 다시 말해서 입자성이 강해지고 처리속도가 빨라질수록 콘텐츠는 관객의 결정에 따라 간단하게 변형될 수 있으며 또한 분산과 수행의 가능성은 더욱 커진다. 화학적 반응을 일으키는 필름보다, 다시 말해서 강한 점성의 특징을 지닌 물리적 환경보다 입자성을 띤 디지털 콘텐츠를 활용하면 그만큼 2차 질서로 넘어설 수 있는 폭넓은 가능성이 관객에게 제공된다.

3) 디지털 확장영화: 수행의 포착

진 영블러드*Gene Youngblood*는 일찍이 1970년대에 확장영화*Expanded Cinema* 개념을 제안하며 영화의 배치구조를 실험하는 영화를 구상하였다.[30] 그리고 1990년대에 영블러드의 착안을 이어받아 제프리 쇼*Jeffrey Shaw*와 페터 바이벨*Peter Weibel*은 디지털 확장영화라는 개념을 제시하였다. 이러한 사례는 서사와 같은 영화의 내용에 대한 일방향적 전달을 포기하고 오히려 그러한 작용의 조건이 되는 영화적 배치구조를 가시화하는 시도이다. 그리하여 영화를 보는 이들은 영화의

---

30) Gene Youngblood(1970), *Expanded Cinema*, New York: Dutton.

관객이 아니라 갤러리에서 설치*installation* 예술작품을 감상하는 사람 같이 되어서 전혀 새로운 관점에서 영화를 볼 수 있었다. 이에 전통적 수용 상황과는 다른 새로운 영화 환경이 마련되었고 또한 관객은 환영적인 몰입이나 피동적인 감상을 하지 않고 비판적인 사유나 또는 적극적인 수행을 하게 되었다.

확장영화 개념이 나타난 배경은 1960년대 혹은 1970년대 미디어 아트를 창작했던 백남준을 비롯한 여러 전위예술가들의 실험예술과도 관련이 깊다. 역사적으로 보면 확장영화나 디지털 확장영화는 영화가 아닌 미디어 아트의 한 장르, 혹은 그것이 발전한 결과라고 생각되는데, 그러한 새로운 예술형식이 영화와 관련을 맺게 된 계기는 몰입되었을 때에 인지할 수 없었던 영화의 기본적인 환경에 대해 성찰하려는 의도에 있었다.

〈영상 20〉 백남준 〈영화를 위한 선〉. 2012년 백남준 아트센터(Paik Art Center)

미디어 아트 초창기 작품인 백남준의 〈영화를 위한 선Zen for Film〉 (1964)은 디지털 기술이 활용되지는 않았지만 확장영화의 기본적인 구상을 단적으로 보여준다. 앞에서 언급했던 존 케이지의 소리 없는 음악처럼 백남준의 영화는 내용을 삭제하였다. 그리하여 영화는 어떠한 내용도 없었으며 관객들은 영사기에 의해 영사되는 상황만을 볼 수 있도록 하였다. 그 결과 오히려 영화의 내용을 뒷받침해주는 기술적 토대들이 자연스럽게 가시화되며, 오히려 그것이 작품으로 표현된 형식으로 변화하였다. 이러한 시도에서 미디어와 형식이 서로 우연적인 관련성을 지니고 있음을 밝히려 했고, 동시에 그러한 우연적 선택을 엇갈리게 하여 미디어를 성찰하려고 하였다.

이후에 이 영화 아닌 영화는 디지털 기술과 같은 다양한 양식을 활용한 아티스트들에게 더욱 섬세하고 적극적으로 표현되었는데 그 결과들 가운데 하나가 디지털 확장영화이다. 〈영화를 위한 선〉과 같이 내용을 제거하는 방식으로 영화의 환경을 형식화하는 방식 이외에 다중 스크린multiple screen을 활용하거나 영화의 시간적인 흐름을 조정하는 방식, 혹은 영화의 공간을 재배열하는 방식 등 실로 다양한 시도를 통하여 영화의 미디어 영역을 조명하고 그것을 성찰하였다. 물론 같은 맥락에서 보면 뉴미디어 아트의 유형들 가운데, 디지털 확장영화라는 개념 외에도 다양한 용어들이 있다. 예를 들어 레이몽 벨루르 Raymond Bellour는 '다른 영화other cinema'31)라고 개념을 에리카 발솜Erika Balsom은 '전시 영화exhibiting cinema'32)라는 개념을 각각 사용하였다.

---

31) Raymond Bellour(2003), "Of an Other Cinema", Sara Arrhenius and Magdalena Malm and Christiana Ricupero(eds.), *Black Box Illuminated*, Stockholm: Propexus, pp. 39~62.
32) Erika Balsom(2013), *Exhibiting Cinema in Contemporary Art*, Amsterdam: Amsterdam

미디어 아트 이후로 관련된 실험예술 및 설치미술의 개념과 유형에 대해서는 필자도 잘 모르고 여기서 다룰 필요는 없는 듯하다.[33] 다만 중요한 것은 이러한 사례들은 어떠한 관점에서 영화가 뉴미디어로 간주될 수 있는지를 잘 알려주며 그것을 예술로 구현된 하나의 이상적인 모델처럼 생각할 수 있다는 점이다. 루만의 말처럼 이 예술작품들은 단순히 미디어가 형식화되었을 뿐만 아니라 미디어와 형식의 차이 그 자체가 미디어로 작용하며 또 형식화된 결과이다. 다시 말해서 상호작용적 영화의 경우처럼 관객이 새로운 상황을 체험하는 것에서 나아가 그러한 체험을 또 다시 관찰할 수 있도록 어떠한 예술적 형상화가 이루어졌다.

앞에서 논의한 신세라의 상호작용적 영화는 디스포지티프가 와해되지 않고 기존 영화상영의 기술적, 환경적 구조의 조건을 유지하면서 관객의 참여를 제공하였다. 그런데 디지털 확장영화는 이미 존재하였던 배치를 가시화시키는 데 그치지 않고 그것을 변형시켜서 관객의 인지와 수행을 적극적으로 표현하고 그것에 형식을 부여한다. 보통 영화는 미학적으로는 환영주의를 도입하고 그리고 영화관의 시설을 표준화하여 제도로 발전하였다. 그런데 디지털 확장영화는 이러한 제도적인 표준을 의도적으로 벗어난다. 그리하여 체험의 상황 그 자체가 주제로 간주될 수 있을 만큼 작품에서 부각되어 있다. 그리하여 미디어 성찰의 목표 하에서 서사와 같은 내용의 전달을 목적으로 하였던 영화의 특성은 사라지고 오히려 그러한 목적의 조건이 되는

University Press.

33) 미디어 아트 개념의 발전과 역사는 다음의 문헌에서 잘 정리되었다. Katja Kwastek (2013), *Aesthetics of Interaction in Digital Art*, Cambridge: MIT Press, pp. 1~42.

제4장 뉴미디어 영화 271

요인들이 형상화된다.

따라서 디지털 확장영화는 단순히 주류 영화에 디지털 기술이 접목되어 나타난 영화를 일컫는 용어가 아니다. 바이벨에 따르면 디지털 확장영화는 아방가르드 예술의 전통 하에 있으며, 할리우드 고전 영화에 대안적이며 또한 새로운 형식을 실험하는 영화의 일종이라고 한다. 할리우드 고전 영화의 미학은 관객의 시각적 욕망을 효과적으로 충족시키는 명확한 목적을 지니고 있었다. 주류 영화로 알려진 할리우드 영화가 서사를 콘텐츠로 하였다는 것은 분명한 사실이지만, 그러한 서사 콘텐츠가 미학적으로 완성되기 위하여 관객들의 시각적 욕망이 충족되는 조건이 전제되어야 했다. 예를 들어 메리 앤 도앤*Mary Ann Doane*은 영화의 편집이 이야기를 서술하기 위하여 구사되었지만, 아울러 어떠한 대상을 관객이 시각적으로 바라보고 아울러 그것을 점유하려는 욕망과 관련이 있다고 하였다.[34] 한편 1970년대 보드리 *Jean-Louis Baudry*는 이러한 시각적 욕망의 충족이 발생하는 근본적인 원인은 영화의 내용에 있다기보다는 기초적 기계장치*basic apparatus*에 있으며, 게다가 그 기계장치들이 의식되지 않은 역설적 상황으로 배치될 때 실현된다고 하였다.[35] 그것은 기계장치 이론의 근본적인 내용이기도 하다. 이 이론이 지적한 바와 같이, 주류 영화의 미학은 기계

---

34) 도앤은 영화에서 의미를 전달하거나 서사를 진행하기 위하여 쇼트의 스케일이 계속해서 변화하기도 하지만 그러한 변화는 특히 롱 쇼트를 통하여 대상을 관찰하려는 관객의 시각적 점유욕구와 관련이 있다고 주장하였다. Mary Ann Doane(2007), "Scale and the Negotiation of Real and Unreal Space in the Cinema", *NTC Studies in Language and Literature*, 20, pp. 1~38.
35) 영화의 기초적 기계장치론에 관한 많은 문헌이 있지만 이에 대한 최초의 언급은 다음의 글에서 이뤄졌다. Jean-Louis Baudry(1970), "Effets Idéologiques Produits par L'appareil de Base", *Cinéthique*, 7/8, pp. 1~8.

장치와도 관련이 있는데, 바이벨은 이러한 장치들의 변화를 통하여 시각적 욕망의 충족을 포기하고 새로운 실험을 하는 시도들도 항상 있었다고 설명한다. 바이벨에 따르면 "카메라에서 영사기로 이루어지는 영화의 기술장치는 분해되고 재조합되며 또한 증대되어 전혀 새로운 방식으로 활용되었다".36) 그렇기 때문에 영화의 실험을 수행하는 일은 배치의 구조를 변화시킨다거나, 혹은 새로운 기술을 도입하는 작업으로 이루어진다.

그런데 이 맥락에서 디지털의 문제를 어떻게 생각해야 하나? 70년대 확장영화에 관한 논의가 시작될 때부터 이미 컴퓨터와 같은 새로운 기술의 도입이 미학적 실험을 실현시키는 데 큰 도움이 될 것이라고 하였다. 마이클 놀A. Michael Noll은 컴퓨터가 빠르기 때문에 명령을 잘 수행하는 장치이기도 하지만 또 반대로 어떠한 의미에서 창의적인 장치일 수도 있다고 하였다. 이에 대해 영블러드가 인용했던 놀을 다시 인용하면 다음과 같다.

틀림없이 컴퓨터는 수행되도록 명확하게 지정된 작동만을 수행할 수 있는 전자 장치이다. 그 때문에 컴퓨터는 강력한 도구이지만 어떠한 창의성에는 취약한 도구로 묘사된다. 그러나 창의성을 관행적이거나 예상하지 못한 것을 생산하는 방법으로 제한하여 생각한다면 그와 달리 컴퓨터는 창의적인 미디어로 표현할 수 있다. 즉 예술가의 능동적이고 창의적인 협력자로 말이다. (…중략…) 컴퓨터의 빠른 속도와 오류 없는 작동 그리고 프로

---

36) Peter Weibel(2003), "Expanded Cinema, Video and Virtual Environments", Jeffrey Shaw and Peter Weibel(eds.), *Future Cinema: The Cinematic Imaginary after Film*, Karlsruhe/Massachusetts: MIT Press, p. 111.

그램의 상황 파악과 그것에 이어지는 변형의 역량, 이러한 특성들 때문에 우리에게 컴퓨터는 예기치 못한 행위를 하는 것처럼 보인다. 이러한 의미에서 컴퓨터는 예술가의 창의적인 추구의 일부분을 적극적으로 담당한다.37)

바이벨이 디지털 확장영화라고 이름붙이는 여러 영화들을 창작한 예술가들은 '예기치 못한' 효과를 위해 비디오를 도입하였고, 새로운 디지털 기술을 도입하였다. 그리하여 1990년대에는 디지털 기술이 도입된 확장영화가 만들어지기 시작하였는데, 또한 여러 예술가들의 작품에서 상호작용적인 컴퓨터 설치*interactive computer installation* 영화가 창작되기도 하였다. 그리고 이렇게 디지털 기술이 도입된 확장영화는 기존의 확장영화와는 다른 면모를 지니게 되었다. 관객의 참여가 증대되고 그들의 수행이 더욱 부각되었다는 점이 달랐다. 물론 백남준의 비디오 아트에서도 종종 나타나는 폐쇄 회로 설치*closed circuit installation*에서도 관람객의 참여로 작품이 이루어진다. 이러한 형식으로도 전통적인 영화의 미학이 변형되는 결과를 가져온다. 그러나 디지털 확장영화에서 서사는 보다 확대된 다중성, 즉 '다중형식 플롯*multiform plot*'을 지니게 되는데, 그것은 '리좀적 커뮤니케이션 구조*rhizomatic communication structure*'로 이루어져 있다. 리좀이란 하나의 지점이 또 다른 하나의 지점과 연결될 수 있는 단순한 가능성을 말하는 것이 아니라 여러 지점이 여러 지점과 연결될 수 있는 네트워크를 말한다. 아울러 제프리 쇼가 말하는 디지털 확장영화의 매우 다양하지

---

37) A. Michael Noll(1967), "The Digital Computer as a Creative Medium", *IEEE Spectrum*, 4(10), p. 91; Gene Youngblood(1970), *Op. cit.*, p. 192 재인용.

만 공통된 특징은 이렇게 영화를 관람하는 관객 혹은 사용자의 역할에서 나타난다.

[디지털 확장영화에서] 가상 환경의 기술은 몰입적인 서사 공간인 영화를 말하지만, 실제로 상호작용적 관람자는 그가 카메라맨이고 또한 편집자의 역할을 한다는 것을 전제한다. 그리고 비디오 게임이나 인터넷 기술은 확산된 가상 환경의 영화를 말하는데 그것은 사회적 공간이라서 그곳의 사람은 서사적 탈구*dis-location*의 세트에서 주인공이 된다.38)

디지털 확장영화는 그 기본적인 실험의 취지를 생각해볼 때, 아방가르드 영화로까지 그 역사를 거슬러 올라갈 수 있지만, 바이벨과 쇼가 강조하는 것은 디지털 기술로 성취되는 이 새로운 다중적 혹은 리좀적 환경이다. 따라서 그들이 말하는 디지털 기술의 역할은 데이터베이스이다. 앞에서 복합서사 영화를 영화관이나 텔레비전으로 보지 않고 DVD나 파일을 통해 PC로 본다면 그 사정이 달라진다고 하였다. 이제 합법적으로도 영화파일을 다운로드 받을 수 있으며 OTT를 통해 영화를 새로운 플랫폼에서 관람할 수 있는 방법이 혁신적으로 개선되었다. 그래서 복합서사 영화가 새롭게 수용될 가능성은 이제 일상화되었다. 그리고 헤일스가 디지털 기술을 활용하여 신세라의 고전적 상호작용적 영화를 발전시킨 것도 생각해볼 수 있다. 신세라는 자신의 구상을 실현하기에 기술이 받쳐주지 못하였다고 말한 바 있다. 두

---

38) Jeffrey Shaw(2003), "Movie after Film: The Digitally expanded Cinema", Martin Rieser and Andreas Zapp(eds.), *New Screen Media: Screen/Art/Narrative*, London: BFI Publishing. p. 268.

가지 경우에서 디지털 기술은 데이터베이스를 확장시키고 관객들에게 임의의 진입과 진출 가능성을 제공해준다. 복합서사 영화를 영화관에서 보지 않고 DVD나 혹은 OTT로 관람하는 경우, 그리고 신세라의 상호작용적 영화를 발전시킨 헤일스의 경우에서 달라진 점은 디지털 기술이 투입되었다는 점이다. 그리고 그 결과를 요약하자면 데이터베이스의 확장, 그리고 플랫폼, 즉 디스포지티프의 변화라고 할 수 있다. 데이터베이스의 확장은 연결 가능성을 확장시키며 그러한 연결을 직접 수행할 수 있는 공간은 디스포지티프의 변화로부터 확보된다. 데이터베이스가 마련되었다고 하더라도 그것을 활용할 수 있는 환경이 마련되지 않으면 의미가 없는 것처럼 두 가지 변화의 요소들은 서로 연관되어 있다.

디지털 확장영화의 컨셉으로 제작된 작품은 여러 종류가 있지만 제프리 쇼의 두 작품만 간략히 살펴보고자 한다. 이 두 작품은 디지털 기술을 활용한 뉴미디어 그 자체이기도 하지만 일반적인 뉴미디어의 모델이라고 생각된다. 실제적으로 활용되는 경우라기보다는 그러한 활용의 가능성을 명료하게 보여주기 때문이다. 제프리 쇼의 1988년 작인 〈도시읽기**Legible City**〉는 관객으로 하여금 자전거에 올라타 스크린에 펼쳐진 세계를 자유롭게 산책하도록 구성되어 있다. 이 작품은 여러 가지 버전이 있다고 하는데, 각각의 버전마다 다른 소재와 다른 장소를 여행하는 새로운 체험을 관람객들에게 제공한다. 관람객으로 하여금 어떠한 장소에 가 본 것과 같은 착각을 하도록 만드는 것이 중요하지 않고 반대로 "가상 도시의 이야기를 읽는 과정에서 관객에게 선택의 여지"가 주어지며 아울러 "가상/실재의 이분법적 구도를 새로이 해석"할 수 있도록 하는 점이 중요하다.[39] 결국 〈도시읽기〉의

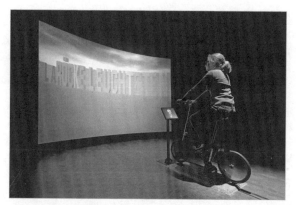

〈영상 21〉 제프리 쇼의 〈도시읽기〉

가상과 실재의 경계가 허물어짐으로 말미암아 스크린에 집중하는 관객과 그 관객의 행위가 동시에 관찰될 수 있다. 그것은 스크린과 자전거 모두를 설치한 결과이다. 그리하여 관객의 행위가 존재하는 2차 질서를 '전시'하여 하나의 질서로만 치우치지 않도록 하고 경계는 무너지며 새로운 질서로 진입하는 활발한 움직임이 표현된다.

제프리 쇼는 〈도시읽기〉의 모티브와 관련된 여러 작품을 설치하고 전시한 바 있는데, 예를 들어 〈T-비져너리엄*T-Visionarium*〉에서는 그 모티브를 더욱 확대하여 제시한다. 관람객을 중심으로 많은 스크린을 설치하여 〈도시읽기〉보다 더욱 다양한 비디오 클립을 선택하고 관람할 수 있도록 하였다. 이 작품은 여러 버전이 있지만 어떤 사례에서 "데이터 설정은 일주일의 기간 동안 캡처된 약 28시간의 분량의 유럽 방송과 호주 방송을 통해 이루어졌고, 대략 20,000개 이상으로 데이터

---

39) 오은경(2008), 『뉴미디어 시대의 예술: 예술은 미디어를 어떻게 이해했는가?』, 연세대학교 출판부, 91~92쪽. 쇼의 작품 제목은 오은경의 번역에 따라 〈도시읽기〉로 표기하였다.

〈영상 22〉 호주의 국립실험예술관(National Institute for Experimental Arts)에 설치된 제프리 쇼의
〈T-비져너리엄 II〉(2008~2010)

베이스화한 비디오 클립으로 구성되었다"고 한다.[40] 디지털 확장영
화는 디지털 데이터베이스를 통해 관객에게 제공되는 선택의 폭을 더
욱 확대하고 있다. 그러한 선택 가능성의 확대를 통해 변화되는 질서
의 유동성이 극대화되고 있음을 더욱 강조하여 표현하고 있다. 질서
의 탄력적인 움직임과 아울러 관람객의 수행은 점성이 약한 미디어,
즉 디지털 기술이 활용되며 더욱 확장되었다.

---

40) 이은하·박상천(2011), 「맥루한의 모자이크 사고방식과 사례연구: 'T_Visionarium'과
'Cultural Analytics' 분석을 중심으로」, 『디지털디자인학연구』 11(2), 176쪽. 작품에 관한
아티스트들의 설명은 다음을 참조하였다. Dennis Del Favero et al.(2005), "'T_Visionarium':
The Aesthetic Transcription of Television Databases", Urusla Frohne and Mona Schieren(eds.),
Present, Continuous, Past, New York: Springer, pp. 132~141.

3. 몰입에서 분산으로, 수용에서 수행으로

1) 뉴미디어 영화의 조건

디지털 영화란 영화의 제작과 배급, 그리고 상영과 같은 영화산업의 각 단계에 디지털 기술이 투입되어 나타나는 영화를 말한다. 최근에는 프리프로덕션*preproduction*의 단계에도 디지털 환경이 관여되는 경우가 나타나는데, 크라우드 펀딩*crowd funding*과 같이 네트워크 환경을 이용하여 영화제작에 필요한 자본이 확보되는 현상이 그 예이다.41) 크라우드 펀딩도 디지털 영화의 한 단면이라고 볼 수 있다. 이렇게 다양한 영화산업의 단계에 새로운 기술적 환경이 많게는 모든 과정에서, 혹은 대부분의 과정에서 활용되는 경우를 보통 디지털 영화라고 한다. 물론 한 가지의 단계에서만 디지털 기술이 활용된다면, 예를 들어 전통적 방식인 필름으로 촬영하고 디지털 편집 프로그램을 이용하여 편집만 하였을 때 그것을 디지털 영화라고 단정할 수 있을지 의문스럽다. 디지털 편집은 이제 보편화되어 그것이 특별하게 변화된 결과라고 하기에 어렵다. 어떠한 영화를 디지털 영화로 간주하려면 혹은 디지털 기술의 특정성이 발휘된 영화로 보려면 몇 가지 단계에 디지털 기술이 관여되어야 하는가? 하지만 그것은 중요한 문제가 아니라고 생각한다. 디지털 기술이 도입되어 영화의 제작과 수용에 어떠한 효율성이 부여되었는지의 문제보다는 그것으로 영화의 미

---

41) 진승현(2013), 「크라우드 펀딩과 영화영상미디어 콘텐츠 제작과의 관계분석을 통한 성공적인 펀딩 연구」, 『한국콘텐츠학회논문지』 13(12), 81~91쪽.

학이 어떻게 변화하였는지, 혹은 영화제작의 구조가 어떻게 변화하였는지에 관한 문제, 다시 말해서 보다 근본적인 변화에 대해 고려하는 것이 더 중요하다. 또 그것이 뉴미디어 영화를 판단할 수 있는 근거가 된다.

이 글이 처음부터 뉴미디어의 개념정의에 몰두하면서 새로움에 대해, 그리고 미디어의 의미와 연관된 뉴미디어 개념에 대해 이론적으로 고찰해보았는데, 바로 그러한 의미가 디지털 영화의 경우에는 어떻게 이해될 수 있는지 살펴보려고 한다. 앞에서 양적인 확대보다는 질적인 변화, 혹은 체계의 폐쇄적 작용보다는 체계의 지속적인 개방성의 관점에서 뉴미디어 개념 구성을 한 바 있다. 그렇다면 뉴미디어로서 디지털 영화를 생각해볼 때, 어느 단계에서 혹은 얼마나 많은 정도로 디지털 기술이 활용되었는가 보다 지엽적인 부분에서 활용되었다고 하더라도 그것이 질적 변화나 체계의 개방성을 유발시켰는가의 문제에 더 큰 관심을 기울일 필요가 있다. 아울러 테크놀로지의 역사적인 측면을 고려하였을 때, 디지털 영화가 디지털 기술의 본질적인 특성을 충분히 흡수하였고 그것을 활용하였는가의 문제가 고려되어야 할 것이다. 왜냐하면 디지털 기술로 인한 영화의 변화된 모습에 관한 현상을 경험적으로 파악하려는 시도가 아니라 이론적으로 구성된 뉴미디어 개념을 디지털 영화에 적용하는 것이 이 글의 목적이기 때문이다. 즉 디지털 영화를 뉴미디어로 간주하려면 어떠한 조건들이 충족되어야 하는 문제를 고찰하려는 의도를 갖고 있기 때문이다.

디지털 기술의 본질적 특성에 의한 질적인 변화를 관점으로 하여 디지털 영화의 두 가지 발전방향에서 어느 한 쪽을 선택할 수 있을 것이다. 다시 말해서 어느 방향의 수용자의 입장에서 집중을 유발시키는가 혹은 분산을 유발시키는가에 대해 답할 수 있을 것이다. 또 라투르의 표현을 빌리자면, 인프라*infra*의 방향인지, 혹은 메타*meta*의 방향인지를 고려해볼 수 있으며, 이는 체계의 내부적 작용인지, 혹은 외부적 작용인지 판단할 수 있을 것이다. 앞서 분류하여 본 세 가지의 영화의 유형들은 대체로 후자에 속한다. 블록버스터 영화에서 스펙터 클 영상을 구현하기 위해 디지털 기술이 활용된 사례는 집중의 방향 이 가속화된 결과로 생각된다. 왜냐하면 전통적 영화의 디스포지티프 가 유지되고 있으며 오히려 몰입의 효과가 더욱 강하게 나타나기 때 문이다. 집중의 상태에서 영화는 (구조적인) 서사가 될 수 있고 텍스트 가 될 수 있다. 따라서 사실상 영화가 제도적인 틀을 갖추었을 때 채택 되었던 미학이 계속 유지되며 제작구조도 변함이 없다.

2장의 3절에서 루만의 미디어론에 대해 논하면서 매스미디어에 대 해서 알아보았다. 영화는 매스미디어의 일종으로서 그러한 설명에 부 합한다. 초기 영화의 시대가 지나고 영화는 매스미디어로 발전하게 되었는데, 이러한 발전의 이면에는 영화가 일종의 커뮤니케이션 체계 로서 기능할 수 있도록 하는 기술장치의 활용이 있었다. 그리고 그 활용의 결과로 소위 말하는 2차 현실이 제한되었다.[42] 이로써 영화는 폐쇄적 체계로 작용할 수 있었다. 그런데 이러한 발전의 방향은 디지 털 기술이 도입되어 더욱 진일보하는 계기가 마련되었다. 더욱 폐쇄 적이면서도 뜨거운 미디어가 될 수 있었기 때문이었다. 그러나 그것 이 새롭다고 말하기에는 어려우며 게다가 '지속적인 새로움'이 발휘

---

[42] Thomas Elsaesser(2002), "Wie der frühe Film zum Erzählkino wurde: Vom kollektiven Publikum zum individuellen Zuschauer", *Filmgeschichte und frühes Kino: Archäologie eines Medienwandels*, München: Text+Kritik, pp. 69~93.

되었다고 보기 어렵다. 초기 영화의 원시적인 형태를 벗어나도록 했던 기술과 디지털 영화를 성립시켰던 기술이 작동원리에서는 서로 달랐지만 결과적으로 효과는 비슷했기 때문이다.

한편 꼭 그렇지 않을 수도 있지만, 컴퓨터 그래픽으로 잘 꾸며진 영화를 보면서 관객은 오히려 그것이 어떻게 만들어졌을까 하는 '다의적'인 생각을 할 수도 있을 것이다. 4장 1절에서 논의된 다의성, 혹은 모호성을 말한다. 이렇게 미미하나마 블록버스터 영화의 영상에서도 이미 나타나는 예외적인 현상들로부터 영화에 디지털 기술이 도입된 결과가 반드시 집중의 방향만으로 수렴된다고 볼 수는 없다. 다시 말해서 몰입보다는 분산을 관객에게 유도하여 영화를 서사나 텍스트가 아닌 미디어나 뉴미디어로 이해되도록 할 수도 있다. 이 점을 달리가 지적하였다. 그는 디지털 영상의 매끄러움과 흠결 없는 특성, 즉 하이퍼리얼리즘의 특성은 수용자로 하여금 모호하다는 느낌을 들도록 한다고 설명하였다. 그러나 이러한 모호성은 수용자들이 심리적으로 느끼는 효과이며 예외적인 경우라고 할 수 있다. 하이퍼리얼리즘 회화 작품을 갤러리에서 감상하는 자의 수용환경 및 태도가 영화관에서 블록버스터 영화를 즐기는 관객의 그것이 같다고 보기 어렵기 때문이다. 만약 분산적인 효과가 주목적이었다면 보다 다른 방식의 조치들을 생각해볼 수 있는데, 그러한 취지와 관계된 영화를 앞 장에서 살펴보았다. 정도의 차이는 있지만 진보적이라고 할 수 있는 디지털 영화를 세 가지 유형, 즉 복합서사 영화, 상호작용적 영화, 디지털 확장영화로 나누어 살펴보았다. 이러한 사례들에서 디지털 기술은 영화를 폐쇄적인 방향과는 상이한 방향으로 발전시킴을 알 수 있다.

뉴미디어는 수용이나 인지를 위한 제한적이며 확정된 구조로부터 벗어나는 상태에서 발생한다. 정해진 디스포지티프 내부에서 새로운 것이 발생하기 어렵다. 그것은 체계 이론의 관점에서 보자면 폐쇄적 체계 작동을 의미한다. 그리고 인터미디어로서 확장될 가능성이 미약하다. 그러나 그와는 상반되는 움직임도 있었으며, 그럴 때마다 새로운 기술이 활용되었고 그 기술장치들은 재배치되었다. 1960년대에도 이미 뉴미디어로서 확장영화는 폐쇄적 구조를 분산시키는 실험을 하였다. 디지털 기술의 보완을 통해 그 실험은 지속되었으며 이에 "환영적인 공간의 틀은 해체되고 관람의 체험이 필요로 하는, 일반적인 경계를 넘어서게 하는 급진적인 시도"가 이루어진 바 있다. 제프리 쇼의 말을 빌자면 그것은 틀의 해체*destruction of framework*, 혹은 질서의 개방이 관객으로 하여금 인지의 경계를 넘어서도록 하는*transgressive* 체험이다.43) 1967년에는 신세라에 의해 최초의 상호작용적 영화가 상영되어 관객의 행위를 유발시키는 실험이 이루어진 바 있으며, 그 실험은 컴퓨터 게임으로 발전하게 되어 〈파렌하이트〉와 같은 작품, 혹은 게임이 창작되었다. 1990년대 이후 나타나는 복합서사 영화에서도 서사는 완결되지 않고 데이터베이스처럼 되어 관객의 참여를 발생시켰다. 복합서사 영화는 예술적 실험이라고 보기 어려우며 디지털 기술이 본격적으로 활용되지도 않았지만, 그것은 확장영화와 같은 진보적 예술이 디지털 기술과 함께 점차 문화적인 주류로 변모하고 있다는 사실에 대한 징후로 여겨진다.

---

43) Jeffrey Shaw(2003), *Op. cit.*, p. 269.

2) 디스포지티프: 배치와 재배치

전통적 영화의 디스포지티프가 유지되는 집중형 디지털 영화와 그 것이 파기되는 분산형 디지털 영화는 어떠한 차이가 있는가? 우선 가장 두드러진 차이점은 관객의 역할이다. 관객은 피동적인 관찰자의 입장에서 벗어나 스스로 영화의 완성에 참여하거나 서사적 진행에 기여한다. 그리고 디지털 확장영화의 경우에 그러한 특성은 더욱 확대 되는데, 왜냐하면 영화의 완성이 없는 만큼 참여의 여지가 크기 때문이다. 그렇게 관람의 요인이 사라지면서 관객은 관찰자에서 행위자로 그 입장이 바뀌게 된다. 영화의 텍스트는 여러 가지 다양한 가능성만을 지니게 되고 그것들 가운데 어느 하나가 확실한 영화이거나 또 그 것이 우세한 진행이라고 가정할 수는 없다. 따라서 진행된 이후보다 그 이전에 문턱*threshold*이나 선택의 갈림길과 같은 상황에 더 큰 의미가 부여되는데, 이것은 우연적인 상황이다. 우연성은 분산지향적인 디지털 영화를 다른 유형과 구분하도록 해주는 중요한 요인이다.

뉴미디어로서 디지털 영화에 나타나는 특성은 비단 상호작용적 영화나 디지털 확장영화에서만 나타나는 것은 아니다. 이러한 사례는 분산이나 우연성, 수행성과 같은 뉴미디어 영화의 특성을 매우 강조하여 표현의 주제로 부각시킨 예술적 실험이다. 사실 최근에도 1967 년 몬트리올 엑스포에서 상영되었던 〈키노아우토마트〉와 같은 영화를 일상생활에서 쉽게 '체험'한다. 그간 영화의 수용 방식이 매우 다양해지고 특별하다고 느껴졌던 방식이 일상화되었기 때문이다. 영화는 영화관을 떠나, 책상의 컴퓨터 앞에서, 심지어 내 손에 쥐어진 스마트폰으로도 볼 수 있게 되었다. 영화를 다운로드받아서 보는 일도 자주 있으며 이제는 그것도 귀찮아서 유튜브와 같은 웹사이트에서 스트리밍되는 영화도 본다. 이렇게 다양한 플랫폼을 가능케 해준 것은 디지털 기술이다. 디지털 원리가 네트워크 환경과 같은 방식으로 더 심화될수록 플랫폼은 다양해지고 이동성이 커진다.

프란세스코 카세티*Francesco Casetti*는 이렇게 디지털 미디어에 의해 영화의 수용공간이 변화하고 확대되는 현상을 재배치*relocation*라고 하였다.[44] 재배치의 효과에 대해 카세티는 두 가지 입장이 공존할 것이라고 하였다. 다시 말해서 재배치로 인해 새로운 수용 방식이 나타나기도 하지만 또 다른 한편으로 과거의 그것이 유지될 것이라고 하였다. 카세티가 전통적 방식이 유지될 것이라고 생각하는 근거는 영화를 보는 관객들의 과거에 대한 기억이다. 즉 아무리 재배치에 의해 분산된 상태에서 영화를 관람하더라도 그들이 지니고 있는 전통적 영화에 대한 기억과 관람 습관이 영화에 몰입하도록 만들 것이라고 보는 견해를 말한다. 그래서 영화의 소멸이나 영화사의 단절을 단언할 수 없다고 한다. 그러나 재배치로 인해 나타나는 또 다른 흥미로운 가능성에 대해 다음과 같이 설명하였다.

재배치에 대한 생각은 볼터와 그루신이 말한 재매개의 범위를 뛰어 넘는다. (…중략…) 재매개에서 중요한 점은 장치의 존재이며 그것을 재배열할 수 있는 가능성이다. 그와 달리 재배치는 다른 관점과 연관되어 있고 내가 보기에 그것이 더욱 중요하다. 재배치는 경험의 역할을 강조한다. (…중략…) 이로써 새로운 유형의 스크린과 직면하게 되는데, 디지털 텔레비

---

44) Francesco Casetti(2012), "The Relocation of Cinema", *NECSUS*, 1(2), pp. 5~34.

전, 컴퓨터/타블렛. 스마트폰 디스플레이, 미디어 벽면 스크린이 그것이다. 이 스크린들은 전통적인 영화 스크린의 시각적 조건과는 다른 조건을 제공한다. 예를 들어 스마트폰의 스크린은 주변 환경과의 어떠한 감각적인 단절을 유발시키지 않는다. 그리하여 스크린에서 볼 수 있는 것에 대해 쉽게 집중하지 않게 된다. (…중략…) 컴퓨터와 스마트폰 디스플레이의 표면에 아이콘은 현실의 묘사보다 사용설명으로 작용한다. 대다수의 스크린은 생산물의 과잉을 일으키며, 합성의 효과를 창출하는데, 그것으로 영화의 본질적 특성을 명확하게 분리해내기가 어려워진다. 이러한 시각적 인지의 방식은 바로 그러한 인지의 흔적을 유발시킨다. 관객은 멀티태스크의 형식을 활성화시키게 되며, 그것은 하나 이상의 콘텐츠를 동시에 파악하도록 유도한다. 그들은 복합적인 전체를 포착하기 위해 디테일을 건너뛰게 된다. (…중략…) 이러한 경우에 관객들은 영화를 넘어선 영화의 체험을 하게 된다.45)

재매개와 재배치를 대조시키는 카세티의 입장은 명확하다. 재매개는 미디어에 의한 몰입을 더욱 강화시키는 기술의 활용인 데 반해 재배치는 몰입보다는 분산과 체험을 유발시킨다. 왜냐하면 스마트폰과 같은 디지털 기기들은 콘텐츠와 환경 사이의 단절을 일으키는 장치가 아니며 오히려 일상적인 활동과 영화를 감상하는 활동을 혼합시키도록 하는 기술장치이기 때문이다. 즉 그것은 하나의 일에 집중하도록 하는 장치가 아니라 여러 가지 일로, 즉 멀티태스크로 분산시키는 장치이다. 영화의 재배치가 현재 대중적이고 문화적인 미디어 활용에서

---

45) *Ibid.*, pp. 16~17.

나타나지만 사실 오래 전부터 예술로서 실험된 바 있다. 앞서 살펴본 상호작용적 영화나 확장영화와 같은 사례가 이에 해당된다. 상호작용적 영화의 출현으로 인해 영화의 성립을 위해 필수적 조건이었던 전통적 수용 방식, 간단히 말하여 역설적 디스포지티프*paradox dispositif*가 관객의 눈앞에 나타났고 또한 관객의 행위에 의해 와해되기 시작하였다. 카세티가 말하는 재배치는 확장영화에서 이미 예고되었다.

재배치나 영화의 실험에 대한 논의를 하면서 디스포지티프라는 말이 계속해서 언급되는데, 다음에서 의미를 정리해보겠다. 여기에서 말하는 디스포지티프는 특정한 형식의 인지 혹은 수용을 위한, 또는 그것을 최적화시키기 위한 장치들의 구조적 배치配置*, Anordnung, configuration*를 말한다. 사람이 무엇인가를 보거나 집중해서 어떠한 작업을 하려면 다른 것들에는 신경을 쓰지 않아야 하며 또 그렇게 하기 위해서 주변을 잘 정돈해야 한다. 그러한 정돈의 결과, 어떠한 공간적인 구조가 발생한다. 그 정돈된 구조를 디스포지티프라고 한다. 강의실에서 강의를, 교회에서 설교를 잘 듣기 위해 또 형무소에서 수감자들을 잘 감독하려면 건축물이 공간적으로 잘 설계되어 있고, 또 보는 사람 주변에 물건들이 적절하게 배치되어야 하는 데 이러한 예도 생각해볼 수 있다. 푸코가 감옥의 목적이 교화가 아니라 감시라는 점을 주장하기 위해 파놉티콘, 즉 감시를 최적화시킨 건축물이 있었음을 역설하였는데 그것도 디스포지티프의 중요한 사례이다. 그 구조화의 결과로 집중해야 할 것과 불필요한 것들이 구분되고 또 불필요한 것들에 괜한 시선을 두지 않을 수 있다. 들뢰즈는 디스포지티프에 대해 다음과 같이 설명한 바 있다.

모든 디스포지티프는 자신만의 빛의 질서(정렬)가 있다. (…중략…) 그리하여 보이는 것과 보이지 않는 것이 서로 나뉘고 [그것에 따라] 이 빛이 없으면 존재할 수 없는 대상은 생성되고 사라진다. (…중략…) 디스포지티프는 가사성의 선, 언표의 선, 힘의 선, 주체화의 선, 균열과 분열의 선, 단절의 선이 서로 조합된 결과이다. 그 선의 조합으로부터 하나는 다른 하나를 재현하고 혹은 연쇄적인 변주와 변성을 통해 다른 하나를 생성하기도 한다.[46]

그런데 그러한 구조적 배치가 어떠한 대상을 인지하는데 필요하다는 사실을 잘 생각해보면, 대상은 주어진 것이 아니며 인지는 자동적으로 이루어지는 것이 아니라는 점을 알 수 있다. 즉 디스포지티프는 인위적으로 만들어진 결과이며 그것을 '변주'하여 '생성'시키면, 다시 말해서 구조적 요소들의 조합을 다르게 하면 우리의 인식이나 고정관념은 예전의 그것과 같지 않을 것이다. 만약 우리의 의식 외부에 존재하는 대상이 이미 존재하고, 인식이란 그것을 의식 속에 반영하는 것이라고 생각한다면, 구태여 디스포지티프에 대한 복잡한 생각을 할 필요는 없다. 왜냐하면 그것을 변화시킬 수 있다고 생각하기 어렵기 때문이다. 그 때문에 들뢰즈는 디스포지티프를 의식한다는 것은 두 가지 결과를 가져온다고 하는데, 첫째가 보편성의 거부Zurückweisung der Universalien, 그리고 둘째가 원본성의 변화Änderung der Originalität이다.[47] 디스포지티프에 대한 생각 자체가 이미 존재론과 반영론에 대해 비판

---

46) Gilles Deleuze(1992), "Was ist Dispositiv?", Francois Ewald and Bernhard Waldfels(eds.), *Spiele der Wahrheit: Michel Foucaults Denken*, Frankfurt/M: Suhrkamp, pp. 154~157.
47) *Ibid.*, pp. 157~158.

적임을 의미하며 인식은 우연적이라는 주장을 전제하고 있다. 체계이론이 함의하는 바도 유사한 맥락에서 이해할 수 있다. 체계는 관찰자의 시점에 따라 달라지며 또 체계의 작동이란 그렇게 달라지도록하는 것을 의미하기 때문이다.

그런데 영화의 경우를 생각해보면, 디스포지티프에 대한 설명이 잘이해된다. 우리는 촬영된 영상을 편안하게 보고, 또 그로부터 쾌감을느끼려면 몰입할 수 있는 환경을 필요로 한다. 그렇게 배치구조가 가장 잘 구성된 곳은 영화관일 것이다. 편안한 좌석과 어두운 객석공간이 있고, 영사기와 같은 기술장치들이 품질 좋은 영상과 음향을 제공하기 위해 적재적소에 위치하고 있다. 한편 모든 요소들은 관객들이볼 수 없도록 되어 있다는 점도 중요하다. 잘 배치가 되어 있지만 그배치가 보이지 않도록 되어야 하는데, 그래서 역설적 디스포지티프라고 할 수 있다. 그렇게 관객들은 영화에 집중할 수 있고 간혹 재미없는영화라도 영화관에서 보면 왠지 지루함이 사라진다. 그렇게 본다면관객에게는 영화의 내용보다 구조적 배치가 더 중요하다고 생각될 수도 있다. 예전에 보드리Jean-Louis Baudry는 영화로부터 어떠한 쾌감이나 효과, 즉 이데올로기 효과가 발생하려면 영화의 기술장치들이 잘구성되어야 한다고 했다. 아울러 그러한 구성은 역설적으로 이루어져야 한다고 했다.

보드리의 설명에서 흥미로운 점은 영화가 생산하는 의미(의미가 강화되면 이데올로기가 될 것이다)는 텍스트에서 이미 내재되어 있는 것이 아니라, 영화가 수용되는 현장에서 발생된다는 주장이다. 게다가 영화의 수용을 가능하게 해주는 여러 조건들, 즉 기계장치들이 적절하게 배치되어 있는 상황 하에서 발생한다고 하였다. 영화가 이데올로기를 생성하는 근본적인 요인은 텍스트로서 전달되는 의미가 아니라 관객들로 하여금 영화를 수용하도록 강제하는 기계장치의 배치, 다시 말해서 디스포지티프라고 보았다. 영화는 텍스트일 수도 있지만, 정작 중요한 기능을 행하는 것은 텍스트가 아닌 디스포지티프인데, 사실 이러한 발상에서 보드리는 영화의 성립을 위해 잠재적이지만 더욱 근본적인 요인이 존재함을 주장했다.[48]

그런데 이데올로기 효과가 영화의 내용보다 디스포지티프에서 더 잘 나타난다고 생각하면, 그 효과에 대해 성찰하기 위해 영화의 내용보다 보통의 경우에 인지되지 않는 디스포지티프를 드러내야 할 것이다. 이러한 생각과 관련하여 디스포지티프를 표현하고자 하는 의도와 시도는 영화사에서 종종 살펴볼 수도 있는데 사실 그것이 현대영화의 출현과도 연관되어 있다.

전통미학의 영향 때문에 영화에 대한 이해가 영화의 내용에만 치우친 경향이 있었다. 그러나 영화에 대한 진지한 숙고들에 의해 영화의 성립은 외적인 요인과도 상당히 관련이 있음이 주장되기도 하였다. 관객은 영화의 '이야기'에 등장하는 인물만을 기억하는 것이 아니라 영화를 보았을 그 당시에 관객 스스로에 대해 기억하기도 한다. 아울러 실제인물인 영화배우를 기억하기도 하며, 또 같이 영화를 보았던 사람이나 그 장소를 기억하기도 한다.[49] 그러한 기억의 존재에

48) 김무규·오창호(2014), 「디지털 기술과 텍스트 혹은 미디어로서 영화」, 『인문사회과학연구』 15, 217쪽.
49) 영화는 항상 외적인 요인과도 연관되어 있다는 주장을 근거로 하여 영화의 역사를 영화관과 관객의 입장에서 서술한 연구 사례로는 다음의 문헌을 들 수 있다. Anne Paech and Joachim Paech(2000), *Menschen im Kino: Film und Literatur erzähen*, Stuttgart/Weimar:

서 관객이 영화를 볼 때, 내용에만 관심을 두지 않는다는 점을 알 수 있다. 그리고 어떤 영화 이론에 의하면 (특별한 경우에) 영화는 그 기억을 바로 그 영화의 내용 안에 담아두고 있다고 한다. 그것은 일종의 영화의 자기반영성*self-reflexion*을 말하는데, 자기반영성이 단지 예술영화나 실험영화에만 나타나지 않고 대중영화를 포함하여 모든 영화에서 나타난다는 주장도 있다. 예를 들어 '텍스트 분석론*textual analysis*'의 설명에 따르면 작가는 영화 텍스트에 자신의 모습을 (흔적으로) 남기며, 아울러 관객은 자신의 모습을 (욕망을) 영화 텍스트에서 발견하게 된다.50) 애초에 영화의 내용에 몰입되도록 하려면 배치의 구조적 요인들은 들뢰즈가 말한 "가시성의 선"의 바깥에 존재해야 하는데, 그것이 관객의 시야에 들어오도록 새롭게 구성했다면 전혀 다른 영화가 될 것이다. 이렇게 영화영상 안에서 혼란스러움을 야기할 수도 있는 이러한 성찰적*reflexive*인 배치의 방식을 성좌星座, *constellation*라고 개념화하기도 한다.51)

예를 들어 페데리코 펠리니*Federico Fellini*의 많은 영화에 간혹 황당한 장면들이 나타나는데 그것은 펠리니가 의도적으로 디스포지티프를 형상화하였기 때문이다. 예를 들어 〈8½〉(1963)의 마지막에서 이미 등장했던 인물들이 모두 모여 있는 장면이나 〈사티리콘*Satyricon*〉(1969)의 마지막 벽화 장면 등을 생각해볼 수 있다(〈영상 23, 24〉).

이 모든 이론들과 영화들은 디스포지티프를 대상으로 한다. 그러나

Metzler.

50) 텍스트 분석론을 처음으로 언급한 연구는 다음이다. Thierry Kuntzel(1978), "The Film-Work(1972)", *Enclitic*, 2(1), pp. 38~61.

51) 이에 대해 필자의 졸고를 참고할 수 있다. Mookyu Kim(2003), *Mediale Konfigurationen: Ein Beitrag zur Theorie der Intermedialität*, Konstanz: Hartung-Gorre.

〈영상 23〉 페테리코 펠리니의 〈8½〉의 마지막 장면은 바로 이 영화를 촬영하는 그 현장인 듯한 분위기가
형상화된다.

〈영상 24〉 페테리코 펠리니의 〈사티리콘〉 마지막 장면에서 폐허가
된 어느 건축물의 벽화에 영화의 주인공들이 그려져 있다.

표현하는 데에 그치지 않고 그것을 관객에게 직접 체험하도록 하는
영화가 있는데, 상호작용적 영화가 여기에 해당된다. 관객은 영화관
에서 자신들의 활동을 통해 영화의 내용을 변화시키고 서사의 흐름을
결정함으로써 자신이 영화 수용의 현장에 존재함을 인식하고 영화의

성립에 기여한다. 이러한 인식을 불러일으키는 방식은 관객들에게 흥미로운 체험이 될 수도 있고 또한 낯선 실험적 예술이 될 수도 있을 것이다. 실험적 예술의 특성을 극대화하여 영화의 디스포지티프를 인위적으로 부각시키기도 하는데 그것은 확장영화라고 할 수도 있다.

레이몽 벨루르나 티에리 퀸첼*Thierry Kuntzel*, 그리고 데이비드 노먼 로도윅과 같은 이론가들이 주장하는 자기반영적 영화분석 방법론, 혹은 형상*figure* 이론의 복잡함을 견뎌낸다면,52) 카세티가 말하는 재배치 현상은 뉴미디어 영화 시대 이전부터 이미 그 징후가 나타났다는 점을 이해할 수 있다. 그런데 디지털 기술의 도입, 특히 네트워크 환경의 도입과 함께 나타난 영화의 재배치에서 영화의 내용보다 그 내용을 만드는 작가의 창작활동이나 관객의 수용활동이 내용이나 되는 것처럼 더욱 부각된다. 그 때문에 로도윅은 자세히 설명하지는 않았지만 자기반영적 형상 이론이 디지털 영화를 이해하는 데 큰 역할을 할 것이라고 하였다.53) 그러나 그것은 퀸첼이 그랬던 것처럼 복잡한 이론을 동원하여 '분석'될 수 있는 것이 아니다. 왜냐하면 재배치된 영화는 관객으로 하여금 수행할 수 있는 공간을 마련해주는데 그 수행은 텍스트처럼 고정된 질서에서 머무는 것이 아니라 하나의 사건으로 발생하기 때문이다.

사실 모든 형식의 재현이나 소통은 그것이 영화처럼 기계장치가 아니라고 하더라도 물질적인 속성에서 자유로울 수 없다. 따라서 모든 형태의 예술, 미디어의 작용 심지어 인간의 인지에 이르기까지 디스

---

52) Bellour, Raymond(1975), "The Unattainable Text", *Screen*, 16(3), pp. 12~28; Rodowick, David N.(1990), "Reading the Figural", *Camera Obscura*, 24, pp. 11~44.
53) 데이비드 노먼 로도윅, 정헌 역(2012), 앞의 책, 265~266쪽.

포지티프는 필수적이다. 데리다에 따르면 미디어의 물리적 속성을 최소화하여 투명한*transparent* 재현을 달성하려고 했던 문자의 경우에도 결국 물리적 속성을 피할 수는 없었다고 한다. 그리고 그 속성은 디스포지티프를 배제할 수 없도록 한다. 개념성이나 사실성의 구현을 위해 미디어의 기술적, 물리적 부분을 극단적으로 축소하여 그 자체의 형태를 은폐하고자 하였으나 그럼에도 불구하고 문자가 가지는, 소위 말하는 도해적 특성*graphématique*을 떨쳐 버릴 수 없었다는 것이다. 문자도 개념적 대상과는 동일할 수 없고 따라서 분리되어야 하는 미디어이다. 그리고 의미의 독해는 미디어의 활성화 이후에로, 즉 문자의 글쓰기 작업과 독해작업 이후로 미루어질 수밖에 없는데, 그것이 데리다의 차이와 연기, 혹은 차연*différance*의 개념이다.54) 결국 문자의 독해는 문자의 도해성과 상징하는 의미 사이에 구분이 전제되어야 하며 이러한 구분 또한 관습 혹은 억압을 통해서 확정된다. 결국 모든 문자의 작성과 독해는 관습적 강요의 결과일 뿐이다. 그리고 그것은 구성될 뿐만 아니라 문자의 물질성이 망각됨으로써 가능하게 된다. 이해하지 못하는 외국어가 읽혀지지 않고 물질을 나타내는 영상으로밖에 보일 수 없다는 점은 관습에 의한 구분과 결정이 되지 못하는 상태에서 문자는 미디어의 기능을 할 수 없다는 사실을 알려준다. 문자에서 반영된 개념성이나 사실성이 존재한다면 그 이면에는 그러한 것들을 구성하는 작업이 이루어지는 공간이 따로 존재하며 두 가지는 서로 차이가 분명히 있다. 그 차이로 말미암아 진정한 이해는 끝없는

---

54) Jacques Derrida(1990), "Die Différance", Peter Engelmann(ed.), *Postmoderne und Dekonstruktion: Texte französischer Philosophen der Gegenwart*, Stuttgart: Reclam, pp. 76~113.

미래로 연기된다.55) 문자는 그것이 반영하는 의미의 공간이외에 다른 씬, 혹은 활동무대scène, Schauplatz를 지니고 있으며, 데리다는 이러한 무대가 문자중심주의 시대에는 배제되어 왔음을 주장한다.56) 데리다가 설명하는 활동무대는 바로 문자의 디스포지티프를 말한다.

문자의 경우와 달리 영화의 디스포지티프는 복잡하게 구성되어 있다. 안드레 파렌테와 빅타 드 카르발류André Parente and Victa de Carvalho는 그것이 어떠한 요인으로 이루어져 있는지 설명한다. 우선 영화 디스포지티프란 간단히 말해서 "현실에 대한 환영을 일으키도록 되어 있는 기술장치의 세트a set of techniques trying to create the illusion of reality"57)를 가리킨다. 그리고 그것은 다음의 세 가지 요인으로 구성되었는데, 첫째, 공간의 건축물, 둘째, 움직이는 영상을 촬영하고 영사하는 테크놀로지, 그리고 셋째는 서사 형식이다. 영화 디스포지티프의 건축형식은 이탈리아의 연극관에서 유래하였고 촬영과 영사 기술은 19세기 말 표준화가 이루어졌다고 한다. 그리고 서사 형식은 디스포지티프의 직접적인 요인이라기보다는 관객의 심리적 환영illusion을 일으키는 환경과 관련된 형식을 가리킨다.58) 디스포지티프가 세 가지 요소들로 구성되어 있다는 지적은 적당하며 아울러 흥미로운 점은 이 요소들이 영화를

---

55) 데리다의 해체구성적 이해를 체계 이론에 비추어 서술한 논문으로는 다음 참조할 수 있다. Niklas Luhmann(1995), "Dekonstruktion als Beobachtung zweiter Ordnung", Henk de Berg and Matthias Prangel(eds.), *Differenzen: Systemtheorie zwischen Dekonstruktion und Konstruktivismus*, Tübingen: Francke, pp. 9~35.

56) 자크 데리다, 남인수 역(2001), 「프로이트와 글쓰기무대」, 『글쓰기와 차이』, 동문선, 346쪽.

57) André Parente and Victa de Carvalho(2008), "Cinema as Dispositif: Between Cinema and Contemporary Art", *Cinémas: Journal of Film Studies*, 19(1), p. 38.

58) *Ibid.*, pp. 37~38.

볼 때는 눈에 띄지 않는다는 점이다. 즉 배치구조의 역설을 말한다.

파렌테와 카르발류는 예외적 디스포지티프를 지닌 영화들도 있다고 하였는데, 그것은 앞에서도 언급되었던 매혹의 영화, 확장영화, 전시 영화를 말한다. 매혹의 영화란 초기 영화, 즉 서사와 제도로서의 영화로 발전되기 이전의 영화에서 유래한다. 당시 영화의 특징은 관객이 영화의 내적인 요인인 서사와 외적인 요인인 기술장치 두 가지 모두를 관람할 수 있다는 점이었다. 따라서 디스포지티프가 노출되는 특징을 지니고 있었다. 파렌테와 카르발류가 언급하는 확장영화 혹은 전시 영화는 초기 영화의 매혹과 유사한 점이 있다. 이러한 현대적인 매혹의 영화도 재배치를 통해 디스포지티프를 관찰 가능하도록 한다.

> 전통적인 상영 조건과 서사를 재구성함으로써 확장영화는 다중지각적 체험을 추구한다. (…중략…) 일반적으로 확장영화는 영화, 연극, 퍼포먼스 사이의 어딘가에 위치하는 멀티미디어 쇼를 구현하게 되는데 특히 특정한 맥락과 지속성으로 관객을 포함한다. 관행적인 영화에 의해 형성된 한계를 극복하고자 하는 의도에 따라 확장영화는 다양한 표현 수단이 지니는 특성들을 활용한다.59)

〈도시읽기〉나 〈T-비져너리엄〉과 같은 디지털 확장영화는 관객의 관여를 위해 관행적 영화가 포기되거나 혹은 원시적인 시대의 영화로 되돌아간다. 그런데 여기서 배제되는 것은 영화의 모든 것이 아니라 사실 애초에 영화를 성립시켰던 기술, 장치, 그리고 그것의 배치이다.

---

59) *Ibid.*, p. 49.

그리고 필요불가결하게 존재했던 것이 시야에 들어올 뿐이며 단지 꿈에서 깨어나듯이 몰입되었던 상태에서 벗어나는 분산을 관객은 경험한다. 다만 이렇게 관찰의 질서를 바꾸었을 뿐이지만 그것은 영화의 관행에서 상당히 벗어난 전혀 새로운 미디어로 탈바꿈한다. 관객은 시점을 달리하였으며, 또한 같은 곳에서 어떠한 행위를 할 수 있게 되었다.

디스포지티프의 변화는 단순히 영화의 시청각적 수용을 위해 필요한 기술장치들과 기타 구조물들이 그 위치나 배치구조가 바뀌었음을 의미하지 않는다. 오히려 중요한 것은 그 변화가 일종의 재귀적인 변화를 의미한다는 점이다. 다시 말해서 디스포지티프의 변화는 기존의 배치구조를 관찰할 수 있고 체험할 수 있도록 하기 위한 변화를 의미한다. 애초에는 환경이었던 것이 내용이 되고, 또 그렇게 바뀔 수 있도록 재배치됨을 의미한다. 책상 위의 컴퓨터나 스마트폰으로 영화를 보는 관객은 영화의 제작자나 편집자가 될 수 있으며, 또한 상호작용적 영화나 디지털 확장영화의 관람객도 영화를 삭제하거나 만들고 변형시킨다. 모든 사례들은 과거에 볼 수 없었던 것을 보는 일이 아니며 예전에 없었던 새로운 것이 발생하는 것도 아니다. 오히려 그것은 나의 몰입을 위해 다른 이에 맡겼던 제작을, 수용을 위해 포기했던 수행을 경험하는 것이다.

3) 데이터베이스: 수행의 토대

마노비치가 제시했던 데이터베이스 개념을 중심으로 뉴미디어 영화의 의미를 알아보겠다. 데일리와 엘새서는 데이터베이스 개념을 관점으로 하여 시네마 3.0, 혹은 마인드 게임 영화를 설명하였다. 데이터베이스 영화란 관객의 생각과 행위를 통해 서사가 이루어질 수 있도록 재료들이 응축되어 있는 상태의 영화를 말한다. 일반적인 경우에 영화는 서사를 그 내용으로 한다. 그리고 서사는 구조적으로 형성되어 있는데(사실주의론처럼 그렇지 않다는 입장도 있지만), 구조적이라는 말은 여러 인물 혹은 사건들이 계열체*paradigma*를 이루고 그것들의 배열을 통해 어떠한 통합체*syntagma*를 이룬다는 뜻이다. 그런데 데이터베이스 영화의 경우에 이러한 기본적인 서사구조가 적용되지 않는다. 마노비치는 이에 대해 "서사가 구성되어 나온 선택사양의 데이터베이스(계열체)는 함축적인 반면 실제 서사(통합체)는 명시적이다. 뉴미디어는 이 관계를 역전시킨다. 데이터베이스(통합체)는 실질적 존재로 주어지는 반면, 서사(통합체)는 탈물질화된다"[60]고 설명했다. 보통 어떠한 의미가 있고 재미가 있는 이야기가 되기 위해 인물이나 사건은 적당하게 선택되고 배열되어야 한다. 그런데 데이터베이스 영화는 선택의 재료들은 응축되어 있으나 배열은 아직 이루어지지 않은 상태를 말한다. 따라서 관객은 혹은 유저는 인물이나 사건을, 즉 계열체 요소들을 어떻게든 배치하려고 시도하게 된다. 그래서 마노비치가 그것을 현실적, 혹은 잠재적이라고 표현한 것 같다. 비르크 바이베르크 *Birk Weiberg*는 관객의 관여가 발생할 수 있는 복합적인 상황을 시간과 공간의 관점에서 다음과 같이 설명한다.

전통적으로 통합체는 선택된 기호의 의미 있는 배열을 말하는데, 오직 그것을 통해서만 정리된 기호의 조합으로서 계열체가 나타난다. 서사가

---

60) 레프 마노비치, 서정신 역(2014), 『뉴미디어의 언어』, 커뮤니케이션북스, 312쪽.

데이터베이스로 대체되면, 계열체는 사실적으로 통합체는 잠재적으로 된다. 시간의 일차원적 구조를 지닌 서사와 비교하여 데이터베이스 정보는 다중적 차원에서 구조화된다. (…중략…) 서사의 형식은 시간적이며 또한 전지적이라고 할 수 있는데 왜냐하면 작가가 사전에 정보를 조직하기 때문이다. 데이터베이스의 형식, 혹은 인터페이스는 공간적이며 상호작용적이고 혹은 부분적으로만 전지적이다.[61]

데일리와 엘새서는 시네마 3.0이나 마인드 게임 영화를 데이터베이스의 관점에서 설명하였는데, 이에 대해 좀 더 살펴볼 필요가 있다. 마노비치가 말한 데이터베이스 개념은 복합서사 영화를 수식하는 일종의 은유이다. 데일리가 말한 대로 이 영화들은 조합되기 이전에 존재하는 조각들이기 때문에 사용자에 의해 검색되고 또 선택되며 배열될 수 있는 어떠한 것이다. 이야기의 갈래가 하나의 모듈처럼 연결되지 않고 떨어져 있는 조각처럼 연관성 없이 뭉쳐 있는 모습은 마치 데이터베이스에 쌓여 있는 자료들과 유사하기 때문이다. 그것은 일종의 '해석적 행위*hermeneutic activity*'이며 그것으로 "수용에서 생산으로의 전환*shift from reception to production*"을 유발시킨다.[62] 단지 쌓여 있는 상태만을 말하는 것이 아니라 행위와 전환의 토대가 된다는 말이다.

복합서사 영화에도 다양한 유형들이 있지만 그것이 기존의 선형적 서사 영화와 매우 다르다는 점은 주지의 사실이다. 서사의 여러 갈래들, 다시 말해서 잠재적 가능성들이 병치되어 있거나 혹은 모자이크

---

61) Birk Weiberg(2002), "Beyond interactive Cinema"(2017.10.05 검색),
   http://www.keyframe.org/txt/interact.
62) Thomas Elsaesser(2009), *Op. cit.*, pp. 35~36.

처럼 흩어져 있다. 그리하여 작가가 생각한 서사는 따로 없고 관객이 그것을 결정하거나 혹은 결정하지 않을 수도 있다.

데이터베이스는 결정과 선택의 토대이다. 데이터베이스는 선택할 수 있는 재료, 즉 데이터가 압도적이어서 무수한 배열의 가능성을 마련해 준다. 내러티브는 선택된 연후에 이루어지는 여러 배열의 가능성들 가운데 하나이다. 그러나 데이터베이스는 선택의 재료들이 응축되어 있는 상태이다.

마이크 피기스*Mike Figgis* 감독의 〈타임코드*Timecode*〉(2000)는 데이터베이스 영화가 어떻게 통합체의 시간적인 배열을 포기하고 계열체의 공간적인 조합을 달성하는지 잘 보여주는 예이다. 영화는 어떠한 사건과 관련된 네 가지 서로 다른 공간에서 각기 다른 인물들이 등장하여 진행되는 이야기로 구성되어 있다. 그런데 그것을 교차하여 보여

〈영상 25〉 마이크 피기스 감독 〈타임코드〉의 분할화면

주거나 시간적으로 배열하는 일반적인 방식과는 달리 각각의 이야기를 배열하지 않고 공간적으로 조합하여 하나의 스크린에서 동시에 볼 수 있도록 하였다. 영화는 네 개의 분할화면split screen으로 시작하여 그렇게 끝난다. 관객은 두 가지 이상의 이야기 진행을 동시에 이해할 수 있으며, 혹은 필요에 따라 어떠한 이야기에 집중할 수도 있을 것이다. 많은 것이 관객의 시선에 달려 있다. 〈타임코드〉는 네 장면이 조합된 각 순간마다 기호의 과잉을 초래하며 중복을 초래한다. 하나의 서사적 연속성을 선택되어 배열될 수 있는 계열체의 가능성들을 모두 제시함으로써 영화는 데이터베이스의 상태를 지속하며 그것이 서사로 구성되지 않는다.

그런데 '구슬이 서 말이라도 꿰어야 보배'라는 말이 있듯이 데이터베이스의 상태에서 나아가 관객의 수행이 하나의 사건으로 이루어진다면 그 취지가 더욱 살아날 것이다. 〈타임코드〉는 복합서사 영화이지만 다른 사례와 달리 실질적인 데이터베이스 영화의 의미에 상당히 근접하였다. 앞에서 언급하였던 몇 가지 복합서사 영화와 달리 계열체적인 배열이 그만큼 덜 이루어져 있기 때문이다. 다만 영화관에서 상영된 〈타임코드〉가 관객에게 통합체 작업을 위임하는 데이터베이스 영화의 근본적인 의미를 완전히 실현하였다고 보기 어렵다. 데이터베이스 영화의 실현은 디스포지티프의 변화가 동반되어야 한다. 그것을 통해 관객이 배열작업을 행할 수 있기 때문이다. 새로운 디스포지티프, 다시 말해서 뉴미디어 환경에서 관객의 배열작업은 잠재되어 있는 것이 아니라 하나의 사건처럼 발생한다. 앞에서 수행의 의미를 살펴보면서 의미에 종속되지 않는 수행은 사건성의 특성을 지닌다는 점을 알아보았는데, 디스포지티프의 변화는 그러한 수행이 발생되기 위한

〈영상 26〉 올리버 히르쉬비겔의 〈살인 결정〉: 지금은 찾기 어려운 영상이지만 이 영상을 아무리 보아도 상호작용적 텔레비전을 이해할 수 없다. 감독이 의도했던 시청자의 수행은 텍스트가 아닌 사건이며 사건은 텍스트로 혹은 영상으로도 표현할 수 없기 때문이다.

조건을 만들어 준다.

올리버 히르쉬비겔*Oliver Hirschbiegel* 감독은 〈살인 결정*Mörderische Entscheidung*〉이라는 실험 영화를 독일의 텔레비전에 1991년 상영한 바 있다. 이 텔레비전 범죄 영화는 하나의 사건을 두 인물의 시점에서 촬영하여 두 가지의 버전으로 제작되었으며, 동시에 다른 두 채널에서 방송되었다.[63] 그리하여 시청자가 리모콘을 조작하여 두 채널 가

---

63) 이에 관한 자세한 설명은 다음의 문헌을 참고할 수 있다. Kay Kirchmann(1994), "'Umschalten Erwünscht?', Wenn ja, von Wem? Ergebnisse einer Studie zu Ästhetik und Rezeption des

운데 하나를 선택하면 그 사건을 다른 각도에서 볼 수 있도록 유도하였다. 그것은 최초의 상호작용적 텔레비전 영화였다. 여기에서 말하는 상호작용성은 데일리가 시네마 3.0을 두고 상호작용적이라고 하였던 것과 달리 매우 구체적이며 실제적인 의미로 이해된다. 그리고 시청자로 하여금 스스로 어떠한 조작을 하도록 유도하였다는 점에서 〈살인 결정〉은 〈타임코드〉와 분명한 차이가 있었다. 그리고 그러한 조작의 수행이 가능하도록 하기 위해 텔레비전과 같은 다른 방식의 미디어가 동원되어야 했는데, 그것은 관객의 피동적인 수용 상황을 전제로 하는 영화관의 상황에서 그러한 실험은 어려웠기 때문이었을 것이다. 영화 데이터베이스에 텔레비전 디스포지티프가 결합되었던 인터미디어 상황을 통해 비로소 관객의 수행이 이루어질 수 있었다.

2000년에도 이러한 실험적인 텔레비전 영화가 상영된 적이 있다. 라스 폰 트리어*Lars von Trier* 감독을 포함하여 모두 네 명의 감독이 〈디데이*D-Dag*〉(2000)라는 영화를 텔레비전에서 상영하였다. 이들은 네 명의 도둑이 밀레니엄 전날 소란을 틈타 은행을 터는 이야기를 영화로 제작하였는데, 네 명의 감독이 각각 네 명의 인물을 중심으로 한 영화를 만들어 네 개의 다른 텔레비전 채널에서 방영하였다고 한다. 〈살인 결정〉과 달리 시청자는 모두 네 개 채널을 돌려가며 영화를 볼 수 있었으며 누가 어느 채널을 언제 선택하는가에 따라 제각각 다른 영화가 만들어졌을 것이다. 〈살인 결정〉과 〈디데이〉의 실험이 관객으로 하여금 수용이 아닌 수행을 유발시키려 했기 때문에 영화는 텔레비전

Ersten interaktiven TV-Spiel des deutschen Fernsehens im Dezember 1991", Helmut Schanze(ed.), *Medientheorie-Medienpraxis: Fernsehtheorien zwischen Kultur und Kommerz. Arbeitshefte Bildschirmmedien*, 48, Siegen, pp. 23~60.

〈영상 27〉〈디데이〉는 하나의 사건을 네 명의 감독 소렌 크라그 야콥센(Søren Kragh-Jacobsen), 그리스티안 레브링(Kristian Levring), 토미스 빈터베르그(Thomas Vinterberg) 그리고 라스 폰 트리어(Lars von Trier)가 각각 다른 인물을 중심으로 촬영한 네 편의 영화로 구성되어 있으며 그 영화들은 각기 다른 텔레비전 채널에서 동시에 방송되었다.

채널을 필요로 할 수밖에 없었다. 이러한 사례는 분명히 〈타임코드〉보다 더 적극적인 참여를 유발시켜서 수용자들이 우연한 상황에 놓여 있음을 인지시켜 주는 데에 그치지 않고 그러한 상황에서 어떠한 결정을 자유자재로 할 수 있도록 해준다.

　다시 말해서 애초에 1차 질서의 수용을 강제하는 영화적인 기술장치와 수용 환경을 변화시키면 관객이 소위 말하는 뷰저*Viewser*의 역할을 수행하도록 강제할 수 있다. 데이테베이스의 활용과 서사 구성의 수행은 영화적 디스포지티프의 변화를 동반하는데, 그것이 모든 상호작용적 영화에 나타나는 현상은 아니다. 하르트무트 쾨니츠*Hartmut Koenitz*는 그것을 매우 포괄적인 의미를 지닌 상호작용적 영화와 상호작용적 수행*interactive performance*의 차이라고 하였다.64) 〈타임코드〉에서 불가능하였던 수행성은 텔레비전의 미디어 환경을 통해 어느 정도 실현될 수 있었는데, 그것은 텔레비전에서 재핑*zapping*을 하는 관객의 선택을 통해 내용이 바뀔 수 있기 때문이었다. 전통적 영화의 디스포지티프를 떠나 여러 채널을 지닌 텔레비전으로 자리를 옮긴 영화는 새로운 관찰 질서를 확보하게 되고 그러한 질서의 차원에서 새로움이 발생한다.

필자는 안타깝게도 두 실험적 텔레비전 프로그램을 보지 못하였지만, 네 개의 채널에서 상영된 〈디데이〉가 〈살인 결정〉보다 더 복잡하였고 그만큼 시청자가 할 수 있는 일이 더 많았을 것이라고 생각한다. 채널이 많을수록 데이터베이스가 풍부할 것이기 때문이다. 그럼에도 불구하고 수용구조가 해체되어 텔레비전으로 자리를 옮긴 서사에서 뉴미디어로서의 새로움은 한계를 지니고 있다. 몰입의 수용환경으로부터 벗어나서 재핑을 통해 관객이 무엇인가 결정을 할 수 있게 되었다는 점은 분명하지만 그렇다고 해서 그것이 플루서가 말한 상상에 이르기까지 창의적으로 작용한다고 보기 어렵다. 신세라의 〈키노아우토마트〉처럼 단 몇 가지의 가능성을 두고 시청자로 하여금 선택을

---

64) Hartmut Koenitz et al.(2015), "Introduction: A Concise History of Interactive Digital Narrative", Hartmut Koenitz et al.(eds.), *Interactive Digital Narrative: History, Theory and Practice*, New York: Routledge, pp. 14~15.

유도하는 방식으로 시청자들이 우연한 수행을 충분히 경험하기는 충분치 않기 때문이다. 상호작용적 텔레비전이나 상호작용적 영화는 실험으로서 성공적이었지만 또 다른 미디어에서 그 가능성을 증폭시킬 수 있다. 이러한 가능성은 상호작용적 콘텐츠들이 디지털화되었을 때 더욱 풍부해진다. 〈타임코드〉의 감독은 DVD로 출시된 실험영화에 대해 어느 인터뷰에서 다음과 같이 말한 바 있다.

우리는 DVD로 출시된 영화로 사람들이 편집이 되지 않은 네 가지의 사운드트랙을 갖게 되길 희망한다. 그것으로 독립된 요소로서 음악을 활용할 수 있을 것이다. 그러면 누구나 자기 자신만의 믹스*mix*를 할 수 있게 될 것이다. 또 DVD에 충분한 용량이 마련된다면 각각의 영화를 따로따로 보고 그들이 원하는 방식으로 서사를 만들게 될 것이다.65)

마이크 피기스 감독의 말을 들어보면 영화 디스포지티프에서 머문 그의 실험영화가 애초에 의도하였던 실험의 효과를 극대화하려면 디지털 방식을 필요로 한다는 점을 이해할 수 있다. 새로운 질서는 다른 미디어를 끌어들임으로써 실현된다. 정체된 질서에서 수행이 이루어질 수 없고, 또한 수행이 이루어지는 순간 질서는 와해된다. 뉴미디어는 기존의 질서가 파괴되고 새로운 질서가 형성될 때, 또 그러한 질서를 계속해서 변화시킬 수 있는 수행의 작업이 이루어지는 순간에 발생한다. 다만 〈키노아우토마트〉나 〈살인 결정〉처럼 영화관 환경이나 텔

---

65) Birk Weiberg(2002), "Beyond interactive Cinema"(2017.10.05 검색),
   http://www.keyframe.org/txt/interact.

레비전 환경에서 이루어진 새로운 질서에서 수행은 제한적이다. 충분한 데이터베이스를 갖추기 어렵기 때문이다. 이러한 환경에서 몇 가지의 갈래로 필름 영화를 분리해내는 일, 점성이 강한 콘텐츠의 그 점성을 약간만 낮추는 작업으로는 수행이 실효를 거두기에는 불충분하는 것이 신세라나 피기스 같은 실험영화인들의 생각이었다. 점성을 매우 낮추면 입자성이 지닐 수 있게 되며 그러한 환경, 즉 디지털 환경 하에서는 수용자의 자유는 더욱 커지며 그만큼 상상의 가능성도 커진다.

4) 오토매티즘, 트리밍, 리컷

텔레비전의 재핑을 통한 상호작용과 디지털 환경의 수행이 비슷한 맥락에서 이해되면서도 약간의 차이가 있는데, 이 점을 살펴보겠다. 앞의 3장 2절에서 반드시 디지털 기술과 뉴미디어를 동일시할 수는 없지만, 디지털 환경에서 뉴미디어가 발생하기 용이할 것이라고 설명한 바 있다. 즉 디스포지티프의 변화에 데이터베이스가 마련될 때 새로움은 극대화된다. 텔레비전의 재핑과 디지털 퍼포먼스의 차이에서 그 용이함을 다시 한 번 살펴보겠다.

디지털 영화에서 편집의 의미는 특별하다. 아마도 주류 영화의 여러 제작 과정에서 디지털 기술이 도입되어 가장 중요해진 부분은 후반 작업, 즉 편집 작업일 것이다. 그도 그럴 것이 파일에 저장되어 있는 영화는 그것이 촬영된 것이라고 하더라도 수정이 매우 용이하며 따라서 많은 것들이 후반 작업에서 결정되기 때문이다. 그런데 편집이 디지털로 이루어지면 과거의 방식, 즉 필름을 자르고 붙이는 방식과 대동소이한 것 같지만 사실 결정적인 차이가 있다. 디지털 콘텐츠는 점성이 없는 입자들의 덩어리와도 같다. 디지털 입자의 덩어리는 필름에 빛으로 새겨진 형상에 비해 하나의 형태로 고정시키기 어렵고 루만의 말대로라면 그것은 '형식화*form/ulation*'되기 어려운 미디어이다. 그 특징이 편집에 반영되어 차이점이 나타난다.

마노비치가 새로운 형태의 영화를 디지털 영화로 규정할 때, 바로 이러한 특수성은 중요한 요인이 된다. 즉 디지털 기술이 영화의 텍스트적 확정성을 상당히 미약하게 하며 그리고 디지털 영화는 영화제작의 전반작업과 후반 작업의 구분을 상당히 모호하게 하거나 의미 없게 한다. 촬영되었거나 완성된 어떤 것은 항상 다음에 어떤 형태로든 다시 편집될 수 있기 때문이다. 그리고 항상 '다음'이라는 것은 수용자의 질서까지를 포함하여 마우스 클릭으로 수용자에 의해 리컷*re-cut*, 혹은 변형될 형식까지를 말한다. 그래서 마노비치는 "관객은 잘라내지 않고 다시 섞기를 하는 것이다"라고 하여 수용자에 의한 변조가 서사를 구축하기 위한 편집과 다르다는 점을 강조하였다.66)

이러한 창작 방법을 로도윅*David N. Rodowick*은 자동기법*automatism*이라고 하였다. 그가 설명하는 자동기법은 기계를 통한 조작이 손쉽게 이루어질 수 있는 특성에 기인하며 그 특성도 거슬러 올라가면 점성이 약하거나 그것이 아예 없는 디지털의 모듈성 덕택이다.

그 이미지는 최종적인 것도 아니다. 정말로 디지털 이미지의 창조성은 종결의 결핍이다. (⋯중략⋯) 사실상 '무제한적 조작성' 말이다. 그들은 쉽게 다시 만들어지고, 다시 사용되고, 다시 맥락화한다. 근본적으로 디지털

---

66) 레프 마노비치, 서정신 역(2014), 앞의 책, 435쪽.

예술의 창조행위는 컴퓨터라는 기계를 통해 종합, 샘플링, 배열함으로 가
능하다.[67]

디지털 영화의 영상은 종결된 작품이 아니라 끝없이 전개되고 변형
되는 과정이 정지된 어느 특정한 지점이며 이러한 정지에서 다양한
이질적 요소들은 그대로 남아 있게 된다. 영상은 완결된 형식이 아니
다. 그리고 디지털 코드도 또한 완성을 위해 작동되는 것이 아니다.
무한한 변화의 가능성을 지녔으며 변화를 기다리고 있는 원자재들에
불과하다. 로도윅이 말한 대로 "디지털 정보 중에서 그래픽 이미지는
단지 여러 가지 가능한 출력 값들 중의 하나일 뿐이다".[68] 원자재를
편집하되 완성시키지 않는다는 것을 어떻게 이해해야 하는가? 얀 슈펙
켄바흐*Jan Speckenbach*가 디지털 편집에 대해 설명하는 부분을 인용해
보겠다.

디지털 편집은 편집자와 편집 재료 사이의 관계를 바꾸었다. 전통적 방
식의 커트는 합리적인 결정인데 왜냐하면 그것은 올바른 위치에 그리고
하얀 선이 그어진 지점에, 다시 말해서 커트를 하려고 하는 곳에 그리고
커트가 마지막에 가서 실제로 이루어지는 곳에 필름 릴을 멈추게 하는 반
면에 디지털 편집은 그것보다는 주의 깊게 이루어지지 않기 때문이다. 어
떤 면에서 보면 디지털 편집은 트리밍*trimming*으로 대체되는 경향을 보인
다. 디지털 편집의 이러한 기능은 마우스의 왼쪽 혹은 오른쪽 버튼을 클릭

---

67) 데이비드 노먼 로도윅, 정헌 역(2012), 앞의 책, 21쪽.
68) 위의 책, 133쪽.

하면서 커트가 제대로 될 때까지 테이크에 프레임을 더하거나 혹은 뺄 수 있도록 해준다. 트리밍은 시행착오의 방법이다. 그것의 결과는 규칙보다 취향의 문제이다. 트림은 다른 원칙이 없으며 그 스스로의 원칙을 따른다. 하나의 커트가 좋으면 그대로 좋은 것이다. 이렇게 무엇을 하든 상관없는 편집 방식은 반드시 그것이 좋은지 나쁜지 하는 판단과 전혀 관계 없다는 의미는 아니다. 트리밍과 재핑*zapping*에는 차이점이 있다. 트리밍이 시행착오의 방식이라고 해도, 그것이 나쁜 해결책을 제거하는 과정이라고 해도, 그 결과가 아무런 계획 없이 되는 것은 아니다. 모든 트림의 이면에는 약간이나마 긍정적이고 확정적일 수 있다는 생각에서 이루어지는 결정이 있다. 그래서 그것은 재핑과 다르다. 그래서 트리밍은 항상 어떠한 것이 나쁘기 때문에 다른 결정을 하는 재핑과 달리 어떠한 것이 더 좋기 때문에 그것을 결정하는 편집이다.69)

슈펙켄바흐가 설명하는 디지털 편집의 특성은 시사하는 바가 크다. 디지털 영화에서 편집의 중요성은 마노비치가 충분히 설명한 바 있으나 슈펙켄바흐가 그것을 트리밍과 재핑에 비유하는 설명에서 그 의미가 더욱 명확해진다. 우선 디지털 편집에서 편집, 혹은 커팅이라는 말은 큰 의미가 없고 비유적으로 이해된다. 왜냐하면 필름 영화의 편집처럼 실제로 잘라지거나 붙는 것은 없기 때문이다. 물리적 성질이 없이 정보로만 이루어진 디지털 콘텐츠가 잘라지거나 붙는 일은 있을 수 없다. 그래서 손쉽게 이것저것을 해볼 수 있는 상황이 가능하다.

---

69) Jan Speckenbach(2000), "Match Frame and Jump Cut: A dialectic Theory of Montage in the Digital Age"(2017.10.05 검색), http://www.keyframe.org/txt/matchframe.

그리고 다른 편집을 하였다고 해서 그것이 반드시 더 나은 결정, 혹은 올바른 결정이라고 볼 수도 없다. 편집자에 의해, 혹은 수용자에 의해 또 다시 바뀔 가능성이 항상 존재하기 때문이다. 이러한 점 때문에 슈펙켄바흐는 디지털 편집을 조금씩 자르기, 혹은 조각내기라는 의미에서 트리밍이라고 하였다. 그리고 또 그 때문에 재핑과는 다른 것이라고 하였다.

우리는 텔레비전을 볼 때 리모컨으로 채널을 바꾸는 일, 즉 재핑을 자주한다. 그런데 그때의 재핑의 결정은 지금 보고 있는 프로그램이 재미없어서 다른 것을 보아야겠다는 생각을 한 결과이다. 그래서 재핑은 어떤 것보다 더 좋은 것을 찾는 일이다. 그러나 트리밍은 재핑과 다르다. 왜냐하면 트리밍은 다른 것이 지금 이것보다 더 좋다고 확신하여 그것을 선택하는 결정이 아니기 때문이다. 앞의 이론적 논의부분에서 선택의 수행 문제를 언급하였을 때, 뉴미디어의 선택이 우연성과 결부되어 있다고 하였었는데, 여기서 말하는 우연성의 의미는 바로 재핑과 다른 트리밍의 차이로 이해할 수 있다. 우연성이란 선택의 기로에 서 있는 상태를 말하지만 선택된 하나의 갈래가 다른 것보다 더 좋거나 또 그것이 더 우월한 상태를 말하는 것은 아니다. 어떤 것이 되어도 큰 상관이 없을 때, 선택된 하나가 다른 하나보다 더 우월하거나 정당하다는 판단과 관련이 없을 때가 바로 우연성의 상황이기 때문이다. 혹은 지금 이것도 괜찮지만 다른 더 좋은 것을 해보려는 것을 의미한다. 슈펙켄바흐는 디지털의 원리에 근거하여 디지털 편집에 대한 특성을 언급하면서 우연성의 의미에 대해 정확히 짚었다고 생각된다.

척 트라이온*Chuck Tryon*은 할리우드 영화가 디지털 플랫폼과 결합되어 (혹은 충돌하여) 나타난 다양한 현상들에 대해 검토한다. 그는 달리가 주목했던 할리우드 영화의 내용 부분이 아닌 수용 환경에 대한 부분에 관심을 기울였다. 이러한 관심은 카세티가 논의한 재배치의 문제와 일치한다. 그러나 수용환경을 고려한 트라이온은 재배치가 아닌 재발명reinventing이라고 해야 할 만큼 큰 변화가 발생하였다고 한다. 그가 예로 드는 것 가운데 하나는 페이크 트레일러fake trailer이다. 2005년 편집자인 로버트 랑Robert Ryang은 스탠리 큐브릭의 영화 〈샤이닝 Shing〉(1980)을 재편집한 트레일러 영상을 만들어서 화제가 된 바 있다. 랑은 짧은 트레일러 영상의 편집을 통해 큐브릭의 심리 공포영화를 가족영화로 바꾸었는데, 이후 아마추어 유저를 비롯한 많은 이들이 이러한 패러디 트레일러 영상을 만들고 또 그것을 유투브에 업로드하였다. 재편집, 혹은 리컷re-cut의 결과로 원작의 진지함이 우스꽝스럽게 패러디되었고 유투브에 업로드된 이 영상은 광활한 네트워크를 떠돌게 되었다. 필자도 다운로드받은 〈샤이닝〉의 영화파일을 캡처하여 여기에 삽입하였는데 특히 가족적인 분위기가 풍기는 영상을 선택하였다(〈영상 28〉). 이 명작을 모르는 사람은 많지 않겠지만 이 영상을 별 생각 없이 보면 그것이 가족영화 같기도 하다. 페이크 트레일러 현상은 포스트모던 예술의 패치워크patchwork나 브리콜라주bricolage의 연장선상에서 바라볼 수도 있다.70) 할리우드 영화의 허위적 진지함이나 상업성에 대한 비판이나 조롱으로 받아들일 수도 있기 때문이다. 이렇게 복잡한 해석의 가능성들을 뒤로 하고 이 책이 견지하는 관점

---

70) Anna Everett(2003), "Digitexuality and Click Theory: Theses on Convergence Media in the Digital Age", Anna Everett and John Caldwell(eds.), *New Media: Theories and Practices of Digitextuality*, New York: Routledge, pp. 3~28.

에서 보자면 다음이 중요하다. 즉 페이크 트레일러는 할리우드 영화가 디지털화되었기 때문에 가능하였다는 사실이다. 페이크 트레일러 사건의 결정적인 계기는 인터넷에 접속한 유저라면 누구나 할리우드 영화의 디지털 파일을 손에 넣을 수 있게 되었고 그것을 편집할 수 있게 되었다는 점이다. 영화는 디지털 파일형태로 유통되기 전부터 텔레비전을 통해, 혹은 비디오테이프 형태로 관객들이 소유할 수 있게 되었는데, 디지털화된 영화는 단순히 소유되는 것이 아니라 그것을 소유한 관객이 그 작품을 변형하거나 리메이크*remake*할 수 있게 되었다. 물론 누군가에 의해 변형되었다고 하더라도 그것이 리메이크의 종결이 아닐 것이며 오히려 시작일 것이다. 변형된 것은 언제 어디서나 누군가에 의해 또다시 손쉽게 바뀔 수 있기 때문이다. 다시 말해서 디지털화됨으로 인해 영화의 작품성은 사라지고 그 대신 계속해서 변화될 수 있는 잠재력을 보유하게 되었다. 이 모든 일들은 텔레비전이나 비디오와 같은 과거의 영화 플랫폼에서는 불가능하였다.

영화 블로그처럼 비디오를 공유하면서 관객들은 그들이 좋아하는 영화나 텔레비전 시리즈에 대해 토론하게 되었는데, 그것은 공유 비디오를 전례 없이 간편하게 업로드하고 편집할 수 있는 가능성에 도움을 받은 결과이다. (…중략…) 이 영상은 관련된 편집 기술을 통해 전 세계의 사람들과 접속할 수 있는 비디오를 통해 표현된다. (…중략…) 영화 리믹스가 항상 원작 영화를 호응한 결과는 아니지만 원작을 재활용하는 일은 분명히 커뮤니티를 결성하려는 욕망과 결부되어 있다. 아울러 그것은 익숙한 텍스트를 조작함으로써 비디오메이커인 유저의 스킬을 나타낼 수 있는 장소가 제공됨으로써 가능하다.71)

이렇게 다양한 플랫폼의 활용이 확대될수록 오히려 긴 시간동안 집중하면서 영화를 보는 행위보다 영화를 직접 만드는 수행의 여지가 커진다. 텔레비전의 채널을 바꾸는 일과 비디오로 보고 싶은 부분만 골라서 보는 일도 수용자가 누릴 수 있는 참여, 혹은 상호작용이라고 할 수 있다. 그러나 수용의 행위와 직접 만드는 행위가 동시에 발생하며 기존의 콘텐츠를 변형시킬 수 있는 폭넓은 가능성은 보다 적극적인 의미의 상호작용성이며, 그것은 사실 디지털 기술에 의존할 수밖에 없다. 따라서 이러한 상태에서 영화를 구조가 유지되는 텍스트로 받아들이기는 어렵다. 의미를 생각하는 것 이외에도 그것을 어떻게 변형시킬 것인지에 대한 고민도 콘텐츠를 수용하는 이에게 중요한 문제가 되기 때문이다. 이러한 문제에서 언어화용론에서 말하는 '행위'와 플루서가 말하는 기술적 상상, 즉 '수행'의 차이를 분명하게 이해할 수 있다.

디스포지티프의 조절을 통하여 구분을 더욱 강화하고 수용자로 하여금 집중적 관람을 유도하려는 의도는 주류 영화의 기술적 바탕과 미학적 특성을 야기하였다. 그런데 이러한 영화는 이미 텔레비전이나 비디오에 의해서 위협을 받은 바 있으며, 디지털 시대로 접어들어서 그것을 아예 다른 맥락에서 생각해야 한다. 우리가 유투브에 올라와 있는 UCC 영상을 볼 때, 그 영상이 주류 영화에 비하여 세련되지 못하였고 엉성하더라도 그 나름대로 재미가 있다고 생각하는 편이다. 왜냐하면 그것이 아마추어가 만든 영상임을 고려하기 때문이다. 그

---

71) Chuck Tryon(2009), *Reinventing Cinema: Movies in the Age of Media Convergence*, New Brunswick: Rutgers University Press, pp. 149~151.

영상을 만든 이를 고려한다는 것은 그 영상의 수용자가 2차 질서로 살짝 자리를 옮겼다는 의미로 이해된다. UCC 영상을 수용할 때 그 영상의 내용뿐만 아니라 제작자의 수행이 상기되며 간혹 그 수행에서 흥미를 느낀다. 다시 말해서 수용자들은 〈샤이닝〉이 가족영화가 아니라는 판단을 하는 것이 아니라, 그들은 익살맞게 공포영화를 가족영화로 둔갑시킨 로버트 량의 디지털 편집실을 떠올릴 것이다. 이러한 사실에서 수용이 수행으로 변화한다는 점을 이해할 수 있다. 트리밍으로서의 디지털 영상편집의 의미에서, 그리고 유투브에 업로드된 리컷 영상에서 알 수 있는 점은 그것이 어떠한 목적에 부합하는 행위의 결과가 아니라 우연한 수행의 연속적인 상태라는 점이다. 어떠한 것도 원본이 될 수 없으며 그것은 영원한 미완성 작품이다. 그리고 또 다른 유저의 수행을 초대한다. 다른 유저의 수행은 그렇다면 재수행 *reperformance*이 될 것이다.

에릭 디쉬먼*Eric Dishman*은 디지털 미디어의 잠재력을 모방에서 찾지

〈영상 28〉 스탠리 큐브릭의 〈샤이닝〉

않고 디자인에서 발견하려고 하였다. 그리하여 '수행자―디자이너 **performer-designer**' 개념을 제시하였는데 그것은 플루서가 말한 '기구 작동자'와 유사한 의미를 지니고 있다. 이미 존재하는 대상은 모방될 수 있지만 디자인에는 그러한 대상은 없으며 또한 어떠한 결과물로 고정되지 않고 계속해서 바뀔 수 있다. 그리고 디쉬먼은 수행자―디자이너란 완성품을 만드는 자가 아니라 스스로의 창작물에 대해 그리고 행위에 대해 '자기성찰적 재수행*self-reflexive reperformances*'을 하는 자라고 하였다.72) 디자인한 것을 또 다시 재수행을 통해 변형시키면서 바로 앞선 단계에서 행하였던 디자인에 대해, 그리고 그 작업을 하였던 자신에 대해 생각을 하기 때문이다. 그래서 자기성찰적이라고 할 수 있다. 플루서도 애초에 기구를 통한 작업은 존재하는 대상을 모사하는 것이 아니라 존재하지 않는 무엇인가를 창조하는 것이라고 보았다. 이것은 디지털 코드와 컴퓨터로 무엇인가를 실재하는 것처럼 구현하는 작업이 아니라 제작과 수정을 끊임없이 수행하는 것을 말한다. 지속적인 수행이기 때문에 애초에 제작과 수정의 구분은 없다. 이렇게 모방의 작업과 창작의 수행이 서로 다른 이유는 수행이 지니고 있는 우연성 때문이다.

이러한 관점에서 일반적인 뉴미디어의 특성으로 알려진 상호작용성 개념도 달리 생각해보아야 한다. 예를 들어 컴퓨터게임을 하는 게이머는 영화를 보는 관객과 달리 무엇인가 행동을 하고 있으며 서사의 진행을 스스로 결정한다. 그래서 그 상황을 상호작용적이라고 한

---

72) Eric Dishman(2002), "Performative In(ter)ventions: Designing Future Technologies through Synergetic Performance", Nathan Stucky and Cynthia Wimmer(eds.), *Teaching Performance Studies*, Carbondale and Edwardsville: Southern Illinois University Press, p. 234.

다. 그러나 게이머의 행동을 자세히 보면 그것이 우연적인 경우가 있고 그렇지 않은 경우가 있다. 마치 정답을 찾아가는 것처럼 필연적인 선택을 하고 그러한 선택에 실패했을 경우에는 다시 선택의 시도를 해야 하는 게임이 있는데 그러한 상황을 우연적이라고 할 수 없다.

이미 프로그램 속에서 정의가 되어진 것을 선택하느냐 또는 자발적으로 만들어나가느냐에 따라 선택은 크게 두 가지로 구분이 되어 진다. 정의되어진 것을 선택하는 것에는 만들어진 스토리구조의 선택, 게임내의 아이템의 선택, 게임 내 인물과의 만남 등이 있고 자발적으로 만들어나가는 것에는 환경과 규칙만 정의되어진 게임에서의 만들어 나가는 스토리, 프로그램이 만들어낸 가상의 인물이 아닌 다른 플레이어의 행동에 따른 선택 등이 있다.[73)]

위의 설명은 꼭 그렇지는 않지만 어드벤처 게임*adventure game*과 역할수행 게임의 차이라고도 할 수 있다. 게임을 할 때, 게이머가 퀘스트 *quest*를 클리어*clear*하거나 레벨 업*level up*을 위해 정해진 루트를 올바르게 따라가며 또 그것이 실패했을 경우에 그 루트를 다시 따라가는 경우가 있는 반면에 게이머의 선택이 어떠한 결과로 귀결되더라도 별 상관이 없는 경우도 있다. 두 가지 다른 유형의 게임은 모두 재미있겠지만 그 과정은 서로 다르다. 로제 카이와*Roger Caillois*의 표현대로 말하자면 그것이 루두스*ludus*와 파이디아*paidia*의 차이라고 할 수 있다.[74)]

---

73) 임형균·박영목(2004), 「컴퓨터 게임의 상호작용 특성 연구」, 한국HCI학술대회(2004.2), 1601~1602쪽.
74) 로제 카이와, 이상률 역(1999), 『놀이와 인간』, 문예출판사, 37쪽.

상호작용성은 뉴미디어의 여러 가지 특징을 표현해주는 매우 포괄적 용어(umbrella term)로 활용된다. 따라서 상호작용성의 의미를 구체화할 필요가 있다. 랜들 패커(Randall Paecker)는 뉴미디어에 의한 상호작용성에 대해 다음과 같이 말하였다.

상호작용성은 그 의미를 잃을 위험에 처할 정도로 과용되고 있는 용어이다. (…중략…) 상호작용성은 접촉하는 미디어를 홀로 혹은 다른 이와 함께 변화시키는 사용자의 역량으로 이해된다. 텍스트를 읽는 것은 상호작용적 체험이 아니다. 상호작용성이란 어떻게든 텍스트의 단어를 바꾸고 무엇인가를 추가하며 재조직하고 또 스크린에 나타나는 것에 영향을 주는 방식으로 그것에 참여하는 것을 말한다. 디지털 미디어는 본래 역동적이고 변화 가능하다. 상호작용성은 이러한 특성을 활용하며 예술작품에 표시를 남기는 사용자에 의한 창의적 참여를 고무한다.[75]

패커는 본래의 상호작용성 의미로 돌아갈 필요가 있다고 지적한다. 상호작용성에 대해 몰두한 많은 연구자들이 지적한 대로 이 개념은 상당히 폭넓은 의미를 지니고 있으며, 그 유형은 미디어나 사용자의 의도, 혹은 활용의 목적에 따라 제각기 다르다. 이 글은 디지털 기술에 의해 변화되는 영화 미디어를 다루고 있으며, 게다가 그 변화를 두 가지 방향, 즉 집중과 분산의 방향으로 나누어 살펴보고 있다. 그렇기 때문에 이렇게 두 가지 방향을 구분하기에 적합한 의미를 선택하려고

---

75) Randall Paecker and Ken Jordan(2002), "Overture", *Multimedia: From Wagner to Virtual Reality*(expanded edition), New York: W. W. Norton and Company, p. xxxvi.

하는데, 그것은 바로 우연성이다. 우연성이란 두 가지 이상의 가능성은 병존하거나 혹은 그 가능성이 실현되어 있지 않은 상태를 뜻한다.

상호작용성은 수용자를 사용자로 만들 수 있을 만큼 수용자의 참여와 행위가 콘텐츠의 제작에 중요한 역할을 하는 경우를 말한다. 그런데 재핑과 트리밍, 혹은 어드벤처와 롤플레잉을 생각해보면 여기에 두 가지 상이한 경우가 있음을 알 수 있다. 두 가지는 사용자가 누리는 자유의 정도에서 차이가 있다고 볼 수 있지만 더욱 중요한 것은 우연성과 수행성에 관한 문제이다. 트리밍과 롤플레잉에서 사용자의 선택은 우연적이다. 왜냐하면 그것은 "손쉽게 이것저것을 해볼 수 있는 상황"을 의미하며 "환경과 규칙만 정의되어진 게임에서의 만들어 나가는 스토리"를 의미하기 때문이다. 이러한 상황이나 게임에서 이루어지는 사용자의 행위를 수행이라고 할 수 있다. 3장에서 서사나 의미의 결정을 단순히 보완하는 행위가 행위의 새로운 차원, 새로운 질서를 창출하는 수행과 서로 다르다는 점을 길게 설명하였는데, 이러한 문맥에서 우연적인 상호작용을 수행이라고 볼 수 있다. 그리고 로도윅이 자동기법이라고 말했던 디지털 영화의 우연적 특성은 전통적인 영화의 제도적 틀 안에서는 큰 의미가 없다. 그것이 아무리 가변적이고 미결정적이며 경우에 따라 인간의 (혹은 편집자의) 수행에 의해 다른 것으로 변형되는 특성이 있다고 하더라도 영화관 개봉을 목적으로 하며 수익의 창출을 가장 큰 목표로 하는 영화제작의 관행에서 우연성이 발휘되지는 않기 때문이다.

제5장 결론

 필자가 본 원고의 정리 작업을 하던 도중 우연히 김용옥 선생이 어느 방송에서 4차 산업에 대해 잠깐 말하는 것을 들었다. 그는 4차 산업이 결국 인간을 역사에서 퇴출시킬 것이라고 하였다. 실업자가 늘어나는 현상은 그 단적인 예라고 하였다. 첨단 기술과 미디어의 발전이 인간의 활동을 대신해주기는 하겠지만 반대로 위축시킬 수도 있다는 생각에서 그러한 발언을 한 것 같다. 선생께서 재미있게 그리고 조금 극단적으로 표현한 것 같지만, 필자는 그 근본적인 뜻에 동의한다. 그래서 무분별한 발전과 활용을 용인할 수 없다고 생각한다. 그러나 그렇다고 해서 강하게 규제해야 된다고 생각하지도 않는다. 왜냐하면 미디어의 활용은, 이 책이 줄곧 써온 용어로 말해서 '뉴'미디어의 활용은 다른 차원에서 인간에게 도움을 줄 수 있기 때문이다. 다만 그 활용의 조건이 까다로울 것이다.

그렇다면 인간을 대신하는 미디어와 또 다른 차원에서 인간을 도와주는 미디어, 두 가지 상이한 유형이 있다고 할 수 있을까? 사실 여러 학자들은 예전부터 기술에 혹은 미디어에 (기술은 반드시 미디어가 아니며, 미디어를 성립시켜 주는 여러 가지 요인들 가운데 하나라고 앞에서 언급한 바 있다) 서로 다른 두 가지 모습이 있음을 주장하였다. 미디어가 인간이 이미 하던 일을 더 잘 하도록 도와줄 수 있지만 그와 달리 인간이 사유하지 못했던 것을 포착하도록 도와준다고 하였다. 이 책은 후자의 주장에 관심을 기울였지만, 그 세부적인 이해가 간단하지 않았다.

예를 들어 발터 벤야민은 영화가 무엇을 보여주기만 하는 것이 아니라, 그것에 거리를 둘 수 있는 분산적 지각을 불러일으킨다고 하였다. 문맥이 조금 다르지만 비슷한 시기에 발라즈는 카메라를 통해서 통합될 수 없는 인간의 분열된 의식을 포착할 수 있다고 하였다. 그들은 기술이 인간에게 새로운 감각이나 의식을 부여할 수 있다고 생각하였는데, 그것은 통합이나 일치보다는 분열과 분산과 관계된 의식을 말하였다. 그들의 생각을 초기 영화이론이라고 할 수 있고 또 현대 미디어론이라고 부르는 것도 적당할 것이다. 또한 구성주의자들은 그 인식론적 입장에 따라 미디어에 큰 의미를 두었고 아울러 그것을 두 가지 이상으로 세분화하였다. 에스포지토는 기계와 미디어를 구분하였고, 폰 푀르스터는 통속적 기계와 비통속적 기계를 구분하였다. 통속적 기계란 입력과 출력이 동일한 기계를 말한다. 비통속적 기계란 그것이 동일하지 않은 것을 말한다. 즉 인간이 개입하여 입력된 것과 다른 것을 출력하도록 되어 있는 기계를 말한다.

그런데 필자는 이렇게 흩어져 있는 생각들을 종합하고 좀 더 진전시키기에 루만의 체계 이론을 검토하는 것이 적합하다고 생각하였다. 그래서 체계 이론에서 말하는 미디어 개념에 대한 논의를 다루었다. 체계 이론도 상당히 구성주의적인 인식론에 치우쳐 있다. 그리고 루만이 생각한 체계란 그 말이 풍기는 느낌과 달리 항상 새로운 체계를 만들어내는 개방성을 함의하고 있다. 체계란 반복적이고 조직적인 작용을 할 뿐만 아니라 하나의 체계를 넘어서서 다른 체계를 생성하는 연속적인 움직임이다. 그러한 체계의 작용에서 중요한 것은 탄력적이며 유동적인 미디어의 기능이다. 미디어는 무엇인가를 전달하거나 보존하기도 하여 체계를 유지하는 데 도움을 주지만 또한 자신의 모습을 바꾸어서 새로운 체계를 만들도록 유도한다. 앞에서 이에 대해 충분히 설명하였다. 지속의 미디어가 있으면 변화의 미디어가 있고, 폐쇄적 작동의 미디어가 있으면 그와 다른 개방적 분산의 미디어가 있다. 또한 현대 미디어 이론가들이나 일부 구성주의자들이 논의하였던 영화, 기계, 미디어들은 모두 새로운 것을 생각하고 지각하도록 자극하며, 그리고 행동하도록 하는데, 따라서 그것은 변화의 미디어, 혹은 개방적 분산의 미디어에 해당된다. 그리고 그 변화의 발생은 한두 번으로 그치는 것이 아니라 계속해서 이루어진다. 그래서 그것은 반복적인 구조가 아닌 연속적인 사건이다.

그리고 그 문맥을 고려하여 뉴미디어라는 개념을 이곳에 위치시키면 좋을 것이다. 왜냐하면 뉴미디어가 함의하고 있는 새로움을 그 관점에서 파악할 수 있기 때문이다. 새로움이란 반드시 시기적으로 그리고 역사적으로 과거의 어떤 것과 다른 무엇을 의미하지 않는다. 단지 과거와 다른 어떤 것이 아니라, 지금 이 새로움도 미래에는 달라질 수 있는 가능성이 있을 때 그것이 진정한 새로움이다. 지금의 이것이 과거의 그것보다 우월하거나 혹은 더욱 유용하다는 판단을 하였다면, 그 판단을 하는 순간 지금 이것은 더 이상 새롭지 않기 때문이다. 새로운 것은 쉽게 낡은 상태로 고착된다. 끊임없는 변화에 진정한 새로움이 있다. 모더니티도 이러한 의미를 내포하고 있으며 더 자세히 말하자면, 그것은 단순한 현대성과는 다른 미적 현대성*aesthetic modernity*, 혹은 성찰적 현대성*reflexive modernity*을 말한다. 마찬가지로 지금의 미디어가 과거에 할 수 없었던 무엇인가를 할 수 있게 되었다는 사실만으로 그것이 뉴미디어가 될 수 없다. 그것에 더하여 미래에 또 다른 무엇인가를 할 수 있는 잠재성이 있을 때, 또한 그렇게 변화될 수 있는 탄력성을 지니고 있을 때, 그것을 뉴미디어라고 할 수 있다. 그 때문에 이 책에서 뉴미디어를 단지 '새로운' 미디어가 아닌 '계속해서 새로워질 수 있는' 미디어로 파악하였다.

이러한 뉴미디어의 의미를 보다 논리적으로 확실하게 하기 위해서 이 글은 수행의 개념을 살펴보았다. 퍼포먼스라고도 할 수 있는 수행은 행위와 달라서 우발적이며 우연적인 결과를 가져온다. 수행이란 책에 담긴 의미를 이해하려는 독서의 행위가 아니다. 악보를 따라 연주하는 일이 아니며, 또한 대본에 있는 대사를 외우고 지시에 따라 연기하는 연극이 아니다. 마찬가지로 우리가 정해진 어떤 의미를 말로 표현할 때, 그 말로는 무엇인가 부족하다고 생각되어 보충하려는 의도에서 행하는 행동도 아니다. 언어행위에서처럼 의미로 귀결되는 행위가 아니다. 주어진 목적지를 향해 가는 일이 수행은 아니며 또 옳다고 확신하는 길로 가는 일도 역시 수행이 아니다. 존재하지 않는 것을 구현하는 것이 수행이며 모방을 하지 않고 창조를 하는 것이 수행이다. 수행은 특정한 목적이 없고 무엇인가를 종결시키는 행위가 아니기 때문에 끝없이 진행된다. 다시 말해서 우연적이며 따라서 항상 새로운 것으로 변화된다. 그 때문에 수행을 통해 이루어진 어떠한 결과보다는 수행을 하고 있다는 그 사실 자체가 더욱 중요하다.

그런데 이 책에서 그 수행은 뉴미디어에 의해 제공된다고 보았다. 뉴미디어는 독자로 하여금 이미 정해진 이야기의 결말을 읽도록 하는 것이 아니라 결말이 없는 이야기를 스스로 만들어가도록 한다. 하지만 주어진 문제를 풀어서 정해진 결말을 찾아가는 게임을 수행이라고 볼 수 없다. 왜냐하면 그 게임은 예정된 종말이 있으며 필연적이기 때문이다. 새로움이 없다. 뉴미디어는 유저로 하여금 웹상에서 다양한 텍스트를 대하고 또 무엇인가 쓸 수 있는 환경을 만들어주지만 그것이 반드시 정답을 유도하거나 확실한 지식을 창출하는 수단이라고 볼 수 없다. 혹은 정치적인 관점에서 어떠한 편향으로 고착되도록 하지도 않는다. 필자는 앞에서 이에 대해 매우 공감하는 글을 인용한 바 있다. 주형일은 집단지성이 꼭 지식 형성의 새로운 방법이라기보다 다른 의미가 있을 것이라고 주장하였다. 그리고 프루는 웹상에서 유저들이 자신의 입장을 매우 빠르게 변화시킬 수 있다고 하였다. 그들에 따르면 중요한 것은 올바른 지식이 아니라 변화의 가능성이다. 따라서 뉴미디어는 이미 형성된 지식을 변하지 않도록 보존하거나 그것을 빠르게 제공하는 것이 아니라 다른 것이 될 수 있도록 변화시키는 환경을 말한다. 즉 유저들이 수행을 해서 변화를 일으킬 수 있는 가능성이 내재되어 있다는 점이 중요하다. 뉴미디어는 목적을 달성하는 작용이 아니며 체계 이론의 관점에서 말하자면 체계의 폐쇄적 작동을 지원하는 일종의 상징적으로 일반화된 미디어도 아니다. 뉴미디어는 미디어에서 형식으로의 변화가 용이한 경우, 혹은 그 사이의 순간에서 발생하는데 그 때문에 인터미디어라고도 할 수 있다. 그런데 어떠한 용어를 사용해야 한다는 것은 중요하지 않고, 수행을 유도하여 변화를 일으키고 계속해서 새로운 체계의 형성을 유발시킨다는 의미가 더욱 중요하다.

지금까지 언급된 내용은 필자가 생각해보아도 매우 추상적이다. 그래서 그것을 구체화하기 위해서 충분하지는 않지만 이 책은 두 가지 사항에 대해서 검토하였다. 그것은 첫째로 3장 2절부터 논의된 디지털 기술에 관한 문제이며 또 이에 대한 사례로 디지털 영화를 4장에서 다루었다. 그것을 요약하면 다음과 같다. 흔히 디지털 미디어와 뉴미디어를 비슷한 의미로 이해하는데 그것은 크게 틀린 것 같지 않다. 다만 그 맥락을 설명하는 것이 필요하다. 디지털 콘텐츠는 0과 1, 단 두 가지 요소로 이루어져 있다. 그 의미는 무엇인가? 우리가 어떤 것을 재현하고 표현하려고 할 때, 그것을 요소로 나누어 사용하면 효과적이다. 그것은 아날로그가 아닌 디지털 방식의 초보적인 이해이다. 그리하여 말은 스물 몇 가지 요소로, 또 영화는 1초에 스물 네 개의 프레임으로 이루어져 있다. 동영상 기술이 탄생했을 당시, 서로 경쟁했던 많은 기술자들이 고심했던 것은 현실(혹은 시간)을 단 몇 개로 샘플링하는 방법, 또 그렇게 나눈 것을 다시 조합하는 방법이었다. 그 문제를 기계적으로 해결한 것이 영화의 탄생이었다.

그런데 효과적이라고 해서 그 요소의 가지 수를 너무 적게 하면 코드가 복잡해지고 또 분량이 늘어나는 단점이 있다. 암호는 그것의 해법을 아는 사람들에게만 사용될 수 있다. 스물 몇 개의 알파벳이나 자모를 암기하기 귀찮아서 모두 0 혹은 1, 단 두 개로 바꾸어 쓰면, 너무 많은 0과 1일 써야 하기 때문에 그 분량을 감당하기 어려울 것이다. 그런데 디지털 기술과 컴퓨터의 도입으로 말미암아 그 문제가 해소되었다. 왜냐하면 그 복잡한 코드와 분량의 문제를 엄청난 계산능력을 지닌 컴퓨터가 떠맡게 되었기 때문이다. 그리하여 디지털 방식의 컴퓨터는 복잡한 계산을 대신해주고, 암호를 풀어주고, 또 영상의 화질을 높여주었다. 물론 손으로 글을 쓰지 않아도, 편지에 우표를 붙이지 않아도 재빨리 소식을 전해준다. 바둑을 조금 둘 줄 아는 어떤 이는 그가 발명한 프로그램으로 최고수에게 완승을 거두었다.

그런데 디지털 기술의 경이로움은 정작 다른 데에 있다고 생각한다. 완성된 디지털 방식과 컴퓨터는 두 가지 요소를 사용하여 대상을 재현하거나 무엇인가 자유자재로 만들어내는 일을 가능하게 해주었다. 아울러 한 번 완성된 것이 마음에 들지 않는다면 손쉽게 또 다른 것으로 바꿀 수 있다. 그것이 쉽기 때문에 애초에 무엇인가를 완성하지 않고 계속해서 바꾸기에 매우 용이한데, 따라서 목적 없는 우연한 수행을 할 수 있는 환경이 형성되었다. 왜냐하면 단 두 요소로 되어 있는 디지털 방식은 마치 물이나 모래와 같으며, 혹은 앞에서 언급했던 레고와 같기 때문이다. 어떠한 형태로 고정되어 있지 못하여 액체처럼 잘 녹으며 또 흩어진다. 그 상태를 다른 말로 표현하면 점성이 약하고 입자성이 강하다고 할 수 있다. 그러한 특성을 마노비치는 모듈성이라고 적절하게 설명하였다. 그리고 체계 이론적 미디어론의 관점에서 말하자면 두 요소로 되어 있는 미디어는 형식으로 변화하기가 용이하고 따라서 다른 체계로 진화하기가 용이하다고 할 수 있다.

폐쇄적인 환경에서, 즉 1차 질서에서 머무르며 영화를 보려는 피동적인 관객들이 2차 질서로 이동하여 그 영화를 바꾸고자 하는 경우를 생각해보면, 디지털 방식이 가져온 결과를 더 잘 이해할 수 있다. 어떤 영화들은 관객과 게임을 하고자 하였는데, 예를 들어 몇 가지 결말을 늘어놓고 그 가운데 어느 것이 맞는지 고르도록 하거나, 혹은 적당한 결말을 기대했던 관객에게 반전을 보여주기도 하였다. 영화의 게임에 동참하고자 하는 관객들은 영화의 앞뒤를 훑어보아야만 하는 데, 사실 그것은 영화관에서 보다 DVD로 영화를 볼 때, 더욱 용이하다. 파일을 다운로드받아 영화를 볼 때도 그것이 가능하다. 즉 디지털화될수록 관객의 할 일이 많아지고 영화의 결말은 희미해진다.

　과거 어떤 영화감독은 텔레비전의 채널을 이용하여 몇 가지 갈래, 혹은 관점을 지닌 영화를 보여주었다. 그들의 실험은 사실 디지털 기술을 이용하였더라면 그 의도가 보다 잘 드러났을 것이다. 왜냐하면 디지털 방식을 활용한다면 텔레비전과 같이 몇 개의 채널이 아닌 무수한 채널을 통해 시청자의 자유로운 선택을 유발시킬 수 있기 때문이다. 상호작용적 영화를 최초로 제작하였던 체코의 예술가 신세라는 나중에 디지털 기술이 발전된 모습을 보고 직접 그렇게 말하였다. 사실 영화나 텔레비전은 관객의 수행의도를 충분히 뒷받침할 만큼 데이터를 축적해두지 못하고 그것을 적재적소에 배열하지 못한다. 디지털 기술은 그 문제를 해결해주어 수행하고자 하는 관객의 욕구를 충분히 충족시켜 준다. 데이터베이스의 상태로만 존재하는 디지털 콘텐츠는 그 자체로 의미가 없고 형태가 없지만 유저로 하여금 제작과 파기를 지속할 수 있는 환경을 만들어준다. 다시 말해서 1차 질서와 2차 질서 사이를 계속에서 진동하듯 오갈 수 있도록 해준다. 그 과정에서 디스포지티프는 형성되고 해체된다. 그것이 바로 디지털 확장영화의 의미이다. 디지털 기술이 새롭게 확장시킨 것은 수용이 아니라 수행의 가능성이다.

참고문헌

강미정(2013), 「디지털 사진의 존재론: 찰스 S. 퍼스와 질 들뢰즈의 실재 개념을 중심으로」, 『기호학연구』 35, 179~204쪽.

권상희(2006), 「인터넷 영화와 예술변형: 인터넷 영화의 장르유형과 진화 방향을 중심으로」, 『사이버커뮤니케이션학보』 20, 281~330쪽.

권상희(2007), 「인터넷 미디어의 상호작용성(Interactivity) 차원 연구: 미디어양식별 이용자의 인식특성에 따른 차이분석 중심으로」, 『한국방송학보』 21(2), 46~97쪽.

김 건(2006), 『디지털 시대의 영화산업』, 삼성경제연구소.

김무규(2008), 「반전영화(twisted film)의 원리와 의미」, 『문학과영상』 9(3), 557~585쪽.

김무규(2012), 「소통을 위한 성찰: 체계 이론의 관점으로 살펴본 성찰적 커뮤니케이션 이론 연구」, 『한국언론정보학보』 58, 178~200쪽.

김무규(2012), 『서사적 영상에서 성찰적 형상으로: 영화 미디어론』, 한울.

김무규(2013), 「미디어의 공존과 변형: 상호미디어성의 의미와 유형」, 『영상과 상호미디어성』, 한울, 2013, 11~38쪽.

김무규(2016), 「서사구조의 형성과 관객의 심리: 〈오피스〉와 〈아가씨〉의 서프라이즈와 서스펜스」, 『문학과영상』 17(3), 481~506쪽.

김무규·오창호(2014), 「디지털 기술과 텍스트 혹은 미디어로서 영화」, 『인문사회과학연구』 15, 211~233쪽.

김성재(1998), 『체계 이론과 커뮤니케이션: 루만의 커뮤니케이션 이론』, 커뮤니케이션북스.

김성재(2005), 「탈문자 시대의 매체현상학: 기술적 형상의 탄생에 대하여」, 『한국방송학보』 19(1), 76~108쪽.

김성재(2013), 「역사와 탈역사의 경계를 넘나드는 인간: 플루서의 커뮤니케이션 철학」, 『커뮤니케이션 이론』 9(3), 99~126쪽.

김성재(2015), 「미디어 유토피아의 계보: 브레히트의 라디오 이론에서 플루서의 텔레마틱론으로」, 『한국방송학보』 29(4), 5~32쪽.

김영빈·한혜경·김무규(2015), 「선택의 토대와 거부의 소통: 안녕들 하십니까 현상과 루만의 체계 이론적 커뮤니케이션」, 『한국언론정보학보』 71, 224~249쪽.

김유정(2008), 「웹 개인미디어에서의 사이버 자기표현」, 『한국언론학보』 52(6), 78~99쪽.

박성수(2001), 『디지털 영화의 미학』, 문화과학사.

송해룡·이호은(2012), 「서문: 영상이론의 실천적 적용」, 『영상이론과 실제』, 커뮤니케이션북스, vii~xxi쪽.

심혜련(2012), 『20세기의 매체철학: 아날로그에서 디지털로』, 그린비.

오은경(2008), 『뉴미디어 시대의 예술: 예술은 미디어를 어떻게 이해했는가?』, 연세대학교 출판부.

이기중·김명준(2007), 「'참여적 모델'로서의 '퍼포먼스(Performance)학(學)' 시각으로 본 UCC(User Created Contents)」, 『한국방송학보』 21(4), 210~254쪽.

이윤희(2013), 「장소를 매개로 한 상상력과 내레이션: 다큐멘터리 영화 〈Saroyanland〉를 중심으로」, 『영상문화』 23, 117~151쪽.

이은하·박상천(2011), 「맥루한의 모자이크 사고방식과 사례연구: 'T-

Visionarium'과 'Cultural Analytics' 분석을 중심으로」, 『디지털디자인학
　　연구』 11(2), 172~180쪽.

이재현(2006), 「디지털 영화와 사실주의 미학」, 『언론정보연구』 42(2), 41 ~65쪽.

임형균·박영목(2004), 「컴퓨터 게임의 상호작용 특성 연구」, 한국HCI학술대회
　　(2004.2), 1568~1603쪽.

정성훈(2009), 「루만 체계 이론의 비판 잠재력」, 『철학논구』 37, 237~261쪽.

정성훈(2009), 「루만과 하버마스의 대립구도에 관한 하나의 이해」, 『진보평론』
　　권40, 237~259쪽.

정성훈(2016), 「디지털 시대: 확산매체와 성공매체 사이의 긴장」, 『인문학연구』
　　51, 10~44쪽.

주형일(2012), 「집단지성과 지적 해방에 대한 고찰: 디지털 미디어는 집단지성
　　을 만드는가?」, 『열린정신 인문학연구』 13(2), 5~34쪽.

진승현(2013), 「크라우드 펀딩과 영화영상미디어 콘텐츠 제작과의 관계분석을
　　통한 성공적인 펀딩 연구」, 『한국콘텐츠학회논문지』 13(12), 81~91쪽.

최경진(2001), 「'미디어' 저널리즘의 자기관련성: 독일 신문의 '미디어 자기보
　　도'를 통한 사례연구」, 『언론과 사회』 9(1), 98~127쪽.

최성만(2010), 「벤야민에서 '정지 상태의 변증법'」, 『현대사상』 7, 175~ 190쪽.

게오르그 크네어·아민 낫세이, 정성훈 역(2008), 『니클라스 루만으로의 초대』,
　　갈무리.

니콜라스 네그로폰테, 백욱인 역(2007), 『디지털이다』, 커뮤니케이션북스.

니클라스 루만, 장춘익 역(2012), 『사회의 사회』, 새물결.

니클라스 루만, 정성훈·권기돈·조형준 역(2009), 『열정으로서의 사랑: 친밀성
　　의 코드화』, 새물결.

데이비드 노먼 로도윅, 정헌 역(2012), 『디지털 영화 미학』, 커뮤니케이션북스.

디터 메르쉬, 문화학연구회 역(2009), 『매체이론』, 연세대학교 출판부.

라이너 빈터, 문화학연구회 역(2008), 「글로벌 포스트모던의 문화적 실천으로
     서 힙합: 문화 연구의 문화사회학적 관점」, 『문화이론과 문학연구』,
     연세대학교 출판부, 313~335쪽.

레베카 블러드, 정명진 역(2003), 『블로그: 1인 미디어 시대』, 전자신문사.

레프 마노비치, 서정신 역(2014), 『뉴미디어의 언어』, 커뮤니케이션북스.

로제 카이와, 이상률 역(1999), 『놀이와 인간』, 문예출판사.

마크 포스터, 김승현·이종숙 역(2005), 『미네르바의 올빼미가 날기 전에 인터
     넷을 생각한다』, 이제이북스.

미셸 푸코, 이규현 역(2004), 『성의 역사 1: 지식의 의지』, 나남.

미셸 푸코, 이정우 역(1992), 『지식의 고고학』, 민음사.

발터 벤야민, 최성만 역(2007), 「기술복제시대의 예술작품」, 『발터 벤야민 선
     집』 2, 길, 41~150쪽.

발터 벤야민, 최성만 역(2008), 「언어일반과 인간의 언어에 대하여」, 『발터
     벤야민 선집』 6, 길, 69~95쪽.

벨라 발라즈, 이형식 역(2003), 『영화의 이론』, 동문선.

빌렘 플루서, 김성재 역(2001), 『코무니콜로기: 코드를 통해 본 커뮤니케이션
     의 역사와 이론 및 철학』, 커뮤니케이션북스.

빌렘 플루서, 김성재 역(2004), 「디지털 가상」, 『피상성 예찬: 매체 현상학을
     위하여』, 커뮤니케이션북스, 289~304쪽.

빌렘 플루서, 윤종석 역(1998), 『디지털 시대의 글쓰기: 글쓰기에 미래는 있는
     가』, 문예출판사.

스티븐 홀츠먼, 이재현 역(2002), 『디지털 모자이크: 인간은 디지털로 어떻게

생각하고 말할 수 있는가?』, 커뮤니케이션북스.

앤드류 달리, 김주환 역(2003), 『디지털 시대의 영상 문화』, 현실문화 연구사.

위르겐 하버마스, 서규환 외 역(1995), 『소통행위 이론 I: 행위합리성과 사회적
합리화』, 의암.

자크 데리다, 남인수 역(2001), 「프로이트와 글쓰기무대」, 『글쓰기와 차이』, 동
문선, 311~364쪽.

제이 데이비드 볼터·리처드 그루신, 이재현 역(2006), 『재매개: 뉴미디어의
계보학』, 커뮤니케이션북스.

토마스 엘새서, 김성욱 외 역(2002), 「디지털 영화: 전송, 시간, 이벤트」, 『디지털
시대의 영화』, 한나래, 292~326쪽.

피에르 레비, 권수경 역(2002), 『집단지성: 사이버 공간의 인류학을 위하여』,
문학과지성사.

피터 오스본, 김경연 역(1993), 「사회-역사적 범주로서의 모더니티 이해: 차별
적 역사적 시간의 변증법에 관한 각서」, 『진보평론』 7, 29~59쪽.

Adorno, Theodor W.(1972), "Soziologie und Empirische Forschung", *Der Positivismusstreit in der deutschen Soziologie*, Neuwied and Berlin: Luchterhand, pp. 81~101.

Althusser, Louis(1967), "Contradiction and Over-determination", *New Left Review*, 1(41).

Auray, Nicolas(2007), "Folksonomy: A New Way to Serendipity", *Communications and Strategies*, 65, pp. 67~91.

Austin, John L.(1955), *How to do Things with Words*, Oxford University Press.

Bachmann-Medick, Doris(2006), "Performative Turn", *Cutural Turns:*

Neuorientierungen in den Kulturwissenschaften, Hamburg: Rowolt, pp. 105~143.

Baecker, Dirk(2001), "Why System?", *Theory, Culture and Society*, 18(1), pp. 59~74.

Baecker, Dirk(2006), "Niklas Luhmann in the Society of the Computer", *Cybernetics and Human Knowing*, 13(2), pp. 25~40.

Baecker, Dirk(2007), "Communication with Computers, or How Next Society calls for an Understanding of Temporal Form", *Soziale Systeme*, 13(1/2), pp. 407~418.

Baecker, Dirk(2008), "Medienforschung", Stefan Münker and Alexander Roesler (eds.), *Was ist ein Medium*, Frankfurt/M: Suhrkamp, pp. 131~143.

Baker, Robin(1993), "Computer Technology and Special Effects in Contemporary Cinema", Philip Hayward and Tana Wollen(eds.), *Future Vision: New Technologies of the Screen*, London: BFI Publishing, pp. 31~45.

Balsom, Erika(2013), *Exhibiting Cinema in Contemporary Art*, Amsterdam: Amsterdam University Press.

Baudry, Jean-Louis(1970), "Effets idéologiques produits par l'appareil de base", *Cinéthique*, 7/8, pp. 1~8.

Bellmann, Johannes and Ehrenspeck, Yvonne(2006), "Historisch/systematisch: Anmerkungen zur Methodendiskussion in der Pädagogischen Historiographie", *Zeitschrift für Pädagogik*, 52(2), pp. 245~264.

Bellour, Raymond(1975), "The unattainable Text", *Screen*, 16(3), pp. 12~28.

Bellour, Raymond(2003), "Of an other Cinema", Sara Arrhenius and Magdalena Malm and Christiana Ricupero(eds.), *Black Box Illuminated*, Stockholm:

Propexus, pp. 39~62.

Benjamin, Walter(1991), "Das Passagen-Werk", Rolf Tiedemann and Hermann Schweppenhäuser(eds.), *Gesammelte Schriften* Band. V.1 and V.2, Frankfurt/ M: Suhrkamp.

Bial, Henry(2004), *Performance Studies Reader*, New York: Routledge.

Bogard, William(2005), "Distraction and Digital Culture", Arthur Kroker and Marilouise Kroker(eds.), *Life in the Wires: The Theory Reader. Victoria: Theory Books*, pp. 443~460.

Bolter, David J.(1997), "Digital Media and Cinematic Point of View"(2017. 10.05 검색), http://www.heise.de/tp/r4/artikel/6/6105/1.html.

Bolz, Norbert(1990), *Theorie der neuen Medien*, München: Fink.

Bolz, Norbert(1993), *Am Ende der Gutenberg Galaxy*, München: Fink.

Bolz, Norbert(1996), "Interaktive Medienzukunft", Wolfgang Zacharias(ed.), *Interaktiv-Im Labyrinth der Wirklichkeiten: Über Multimedia, Kindheit und Bildung*, Essen: Klartext, pp. 120~126.

Bordwell, David(2002), "Film Futures", *Substance*, 97, pp. 88~104.

Brecht, Bertolt(1992), "Der Rundfunk als Kommunikationsapparat", *Bertolt Brecht*, 21, Werke, Berlin and Frankfurt/M..

Bruns, Axel and Schmidt, Jan-Hinrik(2011), "Produsage: A Closer Look at Continuing Developments", *New Review of Hypermedia and Multimedia*, 17(1), pp. 3~7.

Bruns, Axel(2008), *Blogs, Wikipedia, Second Life, and Beyond: From Production to Produsage*, New York: Peter Lang.

Bürger, Peter(1974), *Theorie der Avantgarde*, Frankfurt/M: Suhrkamp, 1974.

Carlson, Marvin(1996), *Performance: A Critical Introduction*, New York: Routledge.

Casetti, Francesco(2012), "The Relocation of Cinema", *NECSUS*, 1(2), pp. 5~34.

Chartier, Roger(2003), "From Mechanical Reproduction to Electronic Representation", Hans Ulrich Gumbrecht and Michael Marrinan(eds.), *Mapping Benjamin: The Work of Art in the Digital Age*, Stanford: Stanford University Press, pp. 109~113.

Chun, Wendy Hui-Kyong(2006), "Introduction: Did Somebody say New Media?", *New Media, Old Media: A History and Theory Reader*, New York: Routledge, pp. 1~10.

Couchot, Edmond(1999), "Medien und neue Medien: Von der Kommunikation zur Kommutation", Yvonne Spielmann and Gundolf Winter(eds.), *Bild, Medien, Kunst*, München: Fink, pp. 77~84.

Daly, Kristen M.(2009), "New Mode of Cinema: How Digital Technologies are Changing Aesthetics and Style", *Kinephanos Journal*, 9, pp. 1~26.

Daly, Kristen M.(2010), "Cinema 3.0: The Interactive Image", *Cinema Journal*, 50(1), pp. 81~98.

Daniels, Dieter(2008), "Strategies of Interactivity", Rudolf Frieling and Dieter Daniels(eds.), *Media Art Interaction: The 1980's and 1990's in Germany*, Vienna: Springer, pp. 170~197.

Del Favero, Dennis et al.(2005), "'T_Visionarium': The Aesthetic Transcription of Television Databases", Urusla Frohne and Mona Schieren(eds.), *Present, Continuous, Past*, New York: Springer, pp. 132~141.

Deleuze, Gilles(1992), "Was ist Dispositiv?", Francois Ewald and Bernhard

Waldfels(eds.), *Spiele der Wahrheit: Michel Foucaults Denken*, Frankfurt/M:
Suhrkamp, pp. 153~162.

Derrida, Jacques(1988), "Signature, Event, Context", *Limited Inc.*, Northwestern
University Press, pp. 1~24.

Derrida, Jacques(1990), "Die Différance", Peter Engelmann(ed.), *Postmoderne und
Dekonstruktion: Texte französischer Philosophen der Gegenwart*, Stuttgart:
Reclam, pp. 76~113.

Dishman, Eric(2002), "Performative In(ter)ventions: Designing Future Technologies
through Synergetic Performance", Nathan Stucky and Cynthia Wimmer
(eds.), *Teaching Performance Studies*, Carbondale and Edwardsville:
Southern Illinois University Press.

Doane, Mary Ann(2007), "Scale and the Negotiation of Real and Unreal Space
in the Cinema", *NTC Studies in Language and Literature*, 20, pp. 1~38.

Ellrich, Lutz(1997), "Neues über das 'Neue Medium' Computer: Ein Literaturbericht",
Technik und Gesellschaft, 9, pp. 195~225.

Elsaesser Thomas(2002), "Eine Erfindung ohne Zukunft: Thomas A. Edison und
die Gebrüder Lumière", *Filmgeschichte und frühes Kino: Archäologie eines
Medienwandels*, München: Text+Kritik, pp. 47~68.

Elsaesser, Thomas(2002), "Wie der frühe Film zum Erzählkino wurde: Vom
kollektiven Publikum zum individuellen Zuschauer", *Filmgeschichte und
frühes Kino: Archäologie eines Medienwandels*, München: Text+Kritik,
pp. 69~93.

Elsaesser, Thomas(2008), "Afterword: Digital Cinema and the Apparatus:
Archaeologies, Epistemologies, Ontologies", Bruce Bennett and Marc

Furstenau and Adrian Mackenzie(eds.), *Cinema and Technology: Cultures, Theories, Practices*, Basingstoke: Palgrave Macmillan, pp. 226~240.

Elsaesser, Thomas(2009), "The Mind-game Film", Warren Buckland(ed.), *Puzzle Films: Complex Storytelling in Contemporary Cinema*, London: Wiley-Blackwell, pp. 13~41.

Esposito, Elena(1993), "Der Computer als Medium und Maschine", *Zeitschrift für Soziologie*, 22(5), pp. 338~354.

Everett, Anna(2003), "Digitexuality and Click Theory: Theses on Convergence Media in the Digital Age", Anna Everett and John Caldwell(eds.), *New Media: Theories and Practices of Digitextuality*, New York: Routledge, pp. 3~28.

Feenberg, Andrew and Bakardjieva, Maria(2004), "Virtual Community: No Killer Implication", *New Media and Society*, 6(1), pp. 37~43.

Flückiger, Barbara(2008), *Visual Effects: Filmbilder aus dem Computer*, Marburg: Schüren.

Flusser, Vilém(1985), *Ins Universum der technischen Bilder*, European Photography.

Galt, Rosalind(2002), "Italy's Landscapes of Loss: Historical Mourning and the Dialectical Image in Cinema Paradiso, Mediterraneo and Il Postino", *Screen*, 43(2), pp. 158~173.

Grant, Colin B.(2003), "Destabilizing Social Communication Theory", *Theory, Culture and Society*, 20(6), pp. 95~119.

Gumbrecht, Hans Ulrich(1978), "Modern, Modernität, Moderne", Otto Brunner and Werner Conze and Reinhart Koselleck(eds.), *Geschichtliche Grundbegriffe*

Band. 4, Stuttgart: Ernst Cotta, pp. 93~131.

Gumbrecht, Hans Ulrich(2001), "How is Our Future Contingent? Reading Luhmann against Luhmann", *Theory, Culture and Society*, 18(1), pp. 49~58.

Gunning, Tom(1990), "The Cinema of Attractions: Early Film, Its Spectator and the Avant-garde", Thomas Elsaesser(ed.), *Early Cinema: Space, Frame, Narrative*, London: BFI Publishing, pp. 56~62.

Gunning, Tom(2004), "What's the Point of an Index? or, Faking Photographs", *Nordicom*, 25(1/2), pp. 39~49.

Habermas, Jürgen(1994), "Die Moderne—ein unvollendetes Projekt(1980)", Wolfgang Welsch(ed.), *Wege aus der Moderne: Schlüsseltexte der Postmoderne-Diskussion*, Berlin: Akademie, pp. 177~192.

Hales, Chris(2005), "Cinema Interaction: From Kinoautomat to Cause and Effect", *Digital Creativity*, 16(1), pp. 54~64.

Hansen, Miriam(1987), "Benjamin, Cinema and Experience: The Blue Flower in the Land of Technology", *New German Critique*, 40, pp. 179~224.

Hansen, Miriam(1993), "Early Cinema, Late Cinema: Permutations of the Public Sphere", *Screen*, 34(3), pp. 197~210.

Heider, Fritz(1925), "Ding und Medium", *Symposion*, 1, pp. 109~158.

Helbig, Jörg(ed.)(1998), *Intermedialität: Theorie und Praxis eines Interdisziplinären Forschungsgebiets*, Berlin: Erich Schmidt.

Herkman, Juha(2012), "Introduction: Intermediality as a Theory and Methodology", Juha Herkman and Taisto Hujanen and Paavo Oinonen(eds.), *Intermediality and Media Change*, Tampere: Tampere University Press.

Hillach, Ansgar(2000), "Dialektisches Bild", Michael Opitz and Erdmut Wizisla (eds.), *Benjamins Begriffe*, 1, Frankfurt/M: Suhrkamp, pp. 186~229.

Jameson, Fredric(1993), "Postmodernism, or the Cultural Logic of Late Capitalism", *New Left Review*, 146, pp. 53~92.

Jenkins, Henry(2006), *Convergence Culture: Where Old and New Media Collide*, New York: New York University Press.

Joyrich, Lynne(1996), *Re-viewing Reception: Television, Gender, and Postmodern Culture*, Bloomington: Indiana University Press.

Kellner, Douglas(2002), "The Frankfurt School and British Cultural Studies: The missed Articulation", *Rethinking the Frankfurt School: Alternative Legacies of Cultural Critique*, Albany: State University of New York Press, pp. 31~58.

Kim, Mookyu(2003), *Mediela Konfigurationen: Ein Beitrag zur Theorie der Intermedialität*, Konstanz: Hartung–Gorre.

Kiousis, Spiro(2002), "Interactivity: A Concept Explication", *New Media and Society*, 4(3), pp. 355~383.

Kirchmann, Kay(1994), "'Umschalten Erwünscht?' Wenn ja, von Wem?: Ergebnisse einer Studie zu Ästhetik und Rezeption des ersten interaktiven TV–Spiel des deutschen Fernsehens im Dezember 1991", Helmut Schanze(ed.), *Medientheorie-Medienpraxis: Fernsehtheorien zwischen Kultur und Kommerz. Arbeitshefte Bildschirmmedien*, 48, Siegen, pp. 23~60.

Koenitz, Hartmut et al.(2015), "Introduction: A Concise History of Interactive Digital Narrative", Hartmut Koenitz et al.(eds.), *Interactive Digital Narrative: History, Theory and Practice*, New York: Routledge, pp. 9~21.

Krämer, Sybille(2002), "Sprache Stimme Schrift: Sieben Gedanken über

Performativität als Medialität", Uwe Wirth(ed.), *Performanz: Zwischen Sprachphilosophie und Kulturwissenschaften*, Frankfurt/M: Suhrkamp, pp. 323~346.

Krämer, Sybille(2004), "Was haben Performativität und Medialität miteinander zu tun: Plädoyer für eine in der Aisthetisierung gründende Konzeption des Performativen", Sybille Krämer(ed.), *Performativität und Medialität*, München: Fink, pp. 13~32.

Kremer, Detlef(1997), "Ereignis und Struktur", H. Brackert and J. Stückrath (eds.), *Literaturwissenschaft: Ein Grundkurs*, Hamburg: Rowohlt, pp. 517~532.

Kuntzel, Thierry(1978), "The Film-Work(1972)", *Enclitic*, 2(1), pp. 38~61.

Kwastek, Katja(2013), *Aesthetics of Interaction in Digital Art*, Cambridge: MIT Press.

Latour, Bruno(1988), "The Politics of Explanation: An Alternative", Steve Woolgar(ed.), *Knowledge and Reflexivity: New Frontiers in the Sociology of Knowledge*, London: Sage.

Laurel, Brenda(2004), *Computers as Theatre*, Reading: Addison-Wesley Publishing.

Lawson, Hilary(1985), *Reflexivity: The Postmodern Predicament*, La Salle: Open Court.

Levinson, Stephen C.(1983), *Pragmatics*, Cambridge: Cambridge University Press.

Lewis, Jon(ed.)(2001), *The End of Cinema As We know It: American Film in the Nineties*, New York: New York University Press.

Lievrouw, Leah A.(2004), "What's changed about New Media?: Introduction to the Fifth Anniversary Issue of New Media and Society", *New Media and Society*, 6(1), pp. 9~15.

Luhmann, Niklas(1974), "Einführende Bemerkungen zu einer Theorie der symbolisch generalisierter Kommunkationsmedien", *Zeitschrift für Soziologie*, 3(3), pp. 236~255.

Luhmann, Niklas(1984), *Soziale Systeme: Grundriß einer allgemeinen Theorie*, Frankfurt/M: Suhrkamp.

Luhmann, Niklas(1986), "Medium der Kunst", *Delfin*, 4(1), pp. 6~15.

Luhmann, Niklas(1990), *Die Wissenschaft der Gesellschaft*, Frankfurt/M: Suhrkamp.

Luhmann, Niklas(1992), "Kontingenz als Eigenwert der modernen Gesellschaft", *Beobachtungen der Moderne*, Opladen: Westdeutscher Verlag, pp. 93~128.

Luhmann, Niklas(1995), "Dekonstruktion als Beobachtung zweiter Ordnung", Henk de Berg and Matthias Prangel(eds.), *Differenzen: Systemtheorie zwischen Dekonstruktion und Konstruktivismus*, Tübingen: Francke, pp. 9~35.

Luhmann, Niklas(1996), *Kunst der Gesellschaft*, Frankfurt/M: Suhrkamp.

Luhmann, Niklas(2004), *Realität der Massenmedien*, Wiesbaden: VS.

Makropoulos, Michael(1998), "Kontingenz: Zur Bestimmung einer moderner Zentralkategorie", Peter Zimmermann(ed.), *Eigentlich könnte alles auch anders sein*, Köln: König, pp. 13~25.

Makropoulos, Michael(1998), "Modernität als Kontingenzkultur", Gerhart von Graevenitz and Odo Marquard and Matthias Christen(eds.), *Poetik und Hermeneutik 17: Kontingenz*, München: Fink, pp. 55~79.

Malezke, Gerhard(1963), *Psychologie der Massenmedien*, Hamburg: Hans Bredow.

Manovich, Lev(2003), "New Media from Borges to HTML", *The New Media Reader*, 1, pp. 13~25.

McLuhan, Marshall(1994), *Understanding Media: The Extensions of Man*, MIT press.

Mersch, Dieter(2004), "Medialität und Undarstellbarkeit: Einleitung in eine negative Medientheorie", Krämer Sybille(ed.), *Performativität und Medialität*, München: Fink, pp. 75~95.

Mersch, Dieter(2004), "Performativität und Ereignis: Überlegungen zur Revision des Performanz-Konzeptes der Sprache", Jürgen Fohrmann(ed.), *Rhetorik: Figuration und Performanz. DFG-Symposium 2002*, Stuttgart: Metzler, pp. 502~535.

Mitchell, W. J. T.(2003), "The Work of Art in the Age of Biocybernetic Reproduction", *Modernism/Modernity*, 10(3), pp. 481~500.

Münker, Stefan and Roesler, Alexander(eds.)(2008), *Was ist ein Medium?*, Frankfurt/M: Suhrkamp.

Noll, A. Michael(1967), "The Digital Computer as a Creative Medium", *IEEE spectrum*, 4(10), pp. 89~95.

Paech, Anne and Paech, Joachim(2000), *Menschen im Kino: Film und Literatur erzähen*, Stuttgart/Weimar: Metzler.

Paech, Joachim(1984), *Literatur und Film*, Frankfurt/M: Suhrkamp.

Paech, Joachim(1998), "Intermedialität. Mediales Differenzial und Transformative Figurationen", Jörg Helbig(ed.), *Intermedialität: Theorie und Praxis eines interdisziplinären Forschungsgebietes*, Berlin: Erich Schmidt, pp. 14~30.

Paech, Joachim(2008), "'Haben die Dinge Umrisse?': In ihren Formen 'Wissen' die Dinge als Medien", *Jahrestagung der Gesellschaft für Medienwissenschaft*, Institut für Medienwissenschaft, Ruhr-Universität Bochum.

Paecker, Randall and Jordan, Ken(2002), "Overture", *In Multimedia: From Wagner to Virtual Reality*(expanded edition), New York: W.W. Norton and Company, pp. xv~xxxvi.

Parente, André and de Carvalho, Victa(2008), "Cinema as Dispositif: Between Cinema and Contemporary Art", *Cinémas: Journal of Film Studies*, 19(1), pp. 37~55.

Poster, Mark(1999), "Underdetermination", *New Media and Society*, 1(1), pp. 12~17.

Prince, Stephen(1999), "True Lies: Perceptual Realism, Digital Images and Film Theory", Brain Henderson and Ann Martin(eds.), *Film Quarterly: Forty Years: A Selections*, Berkeley: University of California Press, pp. 392~411.

Proulx, Serge et al.(2011), "Paradoxical Empowerment of Produsers in the Context of Informational Capitalism", *New Review of Hypermedia and Multimedia*, 17(1), pp. 9~29.

Rice, Ronald E.(1999), "Artifacts and Paradoxes in new media", *New media and Society*, 1(1), pp. 24~32.

Robins, Kevin(1999), "New Media and Knowledge", *New Media and Society*, 1(1), pp. 18~24.

Rodowick, David N.(1990), "Reading the Figural", *Camera Obscura*, 24, pp. 11~44.

Schmidt, Jochen(2006), "Die Leinwand als Ereignisfenster: Expanded Cinema in der digitalisierten Kinowelt", *FKT-die Fachzeitschrift fur Fernsehen Film und elektronische Medien*, 60(5), pp. 279~284.

Schröter, Jens(2004), "Analog/Digital: Opposition oder Kontinuum?", Jens Schröter and Alexander Böhnke(eds.), *Analog/Digital: Opposition oder Kontinuum?*

Zur Theorie und Geschichte einer Unterscheidung, Bielefeld: Transcript, pp. 7~30.

Schulze, Gerhard(1992), *Die Erlebnisgesellschaft: Kultursoziologie der Gegenwart*, Frankfurt/M and New York: Campus.

Schütz, Astrid et al.(2005), "Self-Presentation on the Internet: Analysing the Usage of Personal Websites", Astrid Schütz et al.(eds.), *New Media in everyday Life: Findings from the Fields of Work, Learning and Leisure*, Lengerich: Papst, pp. 257~274.

Shaw, Jeffrey(2003), "Movie after Film: The Digitally expanded Cinema", Martin Rieser and Andreas Zapp(eds.), *New Screen Media: Screen/Art/Narrative*, London: BFI Publishing, pp. 268~275.

Shiff, Richard(2003), "Digitized Analogies", Hans Ulrich Gumbrecht and Michael Marrinan(eds.), *Mapping Benjamin: The Work of Art in the Digital Age*, Stanford: Stanford University Press, pp. 63~70.

Silverstone, Roger(1999), "What's New about New Media? Introduction", *New Media and Society*, 1(1), pp. 10~12.

Spangenberg, Peter M.(2001), "Produktive Irritationen. Zum Verhältnis von Medienkunst, Medientheorie und Gesellschaftlichem Wandel", Peter Gendolla et al.(eds.), *Formen interaktiver Medienkunst: Geschichte, Tendenzen, Utopien*, Frankfurt/M: Suhrkamp, pp. 95~139.

Speckenbach, Jan(2000), "Match Frame and Jump Cut: A Dialectic Theory of Montage in the Digital Age"(2017.10.05 검색), http://www.keyframe.org/txt/matchframe.

Toffler, Alvin(1980), *The third Wave*, New York: Bantam Books.

Tryon, Chuck(2009), *Reinventing Cinema: Movies in the Age of Media Convergence*, New Brunswick: Rutgers University Press.

Turing, A. M.(1950), "Computing Machinery and Intelligence", *Mind*, 59 (236), pp. 433~460.

von Foerster, Heinz(1985), "Entdecken oder Erfinden: Wie lässt sich Verstehen verstehen?", Heinz Gumin and Armin Mohler(eds.), *Einführung in den Konstruktivismus*, München: Oldenbourg, pp. 27~68.

von Glasersfeld, Ernst(1992), "Declaration of the American Society for Cybernetics", Constantin Virgil Negoita(ed.), *Cybernetics and applied Systems*, New York: Marcel Dekker, pp. 1~5.

Weber, Samuel(2000), "Virtuality of the Media", *Emergences*, 10(1), pp. 37~54.

Wehner, Josef(1977), "Interaktive Medien: Ende der Massenkommunikation?", *Zeitschrift für Soziologie*, 26(2), pp. 96~114.

Weibel, Peter(2003), "Expanded Cinema, Video and Virtual Environments", Jeffrey Shaw and Peter Weibel(eds.), *Future Cinema: The Cinematic Imaginary after Film*, Karlsruhe/Massachusetts: MIT Press, pp. 110~124.

Weiberg, Birk(2002), "Beyond Interactive Cinema"(2017.10.05 검색), http://www.keyframe.org/txt/interact.

Wersig, Gernot(2003), "From Types and Copies to Digits and Transfers: A Media Revolution", *Proceedings of International Symposium 2003. Media, History, Civilization. From Movable Types to Digital Games*, Seoul: Institute of Media Art, pp. 138~156.

Winkler, Hartmut(2004), "How to do Things with Words, Signs, Machines: Performativität, Medien, Praxen, Computer", Sybille Krämer(ed.),

Performativität und Medialität, München: Fink, pp. 97~111.

Youngblood, Gene(1970), *Expanded Cinema*, New York: Dutton.

Zielinski, Siegfried(1998), "Fin de Siecle of Television", Thomas Elsaesser and Kay Hoffmann(eds.), *Cinema Futures. Cain, Abel or Cabel? The Screen Arts in the Digital Age*, Amsterdam: Amsterdam University Press, pp. 73~83.

Zima, Peter V.(1995), "Ästhetik, Wissenschaft und Wechselseitige Erhellung der Künste. Einleitung", Peter V. Zima(ed.), *Literatur intermedial: Musik, Malerei, Photographie, Film*, Darmstadt: Wissenschaftliche Buchgesellschaft, pp. 1~28.